丽水老新闻

1871—1949

丽水市档案局
丽水市档案馆
编

方志出版社
Publishing House of Local Records

图书在版编目（CIP）数据

丽水老新闻 ：1871—1949 / 丽水市档案局，丽水市档案馆编. —北京 ：方志出版社，2022.12
ISBN 978-7-5144-5492-5

Ⅰ. ①丽… Ⅱ. ①丽… ②丽… Ⅲ. ①新闻事业史—史料—丽水—1871-1949 Ⅳ. ①G219.275.53

中国版本图书馆 CIP 数据核字(2022)第 247816 号

责任编辑：刘方圆
责任校对：刘玉霞
责任印制：梅中英
出 版 者：方志出版社
地　　址：北京市朝阳区潘家园东里 9 号（国家方志馆 4 层）
邮　　编：100021
网　　址：http://www.zgfzcb.cn
发　　行：方志出版社图书营销中心（010-67110500）
印　　刷：丽水市旺盛印刷有限公司
开　　本：710 毫米×1000 毫米　1/16
印　　张：20.25
字　　数：336 千字
版　　次：2022 年 12 月第 1 版
印　　次：2022 年 12 月第 1 次印刷
定　　价：50.00 元

前　言

今天的新闻就是明天的历史。报刊是记录社会、政治、经济、军事、文化等方方面面内容的重要载体，是记载时代发展的“百科全书”。而老报刊中的老新闻更是后世考证历史的重要史料。

丽水市档案馆珍藏有近千份民国时期的各类报刊，其中既有在全国和全省有较大影响的报纸，如《申报》《大公报》《东南日报》《浙江日报》，也有地方自办的《处州日报》《民生日报》《处区民国日报》《浙南日报》等，这些报刊中刊印有大量反映清朝末年至中华人民共和国成立前，丽水地区的社会、经济、文化，特别是抗日战争时期丽水各方面情况的新闻报道。

丽水市档案馆于 2021 年下半年启动该书的编辑工作，经过一年多时间的资料收集、文字录入、编辑校对和多轮的修改完善，终于使《丽水老新闻》得以与广大读者见面。

本书旨在发挥丽水市档案馆馆藏老报刊的作用，促进丽水地方历史文化研究，为丽水的革命史、抗日战争史、社会发展史、新闻发展史研究提供第一手史料。本书收录的老新闻主要来自丽水市档案馆馆藏的报刊，也有一部分来自全国报刊索引、大成数据等专业网络数据库。收录的老新闻时间起自清同治十年(1871)，截至 1949 年，跨度 78 年，共收录新闻 708 篇，34 万字。

全书按内容分社会、军事、经济、科教文卫、司法案件五个大类，每大类内又分设若干小类，每一小类内的新闻主要按报道时间顺序排列，同时兼顾新闻主题，将反映同一事件的新闻尽量排列在一起，以保持事件的完整性和连续性。

本书除收录传统的新闻报道外，对一些具有较高新闻和史料价值的广告、启事、读者来信、调查报告、评论等也予以收录。遗憾的是，因受版面限制，原本许多拟收录的老新闻，不得不从书稿中删除。

本书的文字录入者叶金军，克服老报刊原文清晰度差、文字识别难、时间紧等困难，为本书的出版打下了良好的基础。同时，丽水文史专家吴志华、温州市图书馆卢礼阳，以及温州文史研究者王长明、陈彼得也给予了热情的帮助，丽水文史专家、中国书法家协会会员毛传书老师为本书题写了书名，在此一并表示衷心的感谢。

本书由丽水市档案馆周率担任主编，程红梅参与编务工作。由于编者水平有限，不妥之处在所难免，敬请广大读者批评指正。

编　者

2022年12月

编辑说明

1. 本书以马克思列宁主义、毛泽东思想、邓小平理论、“三个代表”重要思想、科学发展观、习近平新时代中国特色社会主义思想为指导，坚持辩证唯物主义和历史唯物主义的立场、观点和方法。

2. 文中老新闻的标题一般照录原文标题，如原文没有标题，则根据原文主要内容由编者另拟标题，并在标题右上角标注 * 号，以示区别。

3. 原文的繁体字和异体字尽量转换为简体字，对无法找到对应简体字的繁体字或异体字给予保留。

4. 以尊重底本为原则，对原文中的错别字、漏字尽量予以改正，并分别用〈〉和〔〕号括之；原文中字迹模糊不清，无法辨认的字用□代之，每一个□代表一个字，经编者考证订正的文字用[ ]号括之。

5. 原文没有断句或不准确的断句尽量重新标点。

6. 原文中内容重复或与主题无关部分予以删节，分别用“上略”“下略”“此处略”表示。

7. 文中如涉及犯罪嫌疑人姓名，则将三字姓名中间一个字用×代替，两字姓名后一个字用×代替。

8. 文中原汉字数字一般改为阿拉伯数字，但历史纪年和夏历日期仍以汉字数字表示。

9. 历史纪年、民国纪年后加注公元纪年。新闻刊发日期，一律用公元纪年。

10. 为方便阅读，对文中部分重要的人名、地名、事件等，在页末加以注解。

目　　录

社　　会

军　　事

经　济

科教文卫

司法案件

社 会

政务动态

饬处州镇总兵赴任

左宗棠片：再，臣前奉谕旨，查明简放浙江处州镇总兵方友才并未在营带兵。于同治九年（1870）七月十八日，臣片覆陈，并行查各军营。去后嗣据总统老湘军三品卿衔□员刘锦棠牍称，总兵方友才于去冬来营投效，委赴靖边，采镇军□。奉饬查后，即将方友才调营，而询履历相符，镇员在营并无□干未完事件。令来臣营，恳□□咨赴任，□因适方友才来营接见，覆询无异，当即□旨，饬令驰赴浙江处州镇新任，以重职守。除将该员履历咨送兵部查照，并分咨闽浙督臣、浙江抚臣外□奏。

奉旨：知道了。钦此。

1871 年 4 月 8 日《上海新报》

军门履任

新授浙省处州镇陈云卿军门，于正月下浣，由正阳门外上码头登舟赴任。戎旆所临，山川生色，貔貅万队，当拭目以盼新猷矣。

1893 年 3 月 19 日《申报》

太守视事

【温州】新任处州府萧叔衡太守，现于初八日，附乘招商局普济轮来温

禀见道宪。筮吉，十三日赴括苍接印任事云。（林）

1906年11月29日《申报》

处州公留县令

青田县禁烟分所、商务分会等具禀藩宪，以青邑地瘠民贫，事繁俗敝，自李大令下车以来，力求整顿，凡百行政悉洽舆情。此次李大令禀请开缺，虽因二竖为灾，实系勤劳所致。惟李大令任青半截，煞费苦心，方期力求进步。若一旦遽易生手，深恐功败垂成，还请挽留而慰民望云。（过）

1910年7月23日《四明日报》

缙云令匿灾苛征之被控

【杭州】处州缙云县绅商学界卢彭等，日前联名具呈各宪，以该属连岁荒歉，上年尤甚，迭经绅民呼吁，大吏派委驰查，核准□减，而地方官匿不发表，苛征如故。本年自入夏以来叠〈迭〉遭水患，米粮缺乏，有要求平粜者，调查积谷颗粒无存，官绅朋比侵公肥私，视地方安危如秦越。值匪氛不靖，人心浮动之际，设或因饥激变，地方何堪设患，吁请查办赈抚，等情。当奉藩司批云：该县上年被旱歉收，据经该府复分数定案之后，由司行知在案。该县自应遵办，何致如来禀所称，谓为谣传，互相推诿？社谷为备荒而设，出易借放自有定章。如果地方成灾，民食匮乏，亦应由县会商绅董，酌量情形照章分拨筹济。该县究有存谷若干，现由何人经理，来禀均未叙及，无从查核。仰处州府迅札缙云县，遵照批指各节克日查明确覆〈复〉。

1910年7月28日《申报》

委署府缺

处府常觐宸太守以旧疾复发，恐误要公，向藩宪请假数月，委员接署等情已志。上月二十一日，本报兹悉吴方伯已委候补知府萧太守文昭前来署理矣。

1910年8月7日《四明日报》

呈控县令种种劣迹

日前，有处州府廪增生严品端等多人，向抚宪衙门呈控该县朱令其珣种种劣迹。词出一面，事关士民攻讦官长。本不准理，惟抚宪以该令负父母斯民之责，所控如果不处，殊难为民表率，已札布政司，迅饬处州府据实查明禀复矣。

1910 年 8 月 13 日《四明日报》

管狱条陈记一功

丽水监狱素称污秽监犯，时有瘦毙之惨。新任管狱员姜梦熊到差之后，办事异常认真，逐日发放饭食，必亲自检点，稍不清洁，立即撤换。又以现当灾夏，慎防时疲〈疫〉传染，特捐廉置备驱疫药水，分开挥洒，并每犯赏给蒲扇一柄，草席一条。又购痧气丸，以便临时应用。此次推广监狱工厂，复上条陈 12 则，大为高等检察长所嘉许，特详请巡按使准予记功一次，以昭激励云。

1915 年 7 月 28 日《时事新报》

庆元县长张致远撤职查办①

【杭州】鲁涤平以庆元县长张致远，临难退却，以致失城。5 日，令撤职查办。（6 日专电）

1934 年 9 月 6 日《申报》

① 1934 年 8 月 28 日，红军北上抗日先遣队占领庆元县城。庆元县长张致远闻讯弃城而逃。30 日，先遣队在庆元县竹口击毙庆元县保卫团副团长丁楠及以下官兵 300 多人，活捉庆元县县长张致远，取得竹口大捷。

救济浙边三县菇民

【杭州】浙南边境龙泉、庆元、景宁三县，人民大多种菇为业。丰收之年，总计在百万金以上。年来日益衰落，冬菇营业全数不及30万。菇民无力续种，乞求回乡，甚至铤而走险。该管第二特区行政督查专员陈式正，为救济计，特饬每县成立香菇生产合作社一所，并合组总社，向银行界借款9万元，分放各合作社。由财政、建设两厅提出省府议决：派员前往调查合作社状况，并向银行进行借款，以维菇民生计。

1935年7月27日《申报》

丽水专员公署成立

【丽水通讯】浙江省丽水行政督查区行政督查专员公署暨浙江省丽水区区保安司令部，自奉省府任命许宗武代理后，即于本月1日，就丽水前保安第四分处原址改组成立。兹据该公署负责者谈内部职员均经定夺，无甚更动，待呈报核准后，即可分别发表云。

1935年9月4日《东南日报》

浙物产调整处决设丽水

【丽水消息】浙战时物产调整处处长，已定伍廷飏兼任，下设五组，处址决设丽水。已派前平湖县长丘远雄，前建厅秘书许廑父为该处秘书；前建厅总务科长吴正等为组长。闻丘秘书、吴组长等定23日起程，先行赴丽水筹备一切，该处于最短期内，即可成立办公。

1937年12月24日《东南日报》

浙江的抗敌县长
云和、龙泉、遂昌三县进行新政

【本报浙江通讯】自黄主席到浙江以后，政治上曾有各种改进。他觉得为了保卫大浙江，为了保卫东南的壁垒，今后非澈〈彻〉底动员民众不可。因此，对各县政治，都力求刷新。特利〈例〉是浙东处属的云和、龙泉、遂昌三县，还出现了3位新县长。他们率领了许多热心救亡的青年到三县推行新政治，实行全面抗战。以往三县的公务员都坐守在办公室里，现在他们大部分分布在乡村中间。以往县长是高高在上的，现在他们都多方设法与民众接近。县府里面，早有早操，晚有晚会，他好像是学校，也好像是军营。这是干救亡工作的新精神和新风纪。近年，“一二八”三县都举行盛大的民众纪念大会。在废历新年，他们又在县府设宴欢迎慰问被征士兵的家属。对于各乡的保甲长，又竭力求其民造化。希望这种改进，能在全浙江，全中国都发展起来。

1938年2月28日《新华日报》

松重划田赋征收区举行户地编查

冀旧庄旧户就地问粮

本县田赋征收处区域，向分“落霞与孤鹜齐飞，秋水共长天一色”14字，分管26都。各字本有其地域限制(如落字辖一、二都，霞字辖三、四都)，乃因历来征收人员向系兼办推收事宜。一味循粮户之买托，习为跨庄提粮，因而寄庄寄户之风大开；于是有土名十八都之田地，而仟令业户在四都字区承粮者。类此情形，不一而足。遂使原有区域限制，已不复存，地籍紊乱，莫此为甚。□至田赋，易为人赋，人亡户绝，即催征无着，其影响征收有碍管理，实非浅鲜。县政府为积极整理，期达就地问粮之目的，一变过去寄庄寄户之陋习，而为旧庄旧户之良法起见。经将区域从〈重〉新划定，举行户地编查，并将户粮推收事宜，专设推收所负责办理。一面布告业户，自动申请旧庄旧户云。

1940 年 4 月 18 日《民生日报》

丽第 9 次县政会议通过限期肃清赌风

筑县城至太平手车道 整顿市容并整理水沟

【丽水县讯】丽水县政府昨日下午举行第 9 次县政会议，出席余兼县长、各区区长、各科室主管人、政工队长等 10 余人，国民兵团、动员委员会、县党部均派代表列席。主席余兼县长领导行礼如仪后致开会词，继即讨论要案多起。兹择载如下：一、整顿市容，整理水沟，由县府会同县党部派员调查。二、定期开辟县城至太平区手车道。三、限期切实肃清赌风，禁止赌博云。

1940 年 5 月 17 日《民生日报》

景宁粮食恐慌　侯县长派员购运济急

本县山多田少，每年粮食全赖瓯米接济。自各县粮食管制后，无从购运，因之食米益形恐慌。近日，县属三、四区各处有钱无处购籴，致食蔬菜草叶，几有不能度活者。侯县长自视察回府后，异常关怀，除饬属切实管制分配及拟贷放积谷外，并呈准省粮食管理处向平阳县购运食米 1000 担，以资接济。在购粮基金未筹足以前，已向地方银行景宁办事处借国币 1 万元，即日派员前往购运以资济急云。（勋）

1940 年 6 月 8 日《民生日报》

丽水县政府调整乡镇机构

6 镇裁并为 3 镇 1 乡

【丽水县讯】本县城区自治区域原划分为丽东、丽南、丽西、丽北、丽中、望南等 6 镇。兹悉，县府为各镇调整机构，发挥行政效能，曾经县政会议议定，业已正式实行改组。将上项 6 镇裁并编为 3 镇 1 乡（夏〈厦〉河乡），以丽北、丽西及东各一部区域，合并改称为望京镇；以丽中及丽东各一部区域，合并改称囿山镇；以丽南及丽西、望南各一部区域，合并改称临溪镇。又望京镇扩充为10保，囿山镇扩充为15保，临溪镇扩充为15保，夏〈厦〉河乡3保。（经济社）

1940年6月11日《民生日报》

丽城区乡镇调整后乡公所赶办结束

新正副镇长已委定

【丽水县讯】丽水县政府为实施新县制，健全基层机构，俾能确立自治基础起见。曾经遵照省政府实施县各级组织纲要计划大纲内规定，订定本县调整县以下各级编制方案，呈准实施。业将城区现有各乡镇区域，重行划分为3镇1乡，详情会志本报。兹悉，各乡镇旧名称，业已一律裁撤，各正副乡镇长亦一律解职。新乡镇长均已委定，望京镇镇长黄敬之，副镇长邵元龙；囿山镇镇长许仲式，副镇长高培泉；临溪镇镇长李成荫，副镇长许松山；夏〈厦〉河乡乡长刘献兰，副乡长施士惠（南阁、外堡两乡自6月1日起，划归碧湖区管辖）。县府昨已令饬旧各乡镇长文到之日讯办结束，并将任内经管文卷、户册、簿籍、器具、积谷等，分别移交新乡镇长接收云。（经济社）

1940年6月13日《民生日报》

庆竹口组运粮队赴浦运粮接济

【庆元通讯】本县为谋地方安宁及解决目前米荒起见，县府当局特于上月派竹口区区长诸葛达赴福建浦城县商购食米3500担。业经该县允为购买，现闻本县竹口区各乡镇已组织运粮队。于本月1日起，分批赴浦挑运，以资接济云。

1940年6月16日《民生日报》

丽县府本日公开拍卖仇货

【丽水县讯】丽水县政府，呈准定于本月24日起至26日止，在第九区行政督查专员公署内县府建设科公开标价拍卖敌货。计有孔子表2只，明骨三角板大小3块，钢笔6支，口琴5把，眼帘27只，中国金星牌铅笔60打，高丽参16支云。

1940年6月23日《民生日报》

省电话局续招话务员揭晓

【丽水县讯】省电话局续招男话务员，已于8月25日在丽水、金华两处同时举行考试。现各课成绩均已评定，计正取项介扬、朱保强、祝修水、徐雨霖、方德诚、杨金屏、朱青云，张鲸图、留復权、翟铭勋等10名。备取谢迪文、陈国光、朱耀铨、朱用中，张景虞等5名。正取各员闻已由局方分别函知，限9月5日以前办妥保证手续，向丽水总局、金华分局、永嘉分局三处就近报到，正取逾期不到者，即以备取依次递补云。

1940年9月1日《民生日报》

海口实验区工作动态

【青田通讯】本县特约海口经济实验区自重行整顿以来，县府建设科科长卢衍会同该区主任赵子昌、指导员陈声、全茂清等，出发全区视察。根据实际情形，共同检讨，决定工作计划，在本年内决将所有村社改为保分社，并树立乡单位合作社，以便统计运销桐油、茶油、茶叶、木炭等，并集中垦殖山荒地，推广良种云。

1940年9月1日《民生日报》

丽县动员委员会推行献债运动

【丽水县讯】本县动员委员会奉令推行献债运动，业经拟订实施办法及程序，并经第5次委员会议议决通过在案。该办法第4条有“本县各机关团体公务员所持有之债券，函请各该主管长官劝令首先呈献，以资提倡”之规定。兹该会已分函各机关办理云。

1940年9月1日《民生日报》

景宁县呈请在镇以上设区署 *

【景宁讯】景宁县乡镇保甲编制业已依呈准方案，调整完成。惟区之一级，因地域辽阔，村落星散，不能依照县各级组织纲要规定，在15个镇，镇以上设区署。惟区署殊有设立之必要，可否因是项特殊情形仿照乡镇保甲编制，在6乡镇以上设置区署一节，闻已呈奉省府指复。经转请中央核示，故本县可否分区设署，现尚未能确定云。（茂）

1940年9月2日《民生日报》

丽望京镇保甲会议注意防奸

【丽水县讯】丽城区3镇1乡，首推望京镇人烟较为稠密，交通行旅益为复杂。该镇镇公所为严防汉奸混入活动，昨在保甲长联席会议中，特别作本问题之讨论，关于形迹可疑者以及赌娼之窟，饬属严属注意及密报等等云。（经济社）

1940年9月2日《民生日报》

丽建筑公墓委员会昨举行谈话会

城郊荒地决公告领垦

【本埠讯】本县城厢四郊，荒地旷土，为数甚多。闻有年久荒坟，广占面积，即荒废土地，又有违观瞻，至就公共卫生而言，亦有妨碍。前经署府联席会议时，提出讨论结果，决议是项荒坟旷土，应予利用加以垦殖，增加生产，以符“地尽其利之义”。丽县府特为此事成立建筑公墓委员会负责进行。兹悉，该委会于昨日下午2时，召开谈话会。出席专署等代表十余人，首由蒋县长主席报告开会意义毕，当经决议：一、成立建筑公墓垦殖城郊荒地谈话会。二、谈话会参加分子：各有关机关、学校团体负责人；地方热心士绅；技术人员。三、公告领垦（民众与机关团体、学校并重）。四、公

墓计划由县府建设科草拟，所需经费在第一次游艺会余款（存丰源）及其他公款拨充。（经济社）

1941年3月1日《民生日报》

丽县府定期开始整理公款公产

各区署附设登记处　寺庙财产同时整理

【丽水县讯】丽水县政府以该县公款公产为数颇多，只因历来向未清理，以致漫无稽考，长此以往，不独收入日见短少，即产权亦易致丧失。经于本年3月间，组织整理委员会，准备彻底整理。并经拟订组织规程及实施办法，呈奉第九区专员公署核准备案。兹闻该府已决定9月11日起，开始调查，同时举办登记，于各区区署内附设登记处，由区长指派职员负责办理登记事宜。至城区登记，即由县政府直接办理，县政府已将登记日期，登记地点，登记簿式，以及登记时应注意之事项，布告周知。一面通饬各区乡镇长，切实遵办，所有寺庙财产并闻同时加以整理云。

1940年9月7日《民生日报》

丽碧湖区区长易人

【碧湖通讯】碧湖区署自搂〈楼〉震东接任区长以来，工作尚称努力，兹闻该区长奉令调任他职，遗缺派王醒吾接充，已于1日到任。王区长年少英俊，对区政事业，颇具心得，碧湖模范区之建设，前途当未可限量云。（冠）

1940年9月7日《民生日报》

省府电饬严禁赌博

【丽水县讯】本区第6次区行政会议决议：切实整饬社会风纪案内，关于重申赌博禁令并严禁赌具一项，经呈奉省府代电通饬遵照。关于严禁赌具一节，规定无论其为民家或商店所有，查获之后，均应当众焚毁，俾收彻底铲除赌风之效。兹闻县府奉电后，已饬县警察局各区署随时查禁并布告周知云。

1940年9月7日《民生日报》

云和县政府开始查封存粮

【云和通讯】本县晏县长对于粮食问题极为重视，一年来可谓煞费苦心，故本县米价始终维持1元七斤半之标准。本年各乡秋收已大部完成，为防止粮食私运及管制收购起见，特派各科长、主任率员至各乡镇，查封本年存粮。闻明日将先往若〈箬〉溪、南溪、三溪等三乡镇查封云。

1940年9月8日《民生日报》

丽县府派员调查县联合社

【丽水县讯】本县合作社规模较大者，为县联合社、城区消费合作社及瓯江民船船员工会员工消费合作社，业务即广，关系民生亦巨。丽水县政府以本年上期已开始进入下期阶段，为审慎办理并集思广征起见，将派主任合作指导员孔凡定前往各该社详加考查，并讨论业务社务改进之方案与步骤，不日即开始云。

1940年9月11日《民生日报》

丽水县粮管处查封管理粮食办法

城区粮食源源接济价可抑平

【本县专访】丽水前日全县举行粮食总查封，曾志本报，记者为明了总查封之内容及以后粮食管理办法，特走谒粮管处负责者，承告知如下：一、本处遵照省颁各县粮食总调查及封仓办法暨本处粮食管理实施大纲办理总查封，全县同时举行，划城区、碧湖、太平、大港头、岩泉等五区分别进行。每区设分指挥，各乡镇设督查员，每保除动员正副保长、全体甲长外，另派调查员两人协调办理。二、封存余谷不能自由出卖，须听候本处评价收购，如余粮住户私经济周转不快时，得随时声〈申〉请尽先予以收购，或向金融机关抵押。且经查封后，非经本处许可，绝对不准私擅启封。三、如有私自启封出售者，依照省颁违反粮食管理办法紧急取缔规则第四条规定办理。其第四条办法没收其全部粮食外，并依照非常时期农、矿、工商管理条例，科其所得利益一倍至三倍之罚金，五年以下之徒刑。最近，又奉令关于违反粮食管理急要时，得移军法办理。四、佃户须还租谷如经查封归本处收购，给与证明书，佃户凭证明书依照收购价格，折币抵租，业主拒收由本处转付，如学租等不受此限。五、自查封后本处以三种配销机构分配之：(1)粮食公店。(2)特许经营米店或合作社。(3)委托经售粮食商店或合作社。但第二种、第三种配销机构，非经本处许可不得向住户直接收购，须由粮食公店转为分配。六、本处城区、碧湖粮食公店已派员筹备，近日正在鸠工修理仓库，不日可以成立。七、凡有资金五百元以上之米店、合作社经营粮食，向本处登记已核准，方得作配销机构，并须比照其资金之二成解缴储备基金，其基金联合保管，向余粮县份采购储备。八、本处除积极提倡消费节约，以资弥补外，现已向省处请指定在邻县松阳、宣平两县各准采购 15000 担，运回储备，以补不足。九、粮价由本处评议会决定，依收购谷价加运费、加工费及其它手续费合并计算，各特许经营米店及合作社亦须依评价销售。十、本县秋收后，因地方银行高价抵押，农村经济活跃及人工运输等种种关系，城区米源一度停滞，后经本处尽力设院，派员下乡强制收购，米源较旺。近日又络续运到新谷二三千担，又此次总查封后，城区粮食可源源接济无虑，粮价亦可抑平。

1940 年 9 月 12 日《民生日报》

来函照登

主笔先生大鉴：

敬启者：顷阅贵报本日第四版新闻栏所载丽水粮管处消息，有本县秋收后之谷价上涨，地方银行高价抵押亦为原因之一云云。似与敝行农贷所业务实情不符，敝行粮食储押本以农户自食者为限，余粮概不受押，押款亦以评定价格之七成为最高额，似与粮食收购及粮价上涨绝无抵触，深恐社会人士不明真相。敬希贵报披露以释群疑，实所公感。敬请撰安！

浙江地方银行丽水分行 12日

1940年9月13日《民生日报》

宣县府订定管制粮食办法

【宣平通讯】本县谷价虽较邻县为低，当此新谷登场之时，县府为注重民食，杜免恐慌起见，特颁办法三条藉资管制。兹探录其办法如下：一、本县谷价每百市斤9元5角。二、高抬粮价囤积居奇者没收。三、私运粮食出境者没收。

1940年9月13日《民生日报》

丽粮管处订定特许米店注意事项

特许米店限20日前登记完竣

【丽水县讯】丽县粮管处，为重行调整粮食机构，业已派员积极筹设粮食公店，所有城区临时采购处，一律定于本月17日结束。同时，特许经营米店日来开始办理登记，定20日前登记完竣。如有商人拟承营该项米店者，可向粮管处接洽。兹悉，粮管处已订定该特许经营米店注意事项五条，兹特抄录项如下：一、特许经营米店或合作社，其资金不得少于500元。二、特许经营米店或合作社，应缴解比照资金之二成储备金。三、特许经营米店或合作社非经本处核准许，不得向住户直接收购，并不得中途停业，违者处罚。四、特经营米店或合作社，须遵照本处评价配销，违者以扰乱价格论处。五、特许经营米店或合作社须将营业情形按旬报告本处查核，其有隐匿不报或囤积居奇情事，一经查明，依法议处。（经济社）

1940年9月15日《民生日报》

云和县政府继续查封余粮

初次调查成绩圆满

【龙泉通讯】云和县政府自本月7日起，派员至箬溪、南溪、三溪等三乡镇查封余粮，现已全部完竣，结果成绩均极圆满。现悉第二次查封粮食地区，亦已规定为双金、东溪、小顺等三乡镇，并定于明日出发云。

1940年9月20日《民生日报》

青重行整理保甲 户口总检查

【青田讯】本县自去年4月间，奉令办理户口总检查后，即行整理人事登记。现为适应"新县制"之推行，在本月内重行户口总清查。并将所有不合"新县制"之调整"乡保甲"标准者，一律重行编制。兹探悉，本县富堡、方山、庙后、港口、海溪等均有16保以上之乡份者，另行划分为2乡或者归并于别乡。又闻海口区署，于本月20日，召集全区各乡长，事务员等，讨论乡政一切事宜云。(麦)

1940年10月9日《民生日报》

丽蒋县长谈今后施政方针

社会风气重积极感化 粮食问题应开源节流

【本报特讯】本县(丽水)新任县长蒋剑农氏，已于16日接任视事，部署一切。记者为明了其对于今后本县施政方针起见，特于昨日投刺[1]晋谒，当蒙延见。略事寒暄后，承其发表意见如下：余昨日(蒋氏自称)已召集警察局、国民兵团等各干部人员会商，关于警卫方面指示三点意见。一、注重公共清洁卫生。二、工作与训练并重。三、社会风气之整饬，积极重于消极，劝导重于制

① 投刺：古代礼节，通报姓名以求相见或表示祝贺。

裁，使整个社会趋于潜移默化，一变为善良风气。

粮食方面：抗战以前本县粮食，尚能勉力自给，现因人口激增，邻县多告缺粮，本县尤感困难。今后补救之策，消极方面，将粮价稍予提高，不使本县粮食外流，同时提倡佐食番薯等杂粮外，并减少酿酒、饲畜等消费。再以周密方法取缔囤积居奇□□，以上种种紧要处置与决定，将召集全县各乡镇长会议共同商讨解决。

物价方面：各县之评价会，大多几形同虚设，其症结不在评价会本身之有无权力问题。乃系缺少交易公店、常平公店等一类公营商店之树立与雄厚财力也。普通商人终属唯利是图，更缺乏商业道德，故此项评价会实难发挥效力。是以本县今后评价政策注重积极方面之设施，在本县财力之可能范围内，拟竭力多倡设上项公营商店并健全其组织及充实力量，以期本县物价渐趋于公平与合理云。（经济社）

1940 年 12 月 20 日《民生日报》

龙缙两县成立新区署

【龙泉通讯】本县于本年 1 月将道泰〈太〉、安仁两区署裁撤，改为县直接指导区。嗣以该两区面积辽阔，直接指导，诸感困难，为增加行政效率，顷悉县府已将该两区合并为一区，改置泰安区，区署地点设置安仁镇。闻定于 3 月 1 日正式成立，已委派朱献代理区长云。

【缙云通讯】本县舒洪区地域辽阔，原有保甲指导员、通讯〔员〕，对于政令颇感不易推动。兹悉，县〔府〕决于 3 月 1 日成立区署，委麻折之为区长。同时，该区定 3 月 2 日召集区内乡镇长及事务员等开区务会议，商讨成立区任务队云。（达）

1941 年 3 月 1 日《民生日报》

社会组织

请拨木捐开办商会

【处州】处州合属木商，监生卢贞铭等拟提木捐五成筹办商会。禀奉农工商局批云：据禀，陈麟书、国钧父子侵吞木捐，每年可得3000余元。前经拔贡郑希樵提拨五成充作学堂经费，今该商议提余存五成创办商会，以商捐之款济商会之需事本正办。惟查阅粘抄有陈琪等，禀奉抚宪札饬藩司委员会同处州府派员调卷赴县会绅追缴，本局未奉行知无从核办。究竟此项侵款现已追缴若干，能否尽数拨立商会，仰处州府查复察办。

1908年9月9日《申报》

青田拟设商务分会

【浙江】台温处绅商柳正基等拟开办旅青商务分会。缮具章程，呈请抚宪立案。兹奉批云：据禀，会集就地木商陈树芳等公同筹议。遵照部章第二款，将公立商业公所改为商会，即有就地商人不应加以旅青名目。察阅章程第十一条，奉发查理之案，如原告或被控不到，应由该会摘录案由送县，传讯不得移县，勒令到会听理。第二十条，商家所用账簿，现尚未奉部颁一定格式应即删除，以上各节理合更正。惟查本年8月间，有处属木商卢贞铭等议设青田商会，本局以所禀开办当年各费关涉讼案，又无章程呈，阅批府查复。迄今尚未复到，究竟卢贞铭等能否联合办？抑系徒托空言，仰处州府转饬青田县尊批，妥护并令更订章程详候察夺。

1908年11月20日《申报》

处州分设商会

【浙江】丽水县顾曾沐大令详请上台，据商民熊元亨等创办商务分会。

经费由商乐输，公举殷商叶凤锵为总理，拟定章程，叩请立案并颁给钤记，俾便开办，当奉商务局批云。该县设立商务分会，系为振兴商务，维持利权起见，自可照准。惟核阅所拟章程，如农工实业与商务有密切关系，及市面粜籴斗升，印行商用账簿各条均有未合，已逐一签饬删改，仰即传知各商遵照。取具总理营业，衔名册 5 本，章程折 5 扣，仍由县核明详送本局以凭察夺。

1909 年 3 月 23 日《申报》

共和党①纪事

12 月 2 日，接浙支部来函。据丽水分部报告，该分部于 11 月 24 号开会成立。公举孙如怡、许作舟两君为正副部长，李馥等 10 人为干事。

1912 年 12 月 3 日《时事新报》

处州同乡会缘起

处州居浙省西南隅，广占全省地六分之一，属有十邑，北为宣平、缙云；西南为云和、景宁；西北为遂昌、松阳；西为龙泉、庆元；东为青田；其居于中者处州首邑之丽水也。民皆耕植为业，惟以多山，故土质瘠瘦，每虞不给，然闭关时代人皆习于家居之乐，终日株守不出里闬。今者海钥既启，生计日高，吾处属十邑男儿之志在四方者，书生负笈以行，商贾乘槎而去，转徙外乡接踵于道。上海为吾国东南大埠，交通之便甲于他方。处人之居于此者数亦不少，惟无团聚之地，致我旅沪同人有言莫商有事莫助，时有异乡孤客之悲，而生举目无亲之感。兰等有鉴于此，因合沪上同人以建斯会，俾吾处属同胞之旅居于此者，相亲相助不致散如河沙绝无团结。异日，斯会成立之后，虽居异

① 共和党为中华民国元年建立的政党之一。1912 年 5 月 9 日成立于上海张园，由民社、统一党、国民协进会、民国公会、国民党（非同盟会系统）等合并组成。其组织有国内支部 27 个，国外支部 7 个。党员约 10 万人。1913 年与民主党合并成立进步党。

地，不乏知己之人，既结同心，可免离家之苦，此固同人之所俱乐，不独兰等一二人所独乐者也。民国6年（1917）12月，旅沪处人魏兰、张之杰、叶天籁、毛拥粹、樊健、樊炳熙谨启。

1918年1月4日《申报》

筹备处州十邑旅沪同乡会启

上海为万方会集之地，人之旅此者皆有同乡会之设立，以遂相亲相助之意。独我处属同人散处此间绝不团结，兰等为敦乡谊起见，因特发起处州同乡会并暂借法大马路三立堂药房为筹备处。凡我处州旅沪同乡，务祈迅临筹备处报名为祷。

发起人：魏南[兰]、叶天籁、樊健、张之杰、毛拥粹、樊炳熙。

1918年1月22日《民国日报》

浙庆元县农会请查失踪挑夫致上海总商会函

本埠总商会昨接浙江庆元县农会函云：经启者。敝邑夏正八月十三日，闽军进城。十六日开发，被捉挑夫百有余名，现多脱离回里，惟省商民张学礼，乳名江西半，年24岁，曾经高小毕业，躯体瘦弱，技习油漆，在城开设张骏兴漆铺。近闻回里挑夫传说，菊秋初三日，到江苏金山县，因面部与足，均患浮肿，释放出队，迄未抵里，毫无踪迹，不知病困何方，仰系另觅生活，失路堪悲，敢请贵会大发慈善，代为调查，垂怜援救，或赐函覆〈复〉所在地点，俾资遣人前来，祷切盼切。此致上海总商会会长垂鉴！浙江庆元县农会谨启。

1924年11月15日《申报》

松阳水龙会之筹备

松阳耐性桥文昌阁，殿宇巍峨，为吾邑各庙冠。夏历2月19〔日〕晚7句

〈点〉钟许，因隔壁阴阳生何福荣厨房，不戒于火，顿时浓烟密布，烈焰腾空，红光烛天，而城中又素鲜水枪、水龙等救火之具。故其时观者虽如猬集，咸各面面相觑，束手无策，以故不瞬转间大好殿宇，卒成一片焦土。兹悉，知事秦某有鉴于斯，怒焉伤之！爰于日昨（2月26日）下午1句〈点〉钟，函召城中各绅富，在参事会开水龙筹备会。其实，记者（访员自称）因访友经此，亦与列焉。计到者有30余人。始由知事秦某报告开会宗旨，及应如何筹款方法。兹录其讨论结果如下：⑴筹设该会，须先设立董事会，筹议一切重要问题。⑵当时由公众推出地方公正绅士潘道生、潘昕斋等10余人为该会董事，司劝募之责。⑶其董事，须由参事会备正式公函聘请之。⑷所有是会捐簿，亦须由参事会编制，以昭乡重。议至此，已夕阳西下，即由知事宣告散会矣。（新）

1926年第5期《括苍》杂志

括苍学社[①]之欢送宴

北京括苍学社对于历届毕业离京之社员，向有欢送之举，藉以维持感情于久远，而利社务之扩张。本年上学期在京毕业社员有何君联奎（北京大学英文系）、叶君霖（法政大学）、罗君锦（中国大学商科）、叶君敞（求实中学）等4人。特由第二次职员会议决，由总务、交际、会计三股筹备欢送。于6月16日下午，在煤市街致美楼3层楼大厅开欢送大会。是日，在京社员到者30余人，3时开会，由总务股主任叶桂华致欢送词，继何联奎代表毕业社员致答词。林鸣鹤、沈作乾、吴远平、张震南等均有长篇演说。5时摄影，6时30分就宴，至10时余，始尽欢而散云。（帆）

1926年6期《括苍》杂志

① 括苍学社成立于1922年冬，是以在北京各高等院校就读的丽水籍学生为主体的学术研究组织，创办有《括苍》杂志。

北京处州会馆两次大会

常年大会

北京处州会馆，向例每年春季，召集在京全体同乡，开常年大会一次，并改选职员。近年因时局关系，而前会长黄士杰又因事出京，以致迁延未克举行。现因各校已放暑假，在京留学之同乡，均将束装南下，势难再欢；特由多数同乡提议连〈联〉名函请前会计兼庶务张震南代理召集，于 6 月 28 日下午，在会馆开会。首由张震南报告开会理由，及一年来经过状况，继讨论各种例案。后吴远平提议：本会馆从前一切事务，均须由会长主持；但近年时局不靖，同乡在京出京，往来不定，以致馆务不免停顿，可否增加干事一职，以辅佐会长办理一切。戴静斋提议：增选副会长。由主席付表决，通过增加干事一职，以辅助或代理会长执行一切。旋即举行选举，结果戴炎当选正会长；叶桂华当选干事；季良宸当选会计。

临时大会

戴炎于 6 月 28 日常年大会被选为正会长，已于当日就职，并接受一切印件。惟任事未久，突于 7 月 6 日下午，去函干事叶君桂华，提出辞职，并将印件交出，表示坚决之意。当由叶君发出通知，于 7 月 8 日上午 9 时，在会馆开临时大会。首由叶君报告戴君辞职经过，并付讨论；吴远平谓戴君辞职之意，既甚坚决，且会馆职员，纯系义务性质，当然不能强人而为，应准其辞职；众无异议，遂通过准其辞职。旋即举行补选，结果端木彰当选为会长。后又由叶桂华、吴远平等提议，谓会馆此前既无定章，又无规条，馆务纷杂已极，早应大加整顿；现在关于修建事情已有头绪，详章可待修建后议订，目前应先规定简单规条，为整顿之入手办法；众无异议，遂议定暂行规则多条，又议决整顿之案多项，如检点会馆一切器具，编号登册，及设置旅京同乡一览表等皆是。至 12 时，散会。兹将是日所定暂行规则录下：

处州会馆暂行规则

甲、职员及职务

一、本会馆职员，设会长、干事、会计各1人。

二、职员职务，除分别执行大会议决案外，会长主理本馆一切常务。干事助理之；会长出京时，其职务即由干事代理；会计掌理本馆一切收支事宜，并于每年开常年大会时，将收支账用书面报告于大会。

三、职员由常年大会互选出之，任期均1年，但连选得连任。

四、每年于秋季开常年大会一次，遇有特别事故由在京同乡4人以上之提议，得开临时大会，其会期由会长择定通告。

五、职员交替时须检查什物一次。

乙、住馆规则

一、凡属处州同乡，皆得居住会馆。

二、住馆同乡于迁入时，须将履历通知干事。

三、住馆者得数人同住一间，但1人不得兼用数间。

四、住馆者非得会长许可，不得任意通闭房间。

五、客厅绝对不作住屋。

六、馆内所有器具，不得携出馆外。

七、容〈客〉厅内器具，住馆者不得移用。

八、会馆内一切器具，住馆者有保护之义务，遇有毁损得令其赔偿。

九、会馆用人，得由会长辞退之。

十、本规则自议决之日起发生效力。

1926年第6期《括苍》杂志

丽水射击会员射击

【丽水通讯】本县射击会自经保安第四分处长陈式正等发起组织成立以来，会员已达60余人。兹悉，该会为促进会员射击技能起见，特定于每例假日，赴射击场实行打靶。本月14日，为该会第一次射击之期，到场会员20余人，排列队伍，先由陈副处长说明枪之步位、装弹及瞄准方法。至9时开始射击，枪声轰轰，震动山谷，结果以第一组及第三组得分较多，迄11时许，始各尽兴而散。

1935 年 4 月 17 日《东南日报》

丽水召开救亡团体代表座谈会

省抗日自卫会总干事吴寿彰先生，于 11 日在丽水召集当地各救亡团体代表，举行座谈会。到会者计有文抗会、浙江回乡服务团、动员周刊社、文抗会丽水分会等团体代表 10 余人。报告各该团体工作近况并交换意见，最后由吴寿彰先生指示今后救亡工作之途径，并望各团体对《浙江省战时政治纲领》展开热烈之讨论。

1938 年 3 月 20 日《动员周刊》(第 1 卷第 9 期)

丽水各救亡团体举行座谈会

丽水县抗日自卫会、县政治工作队、乡村工作指导员室、民教馆、浙江省文化界抗敌协会总会、丽水文抗分会、救护总队政工研进会、红十字会、新四军驻浙办事处、动员周刊社、处州中学及处中学生会等 10 余团体，代表 50 余人，上星期假处中附小举行座谈会。目的在检阅过去工作情形，交换工作意见，并确立今后工作方针。商谈约 2 小时，归纳结果，约有数点：一、确定座谈会的经常化，并推举抗卫会、文抗总会等 5 团体负责召集。二、推行各种具体救亡工作，如民众剧社、军人服务团、公共图书馆等，从各种具体工作中再去发动各部门的民众组织。三、筹备五月节纪念大会，作普遍的政治动员。

1938 年 5 月 30 日《动员周刊》(第 1 卷第 12 期)

第九区各县政工队组织联合研进会

本区各县政工队均已先后成立，为研究交流政工实施方法，联络各县队情感，充实本身力量并求步调一致起见，特发起组织各县队联合研进会，业于本月16日假专员公署举行成立大会。计出席各县代表20人，当通过会章，推选职员，设办事处于丽水政工队队本部。第一期工作为各组拟定工作细则，各县工作书面报告等。闻第二次大会定6月4日举行云。

1938年5月16日《动员周刊》(第1卷第16期)

浙江大学浙江同学会成立

【丽水通讯】浙江大学留居处属各县同学，为联络同学感情，特发起组织“国立浙江大学浙江同学会”。业已推定李斯达等5人，负责筹备，设通讯处于丽水县城区消费合作社。并于日前召开筹备会，当经议决，会员范围包括该校文理、工、农三院，暨前甲工、高工、工专、甲农、高农、农专等部分毕业或肄业同学。至于该校前后各部分教职员，亦拟聘为特别会员云。

1939年1月8日《东南日报》

云木匠业增加工资

【云和通讯】本县木匠业工会，近以百物昂贵，生活程度日高，原有该业工资过低，不敷维持。特于前日开会，决议酌增。顷正报由县府核定。自本月1日起，雇工工资每工3角8分，包工工食每工6角云。

1940年4月5日《民生日报》

公款公产整委会昨开成立会

【丽水县讯】丽水县政府为整理公款公产，以裕地方财政收入起见。前经拟定委员会组织规程，聘定郑楚臣、孙庆禧、王志青、刘树德、阙蕴玉、徐仲恂等为委员。县府财政教育科科长、县警察局局长、税务局局长、各区区长为当然委员，县长兼主任委员。于昨日(5日)，组织成立，通过实施办法。

1940年4月6日《民生日报》

瓯江民船工会组消费合作社

推梁明轩为社长

【丽水县讯】浙江省瓯江民船船员工会为增进员工福利，改善员工生活起见，特发起组织员工消费合作社。于本月12日下午2时，在该会总理纪念厅召开创立大会。计出席社员梁明轩等50余人，县府派陈主任濂出席指导。通过章程，并讨论提案多起。各社员情绪甚是热烈，并推选梁明轩为社长，叶竹轩为监察，倪珠明、叶尚华、詹凤友、叶芝琳、单德龙、李希白等6人为社务委员。并聘请何志鑫为经理，着姚楚为司库，现正着手办理登记云。

1940年5月15日《民生日报》

宣平县府员工组消费合作社

【宣平通讯】本县县政府全体员工，因感市上消费物品的不断高涨，商店的抬价居奇，特筹组消费合作社。每股金额定5元，于上月24日开创立会。叶县长被推选为理事主席，兵役科长举为经理，现已积极筹备中。第一批货已由温州购运到宣，俟社址修缮完竣后，即可正式开幕云。

1940年5月23日《民生日报》

景染业公会正式成立

选陈瑞元等为常委

【景宁通讯】景宁县染业同业公会筹备会，于5月15日假沙溪小学召开成立大会。选举执监委员、县党部派第十五区分部书记柳毓瑶，县政府派沙溪区办事处代表郭英杰出席指导监选，选举结果：陈瑞元、宋良治、吴朝兴3人当选执行委员；任邦灿为候补执行委员；毛章之、周嘉有、杨斐选3人当选监察委员；柳希余当选候补监察委员。复于16日，召开执行委员会议，推选陈瑞元为常务委员云。

1940 年 5 月 26 日《民生日报》

汽车机司业职业工会迁永康办公

【丽水县讯】浙江省汽车机司业职业工会为求会务之进展计，业经第七次理监干事联席会议决定于 6 月 1 日迁移至永康北门外育婴堂后面新屋为会址。并已呈报党政机关备案，通告会员周知云。

1940 年 5 月 30 日《民生日报》

丽妇女生产合作社昨日成立

【丽水县讯】妇女生产合作社于昨日下午 2 时开成立大会。到会 20 余人，工业合作协会、合作协进会、县政府合作指导室均派员指导。由章启明主席即席选出章启明等为常务理事，除议决进行各事项外，并定于一二日后开始工作云。

1940 年 6 月 15 日《民生日报》

丽慰劳会收入公布

本会聘定绍兴龙凤高升戏班来丽表演（地址鲁班师庙），票价：头等 6 角、普通 3 角、军警孩童减半。8 月 26 日夜，头等全票售出 110 张，计国币 66 元；头等半票售出 135 张，计国币 40 元 5 角；普通全票售出 233 张，计国币 69 元 9 角；普通半票售出 166 张，计国币 24 元 9 角；合计 200〈元〉另〈零〉1 元 3 角。除逐日在戏场公布外特再登报，以昭征信。

1940 年 8 月 28 日《民生日报》

景宁救济院组织成立

【景宁通讯】本县地极贫瘠，民生困苦，救济事业更属重要。惟因财政竭蹶，以致莫能推行。年来历任县长虽迭经倡设救济机关，以办理救济事业，然终以力不从心，未能成立，故本县向无救济机构之组织。本年，侯县长莅任以来，鉴于贫民溺婴及疾病繁剧之惨痛。认为县救济院、育婴施医两所之设实属不容稍缓。因即悉力策划，设法筹款组织县救济院，遴选县绅德高望重擅长国医之杜笃才为救济院院长兼施医所主任。另委热心公益慈善为怀之叶葆禔为副院长兼育婴所主任。兹悉该院业经筹备就绪，于9月1日正式成立，并闻成立以来除育婴部分正在计划推进外，对于施医事业已卓著功效。莅院医治病人日必数十之多，地方民众莫不称便云。（茂）

1940年8月29日《民生日报》

丽联工团正式成立

【丽水县讯】丽县党部发动组织之各业民众团体战时工作联合团，经筹备已久。兹悉，该团业于本月21日正式成立（地点：县党部）。各民众团体战时任务均已派定，近积极推进中云。（经济社）

1940年8月30日《民生日报》

瓯江民航船员工会筹组运输队

【丽水县讯】瓯江民船船员工会前经第九次理事会议，决议组织战时运输工作大队，并推定该会常务理事郑佐平兼任大队长，梁明轩、萧睢然、陈国英为大队附。详情已志本报，兹悉该队已于9月1日成立，郑大队长等已启印，假该工会内开始筹组云。

1940年9月3日《民生日报》

丽水各界昨成立征募寒衣运动支会

规定征募办法并行游艺募捐

【丽水县讯】本县本年度征募寒衣运动业由县动员会发起组织征募支

会已志本报。兹悉是项支会已于昨日上午9时，在动员会召开各界代表会议。出席者有建设厅、教育厅、县党部、县商会等20余单位。推出县党部动员会、县政府、县商会、建设厅、教育厅、青年团7机关代表为常务委员，成立县支会。接续举行第一次委员会议，兹录其会议情形如下。

出席者：全体常务委员，列席者：陈功懋。主席余森文（叶家烈代）领导行礼如仪后，继即报告丽水县各界代表会议筹备本会经过情形。讨论事项为：一、推定本会主任委员、副主任委员案决议：主任委员动员委员会余主任委员，副主任委员县党部方书记长。二、推选本会各组组长、副组长及组员案决议：（1）总务组：正组长动员会、副组长县党部。（2）劝募组：正组长县政府、副组长县商会。（3）宣传组：正组长青年团、副组长民教馆。（4）组员由各组长调用各机关工作人员提会任用。三、决定本会办公地点案决议：动员委员会。四、确定本会经费预算案决议：由总务组以280元数量编订，提下次常务委员会议决核定。五、本会急于开始工作，所需经费应先设法借垫案决议：即日向各摊派经费机关征收，毋庸借垫。六、函请担任本会委员之机关或团体，其委员应予固定人选出席案决议：通过并函知推派机关或团体所派固定代表之人选，应在各服务机关职务较高及对本会能切实负责者。七、本会征募宣传运动办法应予拟定案决议：交宣传组拟定提下次会议决定。八、本会征募办法应予拟定案决议：交征募组拟定提下次会议决定。九、规定本会常务委员会议日期案决议：每每〈星〉期三下午2时举行。十、第二次常务委员会议应提前在本星期六下午3时举行决议：通过。十一、本会征募办法除另行规定外并采用游艺募捐，兹拟即日开演。另行召集各机关团体筹备进行当否，请公决案决议：通过。十二、准青年团战时联合工作团及军警稽查处面称以筹措经费拟演剧募捐等由应如何决定案决议：与本会游艺募捐合并办理其盈余俟本会寒衣经费征足后再行支配。

1940年9月5日《民生日报》

丽赈济会一老妪病死待领

【丽水县讯】本城于前日下午7时许，有浦江人妇女郑氏在大水门天主堂医院就医。嗣因病危，该堂拒绝，由何一葵者转送县赈济会收容。讵于昨日在该会病死，经报由丽地法院验明买棺收殓。死者遗有9岁女孩，言语含混不能说明原委，闻该郑氏之夫前在温处师管区充连长名为郑步瀛。现赈济会望该死者家属领回安葬云。（经济社）

1940年9月14日《民生日报》

龙木匠工人组织木器生产合作社

【龙泉通讯】本县城区木匠工人有70余人。兹为免受剥削并以自力发展共同改善自身产销生活起见，特决定组织木器业生产合作社。业向县府接洽筹备就绪，县府已派合作指导员董焕然前往指导组织。预期此种出于自动性之合作组织，其成员厉害一致，社业务必可合理开展云。（鸿）

1940年9月28日《民生日报》

合作促进会龙分会积极开展事业

筹组合作巡回书库 分区辅导合作事业

【龙泉通讯】浙江省合作促进会本县分会，为发展会务并积极发挥辅导社会事业起见，工作与教育民众计，该会经常出刊合作壁报一种。并于《龙泉日报》上刊行“经建副刊”，内容除乡建理论外，侧重各经建部门之工作实情报导及各种经建计划。近日，已刊出有县联社概况报告，闻将连续刊载交易公店、缝织厂、合作金库、小贩合作社及瓷器、纸业合作社、妇女垦殖合作社等种。堪供乡建工作者之参考。最近，为配合县府、合作社调整工作，并发动八都支会会员，协助组社及清算工作，动员全部会员经常分区辅导，推进合作事业，以谋合作基础之巩固。此外，并会同县府合作室筹组合作巡回书库，将来拟巡回各区，教育社员。除自行购置外，并向外征求合作书刊，尽望各方能经常赠寄。该会以各种合作资料，报刊杂志，俱该会巡回书库得臻充实。(鸿)

1940 年 10 月 1 日《民生日报》

丽城筹设柴炭产供合作社

【丽水县讯】本县青年季怡、李渊杰等，鉴于迩来市中不但百物昂贵，即山城物产之柴炭亦因市侩之垄断操纵而抬高价格。特邀集同志多人，筹设“保证责任丽水县柴炭产供合作社”，已于上月中旬假青年团丽分团会议厅召开创立会。由县政府派员出席指导，该社复为提倡社会生产合作事业起见，特议定向社会各界公开招股，每股股金 2 元，以资普遍。各界热心于生产合作事业而欲共□进行者，可向三官殿青年团分团部接洽云。

1940 年 12 月 7 日《民生日报》

工合丽水事务所迁移新址

【丽水县讯】中国合作协会[①]丽水事务所，原设华祠岭 12 号。兹闻，以原处过于狭隘，不敷应用，业于本月 12 日迁移燧昌路 10 号办公云。

1940 年 12 月 25 日《民生日报》

丽县住民发起组房客联合会

呈请党政机关取缔加租

【丽水县讯】本城客籍居民十余人，鉴于城区屋主，意图抬高房租以收

① 简称中国工合。抗日战争时期，由国际友人路易·艾黎及爱国民主人士发起，是国共两党参与组建和领导的，以合作社方式在大后方从事工业生产的群众性经济组织。

回房屋自住藉口，及其他要挟加租等情，殊属非是。昨日，纷纷集议，组房客联合会。拟将备文呈请党政机关，对于在抗战后租赁本城境内住屋者，予以合理订定规章，由政府颁布法令统一平价，不得擅由房东高抬房租，对房客有所苛求云。记者按：闻县府建设科，关于此问题已有动议办理此事云。（经济社）

1941年1月25日《民生日报》

二区火柴同业工会昨开成立大会

翁来科等当选委员

【丽水县讯】本省火柴厂商为谋业务之改良发展，及矫正同业之弊害，经呈准经济部社会部暨浙江省党部，于3月1日下午2时，在丽水燧昌火柴公司大礼堂举行第二区火柴工业同业工会成立大会。计到有会员宁波正大厂、绍兴便民厂、诸暨大中华厂、丽水燧昌厂、温州公〈光〉明厂代表多人，并由经济部代表蒋剑农，省党部代表孙庆禧，建设厅代表黄戴勋出席指导。浙江省营贸易处、第九区专员公署、丽水县党部、丽水县商会、丽水地方法院等代表列席参加。当经推定郑楚臣①为主席，行礼如仪后，即由经济部、省党部、建设厅代表相继训词，勋勉有加。嗣即票选翁来科、李少甫、张慎正、谭叔翼、吴朝福为执行委员；赵汝后、钱元卿为候补执行委员；郑楚臣、董纯才、徐日厘为监察委员；王志青为候补监察委员，并议决要案多起云云。

1941年3月2日《民生日报》

青田旅沪人士筹备同乡会

浙江青田旅沪人士，为联络乡谊，协助地方建设计，拟筹组青田旅

① 即郑宝琳。丽水民族工商业的代表性人物。先后创建普明电灯公司、普昌火柴梗片厂、燧昌火柴股份有限公司。1941年病逝。

沪同乡会。爰于8月25日，召开发起人会议，到杜伟、赵志垚、章乃器等30余人。当推定廖公邵、李灏为筹备主任。于8月31日，开筹备会议，积极进行申请登记，筹募基金等事宜。暂设通讯处于林飞中路553号青年中学内。

1946年9月4日《申报》

温州旅丽同乡会已筹备成立

【丽水通讯】温州旅丽同乡，为联络感情，增进互助，特发起组织温属旅丽同乡会。经积极筹备，已登记会员500余人。于11月12日，假建国小学举行成立大会，出席人数300余，党政机关均派员指导。选举结果，洪涛、江卓儒、江光第等9人为理事；林松文等为候补理事，潘振扬等3人为监事，徐印波为候补监事。闻已择定丽水三坊铺10号为会馆，即日开始工作。（虎啸社）

1946年11月19日《平报》

在杭丽水青年筹复丽水学社

【本报讯】丽水旅杭知识青年，人数日增，近月来已达三四百人之谱。经叶兀琥、王如海、周淑英、许树藩等发起，于9日午后1时，假孝女路天长小学举行首次联谊谈话会，出席者50余人。经交换意见后，为联络情感并促励学术及改进丽水建设起见，一致决议筹备恢复战前为丽水旅杭人士所组织之丽水学社，并推定陈凤翔、许树藩、谭大政3人负责筹备云。

1947年2月10日《正报》

社会活动

丽水选举初选开票 *

丽水有选举权者 599 人，当选额 8 名。初选举开票当选者仅 2 人，照章将次多数榜示各区再选。初选当选人 2 名：谭献、项际虞；次多数 12 名：叶凤锵、郑景翘、徐方良、朱宗儒、孙寿芝、王邦镐、沈国璠、沈国琛、武丕承、江之涛、叶大勋、徐自华。

1909 年 6 月 20 日《申报》

复选举开票

【浙江处州】日昨，省城咨议局筹办处接处州府常太守来电报告，议员姓名如下：当选议员 6 人，沈国琛、刘耀东、吕朝阳、黄荚、徐国钧、连正钊；候补议员 3 人，郑希樵、谭献、陈国钧。

1909 年 7 月 26 日《申报》

浙都督电恳中央发振〈赈〉款

浙都督电致中央云：大总统、国务院内务部、财政部钧鉴：浙省自 8 月抄〈杪〉以来，阴雨连绵，各处山水暴发，沿海潮汐亦复骤涨。迭据丽水、青田、景宁、云和、遂昌、龙泉、宣平、永嘉、瑞安等县先后电呈被水情形，尤以青田、缙云、瑞安、永嘉等县淹毙人口，冲毁房屋、田谷为最多。值兹库藏奇绌之时，猝遇沈灾，救援不及，不胜焦灼。当饬民政、财政两司，先将各该县已收之省税及统捐局收款，就近酌量动拨，散放急振〈赈〉。一面由司派员□款，驰往各县确切调查，相机筹办抚恤，以靖人心而免扰乱。惟该县等或僻处山陬，或远居海表，交通固多阻隔，赋税亦少征收，剜肉补创〈疮〉，终鲜实济，而此十县中荡析离居之户，已不止数十万人，将来不特减免赋税，仍需接办冬振〈赈〉，补给籽种，所费更难预算。浙省承上年灾款之余，重以军事。本□岁入不敷出者，以□百万□□堪，增此□时支出之巨款，瑞自维□□，夙夜祗惧。现在筹办急振〈赈〉，已非20余万不可。虽已由瑞通告各省都督及海内大慈善家请其代筹义赈，藉资补助，究恐缓不济急，势难悬斧待炊，惟有敬恳俯念浙境水灾浙省财力渐不能支，准予饬拨巨款，以拯孑遗，不胜呼吁叩□之至。浙江都督朱瑞。

1912年9月16日《申报》

追悼阙玉麒君[1]预志

阙玉麒病逝已纪前报。兹悉，阙君自发难浙省后即抱病申江，初入静安寺路葆元医院，院主唐尧钦素与友善，见其病剧，劝以筹备后事。旋迁至佐佐木医院所住养病室，即当年宋渔父逝世之处。闻阙君临死时曾大呼宋先生久违了，不图今日相见，一笑而绝。前日，灵柩出院时，同志执绋者百数十人，沿途步送至斜桥金华会馆暂停。浙省吕督军昨派何志城来沪料理丧事，并赠赙仪600元。沪上同志拟日内订期开会追悼藉志〈致〉哀，忱灵榇由家属预备搬回丽水原籍安葬云。

1916年9月7日《民国日报》

预志追悼阙麟书

民党起义要人阙君麟书，字玉其〈麒〉。于本月3日，积劳身故，佐佐木医院早志本报。兹探悉，其同志任援道、张拱辰、郑亚青、凌季三、黄士瀛、章少良、许伯奇、刘海槎、王理成、叶天籁、胡抱一等30余人，于日昨午后，集议于泥城桥葆元医院丧葬事务所内决定，先电请政府要求在西湖举行省葬，以酬勋劳而励后进，再邀集旅沪同志开会追悼。随即推定叶君天籁赴杭面谒吕督，商议一切并择定月之某日，假张园安塏第为追悼会会场。当由张

① 即阙麟书，丽水碧湖人，清末民国初民主革命家。

拱辰君提议，唐烈士继星与阙公相从患难共谋国是，今二公先后以身殉国，应并入此次追悼会中一同办理，经全体赞成云云。

1916 年 9 月 12 日《时事新报》

处州同乡会之通电

各报馆，各省议会、教育会、农会、商会及各团体鉴：青岛失败[①]，东鲁垂危；国家存亡，千钧一发。自各志士群起救国，呼号奔走，均以劝用国产，不买日货为外交后援。一时自北而南，势如潮涌，足见人心未死，国事尚有可为，然我国人之热度几何？只恐事过情迁，不数月而渐归消灭，此日人所以有 5 分□之时间笑我也。兰等鄙见，不用日货固为今之急务，而组织公司仿造，尤当合力图谋，无力者储金 1 元，数目不嫌其少，殷富者投资百万股，分不嫌其多，集腋成裘，众聚易举。所谓救国，所谓实业，皆不外于是矣。否则日言抵制，终非持久之道也。旅沪处州同乡会魏兰等叩仰。

1919 年 5 月 24 日《国民日报》

处州遂昌人士之怀旧

上星期日，遂昌人士假天宁寺仁一学校大讲堂，为前遂昌县知事何元杰之母开追悼会。由省议员毛蒙正为代表，绅商、学界均到，现任遂昌县刘鸣孙知事亦与焉。曩在庚辛间，遂昌乡民因调查学龄儿童，匪徒藉兴谣诼，谓将按口抽捐，群起毁学，卒至啸聚亡命，攻城劫掠，赖何君以兵力平之。光复初，遂邑复乱，何君为民政长，颇著功绩，是以遂邑人士，到今不忘，为其母开会追悼，盖亦饮水思源之意云。

1923 年 12 月 13 日《申报》

① 第一次世界大战后，1919 年 1 月，英、美、法、日、意等战胜国在巴黎召开对德和会，决定由日本继承德国在中国山东的特权，引发青岛主权问题。这次和会上中国外交的失败，引发了伟大的五四运动。

请松阳县公民注意选举

叶　松

报载各县选举参议员，日期在迩，吾邑自不能例外。于兹尚未举行之前，竟见各地议论纷纭，弊窦丛生（见每日本报），料想处那“天高皇帝远”的故乡，势所难免。尤其堪虑者，过去之贤明人士，均以不关痛痒，本那“自扫门前雪”的放弃权利，任其一般“求之不得”瞎二乱四的人去胡干。弄得良善百姓，不能安居乐业，刁恶奸民，大施威风，殊属憾事！鄙人识见浅微，本不敢坐井而谈天，但此次选举，关系将来之县政，是故不得不就管见所及，胪陈于后，请松邑公民努力。⑴提醒酣睡的脑筋，认明现在的时代。⑵除竭力于街头巷尾，人丛市□中从事宣传外，并将选举意义，明白解释与父母、妻子、邻居知道。⑶不受任何势利〈力〉利用，做他人的走狗，代替活动。⑷切切实实地劝告无知乡民，万勿以一碗面、一顿饭，断送了整个的政府前途！⑸如被选任投票监察，须请本着公正廉明代替文盲书写，同时运用敏捷的脑筋，尖锐的眼光，监视其他一切。上面所述的几点，希望诸高贤深为注意并尽力实行是幸！

1934 年 11 月 16 日《东南日报》

孙科等昨晨离杭往游浙东各名胜

午抵方岩经仙都往丽水

【本市讯】立法院院长孙科，偕秘书长梁寒操、实业部刘维炽、立法院委员钟天心等一行，昨（18）晨 8 时，乘自备汽车赴江干三廊庙码头渡江，换汽车赴浙东各名胜畅游。中午 12 时，抵永康方岩游览，并进午餐。2 时，离方岩前进。3 时，经缙云仙都，略作休息。下午 5 时，到达丽水。晚间，即下榻该县，并定今（19）日离丽水，赴青田石门洞游览。中午，抵永康〈嘉〉进餐。5 时，到雁荡，晚寓山间。20 日，畅游雁荡后，21 日再至天台山游览。23 日，仍循公路回杭，再由沪杭公路赴沪转京云。

1935 年 3 月 19 日《东南日报》

孙院长遨游温处

【温州电】立法院院长孙科，偕刘维炽，暨秘书长梁寒操等一行 30 余人，昨晨由丽水乘包车 6 辆，下午 1 时抵温。在清水埠下车，车站午膳。3 时半，乘客车赴雁荡山游览，寓灵岩寺。

1935 年 3 月 22 日《时事公报》

陈诚抵丽水将往雁荡游览

【丽水通讯】军政部次长陈诚，偕同随员，17 日上午 8 时，自杭启程来县。下午 4 时到达，前往欢迎者，有党政军警法各界代表，及 19 师部队等数百人。陈氏下车后，即至燧园稍憩，旋往谒老太夫人。即晚，李师长设宴为陈氏洗尘。陈氏将往雁荡游览胜景。

1937 年 3 月 20 日《东南日报》

本省同乡纷纷回乡服务

本省同乡，向多散处他省，近因抗战军兴，本省须才孔亟，特别是从新的战时政治纲领颁布后，更须大批青年干部从事实际工作。浙省旅外同乡，近纷纷返省投效，尤以知识青年及文化人为多，现已有 50 余人从上海回来，听说汉口方面最近也可以有大批人才来到。浙江同乡回乡服务团，现特在丽水丽阳门外北郭〔桥〕设立招待处，凡我回省同乡，均应向该处报到，俾使代为接洽一切云。

1938 年 3 月 20 日《动员周刊》第 1 卷第 9 期

纪念“九一八”9 周年 龙各界举行筹备会

丽妇女会组晨呼队

【龙泉通讯】县动员会以“九一八”9 周年纪念日将届，业于本月 5 日召集党政军团等各机关代表开筹备会议。决定是日上午 5 时 30 分，在民众运动场举行纪念大会，由县党部负责发动民众团体参加，出版大幅壁报及出版县府日报特刊，推县府编审室负责办理。

【丽水县讯】县府政工室、妇女会、业余歌咏协会以“九一八”9 周年将届，特于日前举行座谈会，讨论纪念办法，当决定除参加各界之联合行动外，三团体联合组织晨呼队。于是日三时半(标准钟)，整队自丽阳门外汽车站出发，沿门街至大水门止举行晨呼，沿途并张贴纪念标语。

1940 年 9 月 16 日《民生日报》

龙民教馆合开妇女联谊会

讨论如何展开妇运

【龙泉通讯】本县妇女运动，以县妇女会负责同志先后离龙，逐形停滞。本县民众教育馆以当此敌人加紧对我政治文化全面进攻之际，开展妇女运动。提到妇女政治警觉，动员广大妇女参加二期抗建工作，实为当务之急。特召集城区各妇女知识干部于 26 日召开妇女联谊会，计出席者有阮壁如、沈丽华、骆梦营等 20 余人。青年团妇女干事褚振华列席指导；由沈丽华主席首先检讨本县以往工作，次即讨论如何展开妇女工作，情绪甚为热烈。闻重要决定有：一、经常召开妇女联谊会。二、金〈尽〉请县党部迅即派员整理县妇女会改选理事。三、县妇女干训班结业时，召开扩大联谊会。四、于《龙泉日报》附刊《妇女旬刊》等项。并决定于本星期日接开学术讨论会，题目为《怎样做个现代妇女》，以提高理论水准云。(鸣)

1940 年 10 月 3 日《民生日报》

沪各大学毕业生赴后方服务
原为昆明现改丽水

【重庆2日电】沪市各大学毕业生赴后方服务，报到地点原为昆明，现改浙江丽水，各生可向浙教厅接洽。（大华社）

1940年11月3日《申报》

青年节在丽水

【本报丽水通讯】3月29日，第四届青年节，这是青年们自己的日子。早晨，阳光显得特别可爱、温暖，像是象征着青年有光明灿烂的将来，在广大的体育场上，各机关学校召开了盛大的庆祝会。先后由主席及各界主持人演讲黄花岗烈士的牺牲精神以及青年节的意义。演说毕，高呼口号，不料口号刚呼完，突由省立处中高中部学生举手高呼“打倒贪官污吏”，声震天地，人心莫不称快。

大街上，各商店门口悬挂着国旗、标语，壁报贴得琳琅满目，忙煞了一群青年人，跑东跑西地去看。

下午2时，省立处州民教馆举行“青年杯”篮球赛。记者特往参观。因为参加的单位多，恐时间来不及，故预赛已于昨日举行，今日举行决赛。男子组“处中”对“白云”，女子组“处中”对“县师”。先举行男子组，未赛时，记者以“白云”队人长力壮，球艺也不错，以为处中未必能胜（因过去历届球赛处中屡获冠军），不料一赛之下，“白云”大败，阵势全乱，处中5将当先，势如破竹，结果以37比5获得锦标。女子组以“县师”畏“处中”威名而弃权，锦标亦由处中获得。

此外，还有青年友谊会、小小同乐会，非常热闹，寂寞的山城，因为青年节的缘故，显得十分活跃了。（云野3月29〔日〕寄）

1947年4月2日《大同日报》

交通·通信

处州请接电线

处属龙泉等县与闽省边境，距离密迩，现孙督虽取销〈消〉独立，莠民悍卒，多有越境滋扰者。况处境自吕部肆虐，甫获肃清而余孽未清，搜捕不易。龙邑兵单力弱，邻境亦无可呼援，电线不通，报告迟滞，即专足赴丽殊费时日，闽疆稍有变动，势必坐以待毙。现在，省垣方整电政，督令亦饬保电杆，应请函商电局设法将处属各线接通，以达军情而固边圉。昨由该知事领衔会同景、宣等县，文达公署。想该知事为便利交通起见，必能邀省长之允许也。

1913 年 8 月 19 日《时事新报》

处州兴筑三属县道近讯

处州至衢州、金华三属，本有县道可以直达省垣，无如近来因年经代远，道涂〈途〉失修，坍塌不堪，行人苦之。兹有商民毛遂源、季步高等发起兴筑该三属旧县道，并筹集股本 20 万元，预备同时兴工。惟金华至处州一段，山路崎岖，兴修颇不易，现已先派工程司〈师〉测勘估计。一俟妥议办法，即开始兴工。

1927 年 11 月 13 日《申报》

刘珍年师修筑处州附近车站

【杭州 24 日下午 11 时发专电】刘珍年师梁立柱率 3000 人，在丽水参加缙丽路开工礼后，即修筑处州附近通缙云之车路，地方人士开会纪念。

1932 年 12 月 25 日《大公报》

处属公路建设近况

其二即为该公路，为缙丽、丽云两公路，缙丽自缙云至丽水，丽云自丽水至云和，均为浙省边防干路。自上年奉令赶筑，于12月28日兴工迄今，曾用征兵工团工包工赶筑，21师刘珍年部属亦曾以兵工筑路多日。该两路沿路均为山岭，绵连不绝，悬崖峭壁，开凿为难，为浙省自有公路以来最艰难之工程，曾费1万余之工人血汗，110万元之经费，以10月工程，始克完成，可以通车。至缙丽公路处属交通咽喉，全县沿途靠山临水，其间瀑布桥风景之佳，无与伦比。从前，处属因万山丛叠，阻塞不便，一切事业均无从发展。同时，风俗人情、文化实业落后。现在，两路贯通，且建筑丽（水）至青（田）、温（州），至云（和）、龙（泉）至庆（元）各路，亦均次第完成。山岭阻塞之处属，成为四通八达之区域，地方繁荣，将可立见，已于16日举行通车典礼。丽云路限本月底完成，全路通车，决定于12月2日售票通行。

1933年11月18日《时事新报》

庆元电报线已装竣

【杭州】浙边庆元电报线，已由交通部派工赶架完成。正式工竣通报，并转达龙泉。（9日专电）

1934年1月10日《申报》

浙闽干线云龙路赶筑完成

由杭州至龙泉1日可直达 仙都、南明〔山〕支路均完成通车

【本报23日丽水电】云龙路为浙闽干线计长73公里，山岭连绵，工程艰巨，经严督赶筑，始告完成。从前，山路崎岖，由杭州至龙泉，需半月时间，而今变为康庄，一天可以直达。沿途经过仙都、南明〔山〕，均系处州名胜，风景幽美，大可游览，且仙都名胜区支路长8公里，已督筑完成。南明山名胜区

支路，由丽保卫团义务修筑完成，均于本日通车。万山阻隔，交水不便之处属，已成为四通八达之区，兼有天然出产，地方繁荣将可立见。

1934 年 7 月 24 日《东南日报》

丽青路务近况

叶孔时

崇山峻岭，悬岩峭壁之处，谁也梦想不到有今日的日子，会把他开筑成一条大马路，浙省的建设事业可说是进展得狠〈很〉快了。

丽青路是由丽水到青田的，工程之浩大，无出其右。每隔不多路的山道，便是一里多长的悬岩峭壁，穿凿大道，谈何容易。“唉—呵”“唉—呵”是工人们在打石时候叫着的声音，他们打得吃紧，政府催缴老百姓的公路股捐，越是厉害。惜乎！在经济破产的农村，实在不易筹得全数。听说有一个地方，原派公路股捐的额数是 7000 元。起初，由县府摊派下来，是每个富翁 1000 元或 1500 元。如此派法，他们有钱人，自然容易拿出，那〈哪〉晓得当地富翁、士绅或乡长老爷，他们联合起来向县府要求。结果，千元的减至仅三四百元，1500 元的仅五六百元，其余剩下来的，只好分派到生计维艰的农民头上去。

这样大的工程，正是需要着很多的工人，一方面衰落农村里的农民，趁着这个机会去赚点钱，在经济衰落的农村中活动活动，谁道这大批的工人都来自别处（北方人最多），本地人却无插足余地。

这大批自别处来的工人，都是有团体的，他们恃着人多，到处横行，可恶极点。例如，此次青田城内官埠头，工头王琴记率领工人 30 余殴打夏守仁父子一案，打得鲜血淋漓，气息奄匕，要不是负治安责任的警察来弹压，他父子 2 人，定必一命归阴。

查此案肇事的原因是为个 14 岁光景的女子，在官埠头洗衣。因这班工人调戏她，所以略起口角。经夏守仁父子出来调解，他们竟迁怒调解人，铁锹扁担，打得五花四落，其他受伤的人也在不少啦！闻当场拿获凶犯 5 人，羁押在县，其他的逃之夭夭，尚在拿缉中。

凡是在一处筑路的地方，工人总在数十或百余人，倘有妇女经过，他们便手摸足踢，弄得她走投无路。一到晚上黑暗的时候，无论任何人等经过，须受他们严格的检查，这种似绑非绑似抢非抢的行为，正如上海人所说的“剥猪猡”。

我敢说一句，是承包的公司和承包的工头，太不负责任了呀！

1934年8月12日《东南日报》

敬请公路当局改善缙云、龙泉间的路政

金华到缙云到丽水再到龙泉达福建浦城的公路，已经通车了。行旅的当然个个称便，但是经过缙丽龙中间一段路线的时候，却人人自危。因为缙云过来的桃花岭脚下，是开凿的千仞岩崖的山脚，沿着百尺深渊的丽江，湾湾屈屈〈弯弯曲曲〉的造成一条单行线。直到云和，再过来，就是赤石山，从山脚下，盘盘屈屈〈曲曲〉的上去，翻过一峰又一峰的上下，过了赤石山，也是临江沿壁的走着，直到龙泉。一共300多华里的单行线，无时无刻不在万死一生的境地中进行着，凡是走过的人，恐怕事后追思，都有“谈虎色变”的心理吧！

路是新做的，路基没有坚固，松的崖壁没有铲除，所以坍倒的事情，不时有得发生，在报上也见过，旅客们也亲临过。这原是一半由于天然的不测，但是路政的失察，总也推却不了。此外，令人所不解的，就是从缙云站以来，都是拨这一批破旧不堪的客车和笨而且大的运货车，把旅客像猪仔似的装着。试问，在这种危险不容间发的路上，还用着破旧损坏的危险车辆去行走，岂不是危上加危，险上加险，竟看做大众的生命像草芥呀?!

请莫说车子是旧的，机器是新的！待我据几桩事来证明！2月12日上午10时许，姓余的司机开到赤石山顶上，忽然在盘转的时候，他手里把手的轮圈分做两半，左手握的半个宣告不负责任了，总算他眼快、手快、脚快，更加心地灵清，连忙煞〈刹〉住。十六七条性命得以保全，后来有一位旅客把一条白纱的裤子带解下来绑好了才走，这是我亲睹的。不到3天，一辆车在自赤石过来的路上，忽然一个车轮飞到大江里去了，这辆三脚车就撞倒在崖壁上，这是

龙泉站救济车里人说的。前天，一位朋友从温州来，坐到杨梅岭脚下，忽然司机的“阿〈啊〉呀！不得了！”大叫一声，车头已碰壁倾侧在一旁了，这是管轮轴的链子断了，车舵失了效用了。其他车胎走气，刹车不灵以及因机器损坏而抛锚的，差不多天天有的。在已往的时期内，虽则没有出过大的不幸的事件，但是危险的现象，实在是不少了。如再长此下去，则惨祸是不见得会没有的吧！

讲到票价呢？又是特别的贵，从南京到杭州不到6元，而缙龙一段301华里，要3元8角，这又是何故呢！？现在我们希望于公路当局的是：(1)车辆不管新旧，只要机器是坚固的，车胎是好的，刹车是灵的！(2)运货的车既高且大，抛动力又强，重心点又高，用以爬山过岭，盘屈〈曲〉转湾，总是危险太多，请勿再用以代客车！(3)天天用这两三辆车子，往往来来的走着，就是全新的机器，也要坏的，应当调到丽水车厂里去检验一下，并且以后也应当有定期的检验！(4)开车的速率，应当格外加以限制（我过赤石时走的是20多码，真觉得太快），并且标明在车子里，那末旅客们也可以制止司机的违章！(5)不固的路基，松动的崖壁，赶快填过或铲除，再有太狭的地方和小转弯成尖角形的所在，亦须再开阔些！(6)严禁黑夜赶路（这几天因为车子抛锚，常常半夜以后到龙泉）！(7)请减低票价，与其他各路一律，以昭公平！

末了，我还得声明，我这一篇文字，实在是对于公路局的善意的贡献，而并不是攻击。倘就是业务上的进步，就是可以想象的！还祈公路当局采纳施行，则不独大众幸甚！

1935年3月7日《东南日报》

丽大港头陈村装乡村电话

【丽水通讯】丽水大港头至陈村地方乡村电话，业由县府筹办就绪。装费及话杆，令碧湖区长叶广申、通源乡乡长江宪等筹募，积极进行，业已完成。所用材料由县府购办，架设工程由陆军第19师114团通信连克日开始装设。

1937年5月1日《东南日报》

省公路局加开金丽特快车

【本县消息】省公路局为便利丽水、金华间旅客往返起见，定自本月6日起，加开丽金间联运特别快车，中途除永康站外，概不停留，快车票价：丽金全程5元，丽永3元2角，军警概不售半票。快车时刻：丽水、金华两地均为上午七点半及下午一点两班，每次约三小时半到达，计较普通班车缩短半小时行程。（国民社）

1938年12月5日《东南日报》

丽温间快船定期开行

【丽水通讯】丽水汽车业领袖张天放，鉴于丽温间公路被阻后，旅客往来颇感困难，特集资筹备丽青温快船公司。置有快船多艘，每日丽温间对开一次，定于3月1日起开航。兹录票价如下：①丽水至海口7角，海口至青田6角，青田至温溪1角5分，温溪至温州2角5分，全程为1元7角。②温州至温溪3角，温溪至青田2角，青田至海口9角，海口至丽各1元1角，全程为2元5角。

1940年2月28日《东南日报》

丽青温快船办事处广告

本处特备快船多艘，每日由丽水、温州对开两艘。丽水上午6时（标准钟），温州上午候潮汛，按时开行，风雨无阻，船上设有卧铺、座位，清洁舒畅，饮食卫生，招待周到。票价丽至温1元7角，〔一〕天半可到；温至丽2元5角，3天到达，售票时间下午3时至次晨5时。船上特备各种书报、杂志、漫话〈画〉及象棋以供旅客消遣。丽办事处丽水大水门直街，分办事处温州西郊。

1940年4月4日《民生日报》

缙丽公路商股续办登记一个月

股款10万元已由县府具领

【丽水县讯】本县缙丽公路商股10万元，前由余兼县长倡议留办生产事业。经各界赞同，并奉令由县府会同该路董事会办理登记各节，业经迭志本报。兹闻县府方面，以上项商股尚有一部分未经如限申请登记，特再定期，自本年8月26日起至9月25日止，补行登记(地点仍在府前县政府)。所有商股10万元，并已呈奉省政府核准，拨交县府与董事会会同具，领暂存银行，另候召集股东会议决办理云。

1940年8月28日《民生日报》

省准缙丽商股登记 拒绝登记即自误

【丽水县讯】记者昨与丽缙公路商股登记处某君唔〈晤〉谈，承告知一种特殊消息，谓近有自称缙丽公路汽车两合公司商股股东代表郑秋华等5人，联名电呈省政府，对丽水县政府会同缙丽商股董事会附令办理商股登记，并利用股款办理生产建设新企业表示反对，语多污蔑。省政府即电饬丽水县政府通知郑秋华等，对郑等加以纠正晓谕，原电内容，情理兼备。记者特将原电节录如下：兹据称该县长与该公司董事长业已会衔通告，限期补行登记，逾期无故不为申请登记，即视同自愿放弃股权，尚无不合。察核该郑秋华等，系反对利用此项已集筹股款办理新企业，应由股东大会主张。现在办理股权登记，自无拒绝之理由；换言之，即利用已筹集款，与办理股权登记，系属两事。倘以要求发还股款，拒绝登记股权，为反对办理新企业之手段，实属自误。况该郑秋华等，即执有股份在前，现为特办新企业，免为投闲游资，于个人利益亦属益见有利，必欲为自由处分之主张，亦殊无谓。再闻该公司股票，于酝酿公蒙收还之时，曾被消息灵通人员以低廉价格收买，期得厚利。该郑秋华等是否即为此等人员之化名，及其股票是否原始入股，发给何处人氏，住处属几年，应一并查明，以资办别。至此项已筹集股款，是否全部利用，及如何利用，应由股东会议决定。据电前情，合并电仰遵照，并通知该郑秋华等知照云。

1940 年 9 月 25 日《民生日报》

丽水至松阳快船本月 22 日开航

丽松两处暂定隔日开行一班。时间：每晨 7 时；票价：丽至松阳 4 元，松至丽 3 元；地址：丽水大水门直街，松阳南门外。附告：丽水至碧湖，每晨 7 时开行一班，碧湖至丽水每日上午 7 时、10 时各开一班。丽碧松快船办事处谨启

1940 年 12 月 21 日《民生日报》

溪水阻止交通丽龙松遂线停驶

【丽水县讯】连日天雨，溪水骤涨。丽、龙、松、遂两路客车停驶。因括苍碧湖等处汽轮无法拖渡，交通完全阻止。行旅颇感不便，旅舍大有客满之慨云。（剑）

1941 年 3 月 2 日《民生日报》

龙丽通车

【龙游通讯】龙（游）丽（水）公路客车，于 17 日起开驶。龙开丽时刻定上午五时半，约下午 4 时回抵龙游，票价以每公里 1 角 8 分计算。又悉，江山、金华间公路客车，亦于 16 日起恢复通车，票价照旧。

1941 年 6 月 20 日《东南日报》

丽遂公路通车

【丽水讯】积极开辟中之丽碧游公路，兹悉，除遂昌至龙游段工程尚未进行外，丽水至遂昌全段已竣工，于本月 1 日起通车。其通车时间每日上午

8时分别自丽逐对开班车一次，全程票价8250元。沿途并在碧湖、松阳、金岸等站停靠。又丽(水)长(乐)线之东(阳)长(乐)段，已于上月25日起通车，票价4500元。丽(水)龙(泉)线班车亦于本月1日起恢复，每日对开一班。

1946年12月9日《大同日报》

杭州寄至云和邮件6天必可到达
如需时二周决予彻究

自10月23日，本报刊登杭州寄至云和信件需时两星期消息后，浙江邮政管理局极为注意。曾致函本报，谓以杭州寄至云和邮件，6日可必到达，如有稽延两周之久者，收信人可将原件检寄该局，以便彻究。兹将邮政管理局来函刊登如下：兹阅，贵报本年11月23日地方新闻内载有"杭州、云和间邮件蜗牛爬"新闻一列，内称杭州至云和信件需时两周之久，嘱为改善等由。查该路邮件，现由杭州交火车运达诸暨，计程1天；由诸暨至云和全程均交公路汽车运带，计由诸暨至金华1天，金华至永康1天，永康至丽水1天，及由丽水至云和1天，全程共计5日可达。惟其中丽水至云和一段公路，汽车系间日班，在无车班之日，另以差班辅运，最迟亦不致逾6日。如果所称两周到达一节，确系事实，收信人可将原信书检寄本局，以便严予彻究。相应函达，即希查照，赐予披露，以正视听为荷。此致，正报社！

1946年12月4日《正报》

云和等县参会要求杭温铁道采内地线

【省讯】本省杭温铁路路线，已由浙赣路局正式察勘完毕。据报由内地及沿江一线可循，内地线系由杭州循浙赣路至龙泉〈游〉，经□山镇，至遂昌，沿江而下经松阳、碧湖、丽水、青田至永嘉。其沿江线则由杭州经宁波、奉化、宁海、三门、天台、乐清、临海、黄岩、海门而达永嘉。兹悉，云和等县参议会，鉴于内地文化、经济、交通均落后，特电省府及建设厅，要求杭温铁道由内地兴建。

1947年6月30日《正报》

金温铁路将另建通松阳支线(节选)

金温铁路建筑计划采取内线，即〔以〕金华为起点，中经武义、缙云、而至温州。同时，并兴筑通松阳之支线一条。(清)

1948年11月4日《中央日报》

金温铁路金华、缙云段测竣

【杭州通讯】浙省金(华)温(州)铁路，为内地至海口要道，且为浙省物资交流之吞吐路线。其对两浙经济，息息相关。中央及省当局有鉴于此，前曾拟定计划，筹备兴筑。勘测工程早经进行，现在金温线之金华至缙云段，自踏勘测量起，至定线测量止，全段百余公里(包括金华、武义支线)，业已测勘完竣，并期在年底前兴工。(文)

1948年12月19日《益世报》

调查·统计

士民实行调查

丽水县初选举事务所成立后，当即派员实行调查。两月以来，将次竣事计各员报告，凡合选举章程五项资格者，城乡仅得400余人，尚须派员审查。闻投票所共分8区，计城内1区，东乡1区，西南北3乡各2区，不日即可开报初选监督矣。

1909年3月3日《申报》

浙省畲民生活之一般　习俗服装皆异于常人[①]
全省约10万人景宁最多
仅有蓝、雷、钟、盆〈盘〉、娄五姓

【杭州通讯】吾浙有特殊民族三种，曰九姓渔户，曰惰民，曰惟九姓渔户与惰民两种，数量不多，而考其为平民不齿原因，前者不过因“陈友谅被灭，其子孙九族，为明太祖所俘，贬入舟居……”后者不过因“赵宋既亡，子孙见哀于人，而人与之食，食之者多，遂不事生产，多以丝竹娱人，日流于惰，故曰惰民”，实为专制余毒。在现在青天白日之下，已上解放之轨道，至于畲民，则数量较多，而传说荒谬，实尚有研究价值，不辞拉杂，缕述其概况如次。

一、源流　畲民不知所自来，惟据《浙江通志》，有“顺治十八年浙江巡抚朱昌祚，因闽海交讧，迁海滨之民于内地，给田给牛，俾安本业”等语。又据《处州府志》，亦谓其系“由交趾迁琼州，琼州迁处州”。

二、释畬　“畬”字不见于《字典》《说文韵会》《玉篇》《正字通》《广韵》等书，亦均无此字，故平常人恒代以畲字。而实则畲字与畬字，音虽相同，而在有讧民居之处，并未有以畲字代畬字者。盖畬字从番从入，其意为自番而入，字虽杜造，用意显然与畲字之解释为“新田”者一此一彼，不能同日而语也。

三、数量　畲民本散处旧处属十县，其后有从处州迁移至温、衢者，总数约有10万。但据前民政厅调查，全省共只有44106人，以景宁县为最多17400人，次遂昌县6065人，次丽水县6000人，次宣平县4905人，次平阳人〈县〉3600人，次龙泉县3000人，次青田县2000人，次松阳县1136人，其他如缙云、庆元、云和、泰顺及衢属各县，均略而不述。其殆如惰民之在绍兴，向

① 该文收入本书时略有删节。

以独多见称，而在该项调查统计上，亦竟付阙如相同。

四、姓氏 畲民仅蓝、雷、钟、盆〈盘〉、娄五姓，但娄姓绝少，故通常只知有四姓。据一般传说，其祖盘瓠，娶高辛氏第三女为妻，生三男一女，三男分为三姓，长姓盆〈盘〉，次姓蓝，三姓雷；钟姓乃女婿也。四姓之中，以蓝、雷二姓为最繁衍，其行次且各有一定，如雷姓系以大、小、伯、千、万五字为行次。蓝姓则增一念字，周而复始，不得紊乱，故如雷姓其祖为大字行，父为小字行，自己为伯字行，子为千字行，孙为万字行，曾孙则仍为大字行，而在蓝姓，则改为念字行，须待玄孙，复始为大字行也。

五、语言 畲民言语，与粤音相似，处州土音则迥不相同，如屋曰"捞"，床曰"昌"，钱曰"铲"，雨曰"虚"，酒曰"老周"，肉曰"朱屄"，烘火曰"着火"，娶亲曰"鲁青"，好看曰"好抬"，买卖曰"换"，小儿曰"锥"，何处去曰"那去"……此其大略也。

六、智识 据调查，现在浙中畲民，受高等教育者，仅 1 人，其人名蓝绚，遂昌人，系在前南京高等师范学校毕业。前清时，畲民向不准考试，迨后嘉庆八年(1803)，仪征阮元抚浙，始开禁例，然景宁一县，则亦仍在例外，故至今景宁畲民为数虽多，而智识则尤为卑下云。

七、职业 畲民以业农者为多，夫妻并耕，不辞劳苦。

八、服饰 畲民以衣色之红青，分阶级之上下，其衣色之红青，则以祭祖之多寡为断。盖畲民以祭祖为荣，祭祖一次者，准穿红衣，其子又祭祖一次者，乃改穿青衣，衣长三尺，袖大一尺，镶以阔边，与僧衣大略相似，惟多系用麻布制成，寒暑不易，天气冷时，则取薪烧火，四围团坐以烘之。畲妇皆服青衣，阔领小袖，用带不用钮，亦颇似僧衣；下部则多着青裙，腰束赭色花带；足登草履，并不包，但如在家，则改着木屐，做客则另穿青鞋，鞋头绣有红花，缀以短发数茎，以为美观焉。又其头部，皆带有竹筒，径大寸许，长约二三寸，筒外以赭色柳条布包之，布外又镶以银；而在后部饰以长约尺余阔寸许之大红标布一条，两旁缀以石珠，其珠大如绿豆，色不一致，或蓝或绿，以线贯之，有每串长至 2 尺许者。此为畲妇之惟一装饰品，若系女子，则仅以花布为帽，不过其色则仍与畲妇筒外所包裹者相同云。

九、饮食 每食以无余相矜，又好饮酒，以酒为惟一补品，不论量有大小，见酒即饮，饮则辄醉，大有五柳先生风味。其为行郎者，遇有婚嫁，必须以九大碗与食。又每年于三月三日，无论贫富，必须往山中取一种黑色柴子汁，土音呼曰“柴毛碎”和饭蒸之。

十、住所 畲民住所，均以茅草为之，或盖稻草，或盖杉皮，绝少有以砖瓦盖者。其屋又多在山麓，盖性喜山林也。

十一、宗教 畲民对于佛教，虽为信仰，每届天旱，必升神像祷祝，男女老幼咸趋之，不敢有所踯躅也。

十二、交际 畲民不知交际，对于土著，虽已经200余年之悠久历史，亦尚时抱疑惧态度。故有至其居处寻人问讯者，畲民每隐而不告，但若值寒天，彼辈取薪烘火之际，则素味平生者，迳往与其围坐，彼亦欣然色喜，烹茶煮饭，尊为上客云。

十三、婚嫁 畲民婚嫁，不禁同姓。礼节简单，有以一言为定者，有仅取钱数千文为聘金者，结婚之日，更少铺张，凡为新人者，皆自步行至其夫家，沿途唱歌，其乐陶陶，至于妆奁，除耕具而外，别无长物，畲俗重农，于此可见。

十四、祭祀 畲俗最重祭祖，前于服饰节中，已略言之，至其祭祖情形，言之亦殊可解颐，略述于后。甲、祭民祠堂，系以竹箱为之，竹箱有二，一置香炉，属于雷姓者共有5只，蓝姓者增添1只，共6只，盖因行次有多少也；二置画像，其像系以白布为之，其式如手卷，长数丈。乙、除香炉、画像外，竹箱中犹以金箔，垩以朱漆，盖即所谓盘瓠是也。丙、畲民祭祖，旧传有至三年之久者，及后生计日窘，祭期以三昼三夜为度。每届祭时，人争趋贺，高声歌唱，唱后遂食，食后又唱，一日夜有饮食多至四五十次者，诚怪现象也。

十五、丧葬 此与祭祖有连带关系，如父已祭祖，其子未曾祭祖者，则或父死，其子须另延已经祭祖者，代为孝子。而已经祭祖者死者，又必作功德，其仪式，由孝子延聘已经祭祖之畲民8人，在灵前诵经，或在祖先前歌舞，功德毕，始可安葬，否则，必以为大不利也。

十六、嗣续 畲民对于嗣续，另有一种见解，故有弃其嫡侄，而抱他姓之子为子者，又有以婿为子，而改以其女为媳者。

十七、忌讳 畲民之忌讳颇多，而于"畲"字，尤讳莫如深，故土著与其交谈，必曰"尔边人，我边人"。所谓"尔边人，我边人"，乃尔我之意也。

十八、歌谣 畲民喜歌，而妇女尤甚，诸如饮茶时有饮茶歌，采樵时有采樵歌，结婚时有结婚歌，游戏时有游戏歌，其歌拖音甚长，煞尾每为"唎哼啰"三音，惜其歌词，不易了解。

1931 年 1 月 23 日《民国日报》

龙泉社会概况(续)

人口土地 全县共 34792 户，人口总数为 147527 口，男计 85678 人，女计 61849 人。其中，年在 20 岁以下者，男约 36729 口，女约 24788 口，占全县人数 40%强；年在 20 岁以上 40 岁以下者，男约 25688 口，女约 20007 口，占全县人数 32%弱；年在 40 岁以上者，男约 23261 口，女约 17054 口，占全县人数 28%弱。所有住民，除城内各镇较多来自外方者外，其余乡区民众或聚族而居或杂姓共处，多为土著，绝少侨居之人。全县面积计 9023 方里，纵约 110 里，横约 115 里，田计 197930 亩零，地计 21009 亩零，山计 295754 亩零，荡计 2033 亩。

教育概况 全县初级小学计 99 所，完全小学 8 所，民众教育馆 1 所，平均每两乡镇仅有初级小学 1 所。(本处略)教员待遇高级小学教员最多不过月薪 18 元，初级小学教员最多不过月薪 10 元左右。少则[年薪]四五十元或二三十元不等，况薪给积欠八九个月，故教界人员多视教界为畏送〈途〉，以当教员为末路。

名胜古迹 龙泉居万山中，风景之美，山水之奇，随地随时，俱足为吾人所游赏而流连不忍去。惜旧日胜迹，今多凌替不存。兹特举述一二，以备一般爱好山水者，知其梗概云尔。

一、白云岩 在城北15里许，有山曰白云岩。四山环合，中为平地，状若仰盂，修竹茂林，风景如绘，亦人间一美境也。旧传，宋德祐中，幼主入闽过此，日暮屯其上，今之五显灵庙，即其所崇奉。管师复先生，为宋之高士，因不求闻达，隐居此山，以读书吟诗自乐。宋仁宗闻其名，乃召问先生："聊诗所得如何？"先生以"满坞白云耕不尽，一潭明月钓无痕"为对，赐爵不受，遂归。里人称卧龙先生，有《卧龙集》行世。

二、九姑山 山以九姑名著，据邑乘所载，为昔有县令，丧九女均葬此山，因以得名。余谓不然，曰九姑者，必为第九女，以行第居九，因名九姑；随父任来龙，死而葬之山中，岂有九女并无一嫁，而同死一处埋之理。山在县府之后，上多松树，均大可合抱，登其巅，松声如涛，清越可听，山虽不高，然近于城邑，置身其上，可以俯瞰全城，故每当春秋佳日，时有游人结队偕往，登临远眺以为乐。惟荒榛塞道，若一经剪除，稍稍布置而点缀之，亦一大好天然公园也。

三、留槎阁 阁位于秦、蒋二溪之间，虽无30里湖光之胜，然四面临水，恰有如西子湖中三潭印月清趣。宋乡宦何才翁泛西湖，偶谈及此，太守苏东坡喜曰："得非张骞氏之槎乎"，书"留槎阁"三字贻之，遂名播于世。并有陈舜俞诗，当时称字之遒劲，诗之警拔及阁之雄伟，号为三绝。兹录陈舜俞一律云："长桥南北卧晴虹，旁结雕甍势倚空。朱门夜开千嶂月，画帘凉卷夹溪风。香倾绿醑登临外，影落澄波聚散中。此景世间寻不到，凭栏人在广寒宫。"读此可见当年此阁之瑰奇雄伟矣。清光绪中叶，县官毕贻策筹资重建，栋宇一新，并拨置膏火田租，每月望后1日，亲临阁中，出题课邑士子诗赋，名曰"留槎精舍"，刊有《留槎精舍集》纪其事。光绪三十年(1904)，蛟水为灾，阁遂倾圮，旧置苏东坡像石碑，并淹没无存，至今只荒草一邱〈丘〉，无复□时胜概也。

四、济川桥 桥旧名清化，南[北]宋时，何执中改名济川，桥上架瓦屋，凡72间，长数千尺，枕留槎而带圣湖，横跨南北两岸，上与披云桥相对，桥下舟泊如云，风帆上下，亦有可观，桥北即中正街，商店栉比，民居毗连，为一邑商业集中地，桥南为通闽大道，行人络绎不绝，□舆梁者当注意焉。

上之所述，虽未能一一经以描写，然其重要方面，及年来社会颤变之情况，已大致刻举无遗。

政府当局现正努力推行造林运动，改良出产方法，以期开发社会之财源，不能谓非正本清源之道也。（季剑寄于龙泉）

1935 年 11 月 3 日《东南日报》

浙南的龙泉

家　田

【本报浙江通讯】龙泉在浙江的南面，间于福建与浙江两省的边境，是一个头等县，人口有 20 余万。全县境内高山多于平地，人民多务农为生，出产以木柴、桐油、香菇为大宗。最近一个时期来，救亡工作在积极开展，有 70 多个救亡青年学生汇集在那里，帮助他做动员民众工作。

县府内，上自科长、秘书，下至勤务，多系积极青年。所以全县的警察、保安警察队、警备队、常备队、壮丁训练队等的政治工作比较做的有些成绩。

小小的城邑，每天可以看到结队的群众在集合，由歌咏队所领导的民众歌咏，像打雷一样在各种广场上，弄堂里怒吼着。

抗日自卫委员会，已经正式成立了。成立那天，参加的有当地热心抗日分子及党政机关数百人。参加这委员会，是保卫大浙江的最基本组织之一。

为提高民众抗日知识，与传播战事消息起见，他们用无线电材料，每天出版快报一张，张贴在各处交通要道的墙壁上。此外，还出了一个油印的刊物，叫做《大家看》，内容也很通俗。民众剧场是能引起那里民众的兴趣的东西。话剧那里老百姓都叫它做文明戏，最近上演的有《投游击队去》《死亡线上》《张家店》等。据说，《张家店》那里老百姓最爱看。

在改良人民生活方面，该县也很注意，所以交易公店、合作社，都已逐渐成立起来，参加这些机关的有当地米业股东、木商等。为了使这些机关得到更多商人民众的认识和拥护起见，在2月25日举行了一次扩大宣传，并集合地方士商讨论交易公店、合作社办法。又成立了一个中心市场，场地已闻定汽车站东边大坪田一带。这是县府同该场地田主订约租用的，并且他们在督促全县民众举行大规模之垦殖荒运动，以谋增加战时的食粮。

因为动员工作的迅速展开，大大感觉到干部的不够，所以他们最近创办了一个战时乡村工作人员训练班，一间是青年工作团，都已正式开课。

其他如改良抽调壮丁办法，改组乡、保、甲制度，创办民众学校等都在进行着。

前几天，黄主席亲自到龙泉来参观，认为非常满意。真的，在不久的将来，龙泉的20余万民众，就会发出惊破日本强盗肝胆的怒吼声。

1938年5月13日《新华日报》

战后的碧湖

【丽水通讯】时光过得真快，笔者来碧湖快已一个年头。兹将平日所见，略述梗概，以飨读者。

山环水绕的碧湖，浙江省战时青年工作训练团，曾经训练出数千英勇的青年，分布到各地负起时代的任务。青训团结束后，又来了一个联中。如今，碧湖真可说是时代的幸运儿。

碧湖是位于丽水县的西南。她在浙东战后已负了重要的任务，不断地向前迈进。一方面，也是因为战事的影响，使碧湖的商业走上了畸形繁荣的途径，菜馆、浴室很多。显然的，碧湖是披上了时代的新装。

现在，碧湖的一切动态，差不多都以联中为活动中心。最近，碧湖区署调查全镇户口，联中高中部全体学生在春假的开始就全体出发去调查。其他社教实施区举办保甲长的训练，联中高中部的戏剧队也去演剧，提高他们的抗敌的情绪。前月15日，是中国童子军统一的纪念日，为了交通关系，不能参加全县的庆祝会，只在晚上举行提灯营火大会。灯火亮了，全体男女童军，整了队，随着悠扬的军乐，绕过碧湖大街，到达大操场。无数的民众都随着跟去，中间是熊熊的柴火，四周是灿烂的灯光。全体男女童军唱起雄壮宏亮的歌声，“我们的……国土……陷在了……敌人……的……铁蹄……下……”，启示了每个人，知道光明需要从黑暗中艰苦斗争出来。

去岁，浙省教育当局，以社会教育为抗战建国当前急务，发动民众基础工作，刻不容缓。抗战军兴以来，对推进社教实施，不遗余力。爰于9月间，设立碧湖社教实施区，内部设总务、教导两组，从事于图书阅览，体育活动及民校之推进。数月经营，粗具规模。闻本年度决增加人员，以作更具体之推进。至于出版物，现有《碧湖》旬刊一种，由本省前青训团编辑出版。书店有3家，代售各地新出杂志报章，以及救亡书籍，不过全镇的救亡空气，并不十分浓厚，还待贤明当局的领导指示。

碧湖在战争的烽火中，已正从古旧的枷栏中到新时代的转捩点了。一切都显得有生气，发扬着新生的机运。碧湖，我祝福他在战云笼罩下迅速茁壮起来。（赵建贤）

1939年4月22日《东南日报》

景宁全县户口复查完竣 人口11万8千余

【景宁通讯】查户口一项为一切行政管理之基础，本县经依照调整确定之乡镇保甲区域，举办全县户口总复查，动员全县乡镇保甲长及其他公职人员知识分子，认真办理，推行顺利，上月已复查完竣，作成户口静态统计，计全县22乡1镇251保2628甲29104户。（后略）

1940年9月28日《民生日报》

庆元点滴

抱恨斋主

庆元县安仁乡（八都）近发生腺性鼠疫，死亡者已数人，县政当局组织防疫委员会，积极实施紧急处置办法，居民大有谈鼠色变之概！

庆元方言称男小孩为“□子”音扇，女小孩为“奶”，女人为“达眷客”，男人为“男子客”，老人为“百”，老妇人为“者”，鸡称作“衣”。

庆元有四多：多疟疾、多痢疾、多烂脚、多老鸦。一进县境，便到处可闻哇哇哇呀呀呀之咕噪声。

庆元县市区狭小，所谓繁荣道，仅一弯形市街，消磨十分钟可巡礼一周，商铺以吃食店为多，如天香楼、梅园、陶陶轩等广东叉烧、挂炉肥鸭，集南北佳味之大成，光顾者悉为麦克[1]，麦克之财神伙计，公务员实不多见。其次，为买卖商店，什么公平、信义、一线天、紫罗兰……老板闻已遭疏散给假之公务员为多，至于伙友，则权以公务员太太屈就，虽无经商经验，然吸引力尚称不恶云。

民屋以石库墙门为多，外表甚佳，然进得门来，则“垃圾满地无人扫”，“秽气袭人醉欲眠”，令人顿兴“金玉其外，败絮其中”之叹！

居民迷信心理甚深，患病后不知求医服药，往往祈神打鬼，故医生营业不佳。关于卫生机构，只县卫生院一处；且该院以经费药物两感不足，现有工作人员只院长暨事务员各 1 人；私人诊所，寥寥几处，少见领有执照者，然诊费最昂者竟有 20 元一次云。

居民采蔬，每以荆树花、南瓜叶、山芋梗为食，民间富力，于此可见一斑。

居民涤洗菜米衣服，乃至马桶澡浴，均恃狭狭溪流，在同一时间，同一地点，各行其是，以致绿、白、黄各色齐流，灿烂夺目。闻县府现已规定，洗涤时间禁洗马桶，并树立牌示鸣锣告众，定将见一番新改革也！

1942 年 10 月 5 日《东南日报》

废历岁暮丽城一般动态
商业情况今非昔比　县府严厉禁止赌博

【本报特写】废历元旦，岁暮声中，社会一般，颇多狃于补救，循例过年，

① 麦克：意为有钱人。

忙碌异常，记者于丽城各方动态、见闻所及，爰录如下：

积俗难返　本城最近3日来，一般富商殷户有产阶级，绝不以国难严重及糜费如何，年品丰盛，辉烛盈庭，莫不忙于其年。尤于谕神拜佛之迷信，奢费一项，其金钱不知凡几，实与人民战时生活标准背道而驰。

贫者叫苦　一般低级公务员及中小学教师等薪给人员，平时维持生活已感困难。现因物价高涨，应付年关尤感窘迫，叫苦连天。据悉，本城有数家无法过活。闻于废历年头起，每日所餐改为二粥一饭，以资积习。

商业情况　丽城商业情况，与去年岁暮相比，大有每况愈下之概。据悉，去年某家之南货店，在此数日内所售出货物，平均总在五六百元以上。今年今日，不满200元。查是项货物，贫穷者绝少交易，受物价威胁者于此可见一斑。

赌徒活跃　本城一般嗜赌之徒，废历新年转瞬即届，准备乘机活跃。据熟谙个中情形者言，本城向在废历新年中，抽头渔利者竟达20余家之多。且是项赌窟，赌徒云集，输赢甚大，足以影响社会治安云。

县府禁赌　本丽县政府，为防范废历新正赌风，提先予以严禁。并定于明日出示布告，兹探录原布告文如下：现届农历新正，家家献岁欢欣，新岁一年一度国历早经颁行。如此狃于习惯，本已不足为训。更有恣意赌博，甚至昼夜不分，耗材费时失事，自害亦复害人。须知困难严重，赌博久悬历禁。特饬长警人等，随时严密查侦。倘敢仍旧犯赌，拿办决不徇情。各宜自知警惕，照常安分营生，为此明白晓谕，其各一体懔遵。

春节劳军　本县各界利用废历新年，循例发起春节劳军运动。一切办法，均照省颁规定。闻令于今日下午1时，在动员会举行首次筹备会云。（斌）

1941年1月25日《民生日报》

残破的松阳（上）

郑琴隐

松阳为浙南小邑，战时人力、财力、物力负担之重，敌人流窜后损失之大，较一般县份为甚；且频年亢旱，农产减少，民生艰困，于斯为极。兹略述其情况如左：

连年负担奇重，灾祸频仍。松阳人力、物力、财力之艰难，非一朝一夕之事，试一展数年来负担，及灾害之情形，即不难明了其梗概：

一、人力之负担及灾害

①兵役之负担　自25年（1936）至35年（1946），本县实征壮丁计中央兵额9657名，地方兵额2195名，合计11852名。按本年调查现有壮丁，20岁至45岁共为15905名。现有全县人口总数为116710人。则年□兵额负担占全县人口9.2%，占全县壮丁数42.7%，几及全部壮丁之半数，实属惊人。

②灾害死亡　除间按死于战祸及天灾无法统计外，仅就31年（1942）敌人流窜时，直接被杀害人数言，计无辜被杀人民男1415人，女329人，抗战伤残人民约1000人，自治人员150人，被俘男2300人，女200人，合计死伤5394人，约占总人数二十四分之一。

③夫役负担　松阳地临前线，8年来应变5次。平时部队过境、国防工程、道路破坏、军输运送、机关迁移、公路修筑、营房建造等，动员夫役不知凡几，直后间接影响于民生者，不可数计。仅就有数字统计者列举数端：33年（1944），"龙衢事变"动员民夫8650工，"温丽事变"动员民夫14860工。同年奉命破坏道路，动员民工54400工。征用国防材料，工事工人，计民工46017工，石工529工，木工1581工，锯工18650工，仅此数端（一个年份中之一部分），已有144687工，按现有壮丁人数15906名计算，平均每人负担已在9工以上。

二、物力之负担及灾害

① 副食之负担　3年来，松阳经常驻军在1师以上，多至2师。所需副食，均就地补给，而付还代价，仅及市价十分之三左右。

② 实物之征用　驻军屡此〈次〉调防，屡次更筑营房，征用竹木稻草几无法统计。

③灾害之损失　31年（1942），敌流窜，物资劫掠一空，损失无法统计。33年（1944），旱灾兼水灾，面积计92212亩，几及全县耕地总面积60%（全县

田亩数为 160000 亩)，平均灾情任八成左右，损失之重，可以想见。

三、财力之负担

除经常负担县税，计 31 年(1942)，158537 元；32 年(1943)，5211197 元；33 年(1944)，2161895 元，及商税、直接税等国、县税负担外，计 33 年度(1944)乡镇公益储蓄 5500000 元，公债 819150 元，其他乡镇保甲临时派款负担无法统计，为数当更大。

综上各种情形，数年来区区小邑，负担及损失之重，已可概见。更痛苦者，本县较大宗之特产，烟叶及木材，以战事影响，无法外销，农村经济益陷枯竭，所呈现于当前之现象，民间购买力薄弱，市面萧条，经济枯竭，生活水准已降低至无可再低。人力奇缺，农作失时，下种无力，野有荒田，面有菜色。尤其甚者，山区地带以野草(苦叶菜)为佳肴，米皮为主食，山薯、玉蜀黍为珍品。

乡镇行将崩溃，保甲已濒解体。乡镇为自治基础，健全与否关系于建国之成败，其重要□待赘言。本县乡镇，战时因事实所需，组织健全，人员充实，为本区各县之冠。迨抗战胜利，此健全之乡镇，亦将崩溃，保甲几濒解体。自治工作，即随战事之结束而结束。乡镇公所虚悬招牌，门设常关，究其原因，不外下列数端：

①战时兵戈扰攘，沦陷区域广大，知识份子或阻于交通，或限于时局，或牵于家庭，未能远出，纷纷参加乡镇工作，且以战时负担繁重，中材以上，咸千万百计，设法插身乡保工作，冀以减轻其兵粮债储捐派等负担，其动机虽属不正；而战时地方工作，亦赖以推动，今复员开始，人民负担减轻，人才纷纷向都市集中，以追求其理想生活，故人员星散，乡保组织失常，无形解体。

②乡镇财政困难。其财源大者，为保甲罚金、公证费、造产收入、租金收入、公有事业收入等 5 项。保甲罚金，结怨于民众，事实上乡镇不愿征收。公证费数目有限，且多逃漏。造产事业，困于资金，限于技术，未能办理。办理者亦多得不偿失，日缓不济急。租金收入，除学田而外，为数甚少。公有事业

更属空虚，且战时赖以维持乡保。乡镇公粮及捐献赠与收入，战后一律停止，为乡镇之致命打击。今财源枯竭，县方无力补助，不特工作人员生活费无着，即办公费用亦张罗维艰。值此战后，人民与乡保人员恩怨总清算之时，家境宽裕者，固不愿出而为地方义务任职，而升斗小民，谋生不暇，更不愿与闻乡保工作矣。故乡保组织，常为特种势力所把持，大都来者未必尽善。

③战时乡保工作，几全为上级委办事项，本身自治业务鲜能顾及。而财政对于乡保工作之考核，亦胥视其是否能完成是项工作而定，是项观念深入社会，一般人民均以乡镇为政府之机关，而非自身自治机关，除承办政府之命令外，不复有他事，即工作干部，亦不免囿于是项成见。故战事结束，乡保一日失去重负，不但无事可为，反以机构为赘瘤，而民众亦以乡保工作停顿为庆幸。

④就本年4月份本县司法处刑事案件观之，全月共百余件，内90余件均为控告乡、保案件。某乡长竟有三分之二时间在城应讯，已历数月矣。盖战时国家加重于人民之负担，无论人、财、物均须假手于乡保，以是乡保长难免结怨于人民，其间乘机苛扰者固多，而因公得罪者亦不乏人。当时以乡保权力庞大，大都敢怒不敢言，政府亦急于功令，无暇闻问。迨战事结束，8年积怨，一日触发，乡保长遂成众矢之的，地方上具有声望之人士，视乡保工作为畏途，不愿卷入是非涡中；以致干部素质每况愈下，在职人员不得不以消极态度处之。盖多做则多错，少做则少错，不做则不错也。

1946年10月25日《东南日报》

残破的松阳（中）

郑琴隐

教育经费困难，民教部开展不易。本县国民教育实施以来，于兹6年矣。其间，进步固多，而与原定之日〈目〉标相去不可以道里计。兹就巡视结束，综合其困难如左：

① 经费之困难　学校经费之惟一来源为学田，全县学校，自管学田原有不过3000亩（县管学田尚有千余亩，包括中学在内）。以200所学校平均分配，每校可得学田45亩。其中，分配不均，多者300亩，少者仅二三亩不等。此项田亩，本质原不甚佳，且以连年灾歉，收入减少，粮赋仍旧。每亩净收租谷，除纳田赋外，不过五六十斤，此项学校教职员多在18人以上，少者年入亦不过二三担，不敷维持教师膳食，且须在下半年收租，上半年经费，分文无着，县财政困难，自顾不暇，补助不能遍及。教育年扩大兴学运动，增筹得学田6000余亩，原可增加大部分收入，然未经整理完毕。战事结束，时异势殊，办理困难倍增，功费半途，良堪浩叹！即已分配之新募学田，又皆以契税费用浩大，无力过户，无形延搁，言之痛心！至已有学田之保管问题亦多，保管机构常呈下列现象：⑴保甲人员参加管理，学租则对学校每多留难，甚至从中渔利。⑵保甲人员对学校不过问，任学校自生自灭，则校长每无力筹措经费，不能取得行政力量协助。⑶一部份〈分〉旧势力从中把持，每年仅付出一部租谷与学校，余皆中饱或分肥，或将学校良田私以劣田相掉换，弊端甚多。

② 师资困难　本县师资，战时为兵役关系，尚有较优秀人员屈身教育，然已感合格教师之不敷。目前，战事结束，教育经费困难，优良教员纷纷改业，而师范毕业生，大部分限于服务年限，勉强留住，然求去之心，恐与日俱增。目前一般学校教师，均以处中毕业生为中坚分子，以小学校毕业任小学者，亦为普遍现象，师资素质之低落，实甚闻问。

③ 强迫入学之失败　本县学龄儿童，各年平均数在13000，而入学儿童总额，抗战初期一度剧增，近三四年来，反有下降之迹象。如30年度（1941），学生数为9563人；31年度（1942），为9427人；32年度（1943），为8829人，平均每校学生数为40名，可开设一学级，入学儿童约为学龄儿童70%左右。此数尚为额数，而实际各学校普通每学级实到仅15名左右。民教部，更不待言矣。学额之不足，随农村经济之衰落而俱深，普及教育前途，殊堪忧虑。强迫入学条例之颁布，为时已久，而执行须透过乡、保长，事实上乡、保长无暇及此，即能之，而值民生艰困之际，谋生不暇，唯对“制度”“条例”而徒唤

奈何耳。

④ **民教部之失败** 国民教育之重要含义，为义务教育与失学民众补习教育之合流，故于儿童班之外，尚有成人班、妇女班之设置，而后者之办理，当与前者并重。本县年来实施，殊鲜成果。30年(1941)，入学民众为697人；31年(1942)，为695人；32年(1943)，为729人；其余各年大率类此。主要原因，在于年来夫役之繁重与生活之艰困，招生不易，强迫无从，他若经费之不敷，课本印刷之困难，在〈实〉在均为致命原因。本县各校能办理民教部者，实属百不一见。国民教育之改制意义，已失大半，非尽人谋之不臧，大势使然也。

合作信用破产，有名无实

合作事业为国民经济生活中重要之一环。废除中间商人之剥削，制度至佳。本县仅两所乡合作社，尚保持一部分业务，然亦皆趋向于半公、半私之组织。其余并社址招牌亦无，业务机构陷于完全停顿状态。细巧其原因，约有下列诸端：

合作社资金微弱，业务道德衰落。人民缺乏合作观念等。

合作事业之不能进展，事非偶然。振兴之道，当以充实合作金融，与树立合作信用为首要之图。

水利工程，急待兴办

保守状态之农业社会中，是靠天吃饭。尤其在松阳，沟渠失修，稍遇大雨，即山洪暴发，溪流尽为汪洋，农田均成泽国。天晴稍久，农田龟裂，禾稻无收，人民惟有求助"皇天"，迎神祈雨。32年(1943)，迎神祈雨，精神物质之损失，无法估计，故如何积极开掘塘井、沟渠，兴修堤坝，实属迫不容缓之事。

1946年10月26日《东南日报》

残破的松阳（下）

郑琴隐

高利贷剥削，贫农日陷窘境

松阳本可自给自足，年来天灾人祸，大部农民粮食不敷，每当青黄不接之际，不得不求贷富农，于是高利贷应运而兴。其方式有二：一为谷银，一为谷利。前者即按照每担谷市价之半币值贷与农民，俟新谷登场，归还一担，即如目前市价，每担法币万元，以5000元法币，借与农民，俟新谷登场归还稻谷一担。值此物价高涨之下，经二三月时间，损失常逾数倍之多。后者即以一担谷，贷与贫农，俟秋收后归还，本利少则一担半，多则二担不等，似此年复一年，贫农亏负日深，卒至倾家荡产，或被兼并于富农，或被兼并于殷户，如不急谋农村经济之改革，将成严重之社会问题。

征属生活痛苦，哀怨无告，惨绝人寰

征属数年来痛苦，笔难尽述。综其事实，可分下列数端：

①征人下落不明　出征军人十之七八均无音讯，存亡未卜，无处查询。

②生活困难　有因丈夫出征，而妻子生活无靠；有因儿子出征，而父母衣食无着；有因父亲出征，而孤儿抚养无人；或另行改嫁，或乞食道路，或转死沟壑，已形成严重之社会问题。芸芸众生，将何以处之？

③下种无人　有一家3丁出其2丁；有一家2丁出其1丁，而留者尚幼。一至农忙季节，下种无人，做视荒芜，惟有望田兴叹而已。

④优待及抚恤无法领到　34年度（1945），优待谷，有经数次挑领不到者，经乡保长转手十去其二三者；有改发代金，而与市价相差甚远者。政府苦心筹发，而征属鲜得实惠，实属痛心尤甚者，壮丁作战阵亡，无法领到恤金，此种情形，颇为复杂，或因请领手续错误；或因明知死亡，而部队未予转报；或因死亡而部队改编，无法取得证明；或因领到恤假手于人，而被欺骗或中饱。壮丁为国家牺牲生命，而区区优待及抚恤无法享受，言之痛心。

医药无资，辗转呻吟床褥

松阳气候，本属不良，且以人民知识水准不高，不讲卫生，除城镇及大村落，较为整洁外，山乡环境污秽，粪桶阵列路旁，人猪杂处，住屋黑暗潮湿，疾病丛生。尤以疟疾、疥疮最为普遍，患病者大都医药无资，除服草药，及求道士驱鬼外，惟有呻吟床褥，听天由命。社会道德衰微，纠纷层出不穷。

战时社会秩序紊乱，当时以军事紧急，无力顾及，战事结束，8年来积郁实行总清算，于是纠纷案件层出不穷。人民与乡、保间纠纷最多者，为兵役、公粮、副食、积谷等。人民互相之细业，争执亦复不少，而征属婚姻问题，为数亦多。社会道德之没落，当为制造大量纠纷之源泉。诸如自治人员不能洁己自爱，土讼师之兴风作浪，自利心之增长，与公益心之衰微，遂至是非颠倒，黑白混淆，气节衰微，君子道消，小人道长。至若赌风之炽，土娼之增，均足以败坏社会风气，世风日下，几乎不可收拾。

抗战结束，本□地方秩序，已渐入于安定状态。然经济之危机，与日俱增，富者固未减少其高度生活享受，而大部分民众于物价高压下，辗转呻吟，度其饥饿之生活，深伏祸乱之危机。如何恢复民间元气，解除民间疾苦，充实自治机构，改善教育设施，增进卫生常识，扶植社会正气，实为今后急要之图。（完）

1946 年 10 月 27 日《东南日报》

记浙东山城“丽水”

金　藩

据每次防空哨报告之统计，丽水共投炸弹 3 万余枚，占浙省之首位。初则仅日间轰炸，后则继以夜袭，致日间几成死市，但在华灯初上之时，则摩肩接踵又大有人满之患，房屋边炸边造，故市面仍能保持繁荣。自 31 年（1942）7 月，敌寇窜扰浙东，丽水初度沦入敌手，虽为时不过两月，但经敌人破坏之烈，致使元气大伤。民国 32 年（1943）间，二度陷落后（沦陷 20 天），遂至一蹶不能再振。现除市中心之中正街，[颇]为热闹外，其余则一片瓦砾，满目凄凉。昔日繁华，已尽付东流矣。

人民尚俭朴，不喜奢侈，婚丧喜庆，仍沿用古礼，气味温和，文风不盛，学校有英士大学之农学院及省立处州中学、县立简师外，其余中心学校 28 所，国民学校 299 所及私立小学 12 所。

民族大都为汉族，另有苗民俗称“畲客”，5000 余人，聚族而居，自耕自给，甚少与汉族往还，不通婚姻、服饰、方言亦各异。语言类似广东语，但亦能讲丽水话，男女均以耕耘为业，不事针凿，经常赤脚，生活甚苦。一至冬天，则挑各种农作物（鸡、麻、番薯、芋头、山粉、黄豆等）至城与汉人掉换旧衣、旧鞋之类，以作御寒之需。文化水平低落，甚少中等程度者，虽经社教机构一再启发，但仍未入同化状态，不知何时能消除隔膜也。

出产以竹木为大宗，食米奇缺，每年收获仅足半年之粮，山居乡民，大都赖番薯、苞萝等杂粮来维持生活。不足粮食，依靠温州接济。所有竹木因运输不便，甚多浪费，兴办工业则缺乏资本，如能用以造纸，实可取之不竭。在目前建国时期，对于发扬文化，实能得一大帮助，深望政府能够加以投资。其他矿产，亦不乏蕴藏，然人民缺乏人民经济与常识，无法开掘，深为可惜也。

1947 年 1 月 9 日《新生报》

丽水散笔

戎

【本报丽水通讯】这个古老的山城，默默地兀立在括苍下，瓯江〔之〕滨。在战时也曾走上了一度红运，于是这样古老的城廓，就点缀了几分的土式摩登，可是抗战胜利以后，仍旧变得暮气沉沉的了。

自从与金华、东阳、龙泉、松阳各线相继通车后，似乎又趋入繁荣的阶级。现在，公路局为调整与浙赣路车相衔接，每日下午永丽线增开一班，由杭来丽客商，当日即可抵达；顺瓯江而下，抵永嘉，仅需 2 日。

这里商店的货物，大都来自永嘉，只有少数直接仰给于沪杭，布匹、日用品最贵、粮食还便宜。然而布匹的销场最大，尤其是三坊口曹同大号，买布者熙攘往来；生意最冷淡的，莫过于书店，学生就是他们唯一的顾客，但是学生们都是穷得要命，只有看看白书，没有钱买。因为书店生意不好，无从添置新书，所以这几爿书店里，永远摆着几本 19 世纪的新书。

本来可以看到当日的《处州日报》，因为销路不广，铅字模糊，也只得暂行停刊了，不知要在什么时才能够复刊。现在可以隔日看到《大公报》《大同日报》《东南日报》《工商报》……

这里没有戏院，也没有电影院，只有前几天“在乡军人会丽水分会”为筹募基金，特聘碧湖剧团来丽表演，日间票价分2000〔元〕、1000〔元〕、500〔元〕，夜间则加倍。逢礼拜日，学生可以半票优待。

好几年来，这里每当初夏，却是鼠疫极流行的，但是今年却没有听到过一人患了鼠疫。

近日，有上海华云国术团，在此表演，观众人山人海。

这里仅有3所中等学校，省立处州中学，当然是老资格了，而旧处属十县联立农工职业学校及丽水县立简易师范学校是新近创办的，资格是很嫩的。闻处州中学昨日下午召开学生自治大会，发起联络丽水各校，响应全国学生“六•二”总罢课，并在6月2日举行示威游行云。

1947年6月1日《大同日报》

公共事务

电请借拨浚河经费

【杭州】处州府萧太守前日电禀浙抚，略谓：通济堰水道久不修浚，悉壅泥沙。卑府按图履勘，估工约5000元，绅民愿照田输捐，趁冬晴开土。惟地瘠民贫，款难猝集。卑府兼管粥厂，每月可省50元，拟求谕知温督销局预借千元，从本月起预领款内按月摊扣，云云。现浙抚张筱帅已电复照准矣。（的）

1907年1月30日《申报》

云和县教练巡警

【处州】云和县僻处山陬，屡议举办巡警未果。兹由朱莹如大令捐廉集款，复邀绅商劝住常捐，已就省垣延聘教员、巡长到云训练。先在城中开办，

俟有成效，再行推广。（士）

1907 年 2 月 25 日《申报》

景宁县设立戒烟局

【杭州】景宁县知县张令炳文通禀各宪台云：景邑向不产浆，纵民间偶有栽种，为数无多，无关生计，不必俟至 10 年以后。现由知县于署内大堂两廊房屋设立戒烟局一所，拟定简章，选取经验良方，制就药丸、药酒两种，随时施戒，并经刊发单据，分谕七都绅董广为劝导，所需经费统由知县筹垫。现在报名已有45 名，据各绅董报称，因值灾夏，戒者稍存却畏，一俟秋后必可踊跃。

1908 年 9 月 4 日《申报》

不知社会教育

【丽水】省公署前通饬各县，呈报社会教育曾颁发表式，饬令照填在案，乃丽水县知事郑彤雯详复该县并无社会教育。吴巡使阅后知系误会，当即批饬到县云："查该县宣讲所、教育会等均早经成立，详报有案。又各宗教会、植物园、青年会等，亦曾据该县于通俗教育调查表内分别填报。据称，社会教育尚无设立，殊属误会。仰即查照本署省视学暂行章程内社会教育细目项下列举事项查明填造，详候核夺可也。"

1915 年 2 月 1 日《时事新报》

退思社遍示格言之热心

丽水社会教育，绝少注意之人，故步自封，形同化外，言之痛心！兹经退思社诸君有见及此，特自上海益丰糖〈搪〉磁〈瓷〉制造厂购得铁心磁〈瓷〉牌多片，其上各书以古今格言，遍钉于城内电灯柱上，以便触目惊心，得所诫勉，用意良佳。潜移默化，至有效力，是亦社会教育之一助也。（高）

1926 年 6 期《括苍》杂志

丽水县府整理街道

【丽水通讯】县政府于日前举行县政会议，出席者有金显枋等7人，主席丘远雄。议决案如下：一、整理城内街道，由周局长、马副总团长、顾科长会同办理。二、取缔摊贩，由周局长办理。三、整理县政府门前空地，由周局长、马副总团长、周科长、顾科长会同办理。四、本县各区公所，俟奉民政厅明令后，再定期撤销；一面先令各区长，于最短期内，将区内乡镇尽量合并云。

【又讯】县府布告全县民众注意卫生，其最切要者如下：一、凡沿街坑厕，其在闹市者，限3日内拆除；在偏僻处所者，限3日内，建筑围墙，以资遮掩。倘有违误，强制执行，并从严处罚。二、猪、牛、鸡、鸦〈鸭〉、鹅等家畜，禁止在街上乱放，倘有故违，除将所放家畜充公外，并严加处罚。三、凡家中畜狗者，限6月15日前，赴公安局请领木牌，悬挂家狗颈下。如3日之后，途有未悬牌之狗，作为野犬，一律捕杀，以整市容云。

1934年6月18日《东南日报》

丽水拓展街道宽度

【丽水通讯】本县自缙丽、丽云、丽青、丽松等公路相继建筑完成通车以来，遐迩居民，咸谓交通便利。县长丘远雄，以交通发达，嗣后各处往来旅客车辆经过必多，而城厢街道，原极狭窄，车辆往来，颇觉不便。兹为整顿市容，繁荣商业起见，曾经出示布告：全邑民众，自动设法，拓宽街道；现由丽阳门至保安第四分处，并至县政府两条街道，业由各商户自行拆修，退让街道，拓展宽度，整齐划一，车辆之行使，颇为安全云。

1934年6月22日《东南日报》

丽水分别指定市场

【丽水通讯】本县市场及菜场，均尚无适当固定地点。举凡日常所用菜蔬，咸由卖者肩挑，沿街叫卖。一遇市日，所有乡村农产物，如薪柴、木器之类，堆置街巷，行人拥挤，交通殊感不便。政府当局有见及此，特指定本城晏公庙、小山背、天后宫等处为菜场，并为各种农产物陈列场所，以利交易，而整市容。业于本月 19 日，由军警督促开始实行云。

1934 年 7 月 22 日《东南日报》

开发水利的具体计划要民众自行拟具

松阳县府批示如此 要求社会予以公评

松阳第一区南镇有一条白龙堰，堰沿附建有一座水碓。该堰水历由堰董与水碓股人合资作坝，引水入堰，源源而来，从未断流一日。讵本年 3 月间，堰董与水碓股人，两为作工纠葛，拆毁碓坡，不允转轮；而水堰嗣由堰董独任作坝，以灌粮田。际此稻谷入仓，农事告竣，作坝一事，竟置〈至〉无人顾问，水遽断流。一带沿堰 400 余户居民，声言日常需要还属次之，窃恐时届严冬，倘偶尔遭火惊，取水无从，缅想消防，所关又属非细。特于前日(29 日)议推代表 10 余人，签呈县政府，请予“维持疏浚，开发水利，以苏民困”等情后去。昨日，县政府悬一批示，嘱令具呈人“拟就疏浚具体计划，明白申复，再行核办”等因。鄙人细绎此批，予以相当的认识，此种批词但是用诸属职机关，尚属则可；若谓用诸为民众立场之民众，实在竟有不对之嫌。举凡国家地方兴办水利，或建筑道路等一切事业，经费之来源，无一不取诸于民。而疏浚该水坝的具体计划，照道理上，也总应属地方行政官范围的事件。假使仍要嘱令民众负责，在下小民，非特无此可能的才具，即现时国家赋予人民之一切义务权利，谅也无此不平等的政体。质言之，县政府之不负责，也总算得露骨了。恰好有为社会民众谋幸福而服务的贵刊，可将原情详叙，乞赐登载。请读者诸君，予以公正之批评，务使一般被困无告小民，含辛忍痛，竟至苦无人知，幸甚！(叶竹轩)

1934 年 11 月 14 日《东南日报》

松阳县政府答复叶竹轩书

读贵报本月14日社会服务栏，登载叶竹轩署名《松阳县府批示如此》一则。知又是讼棍潘某党羽之所为，断章取义，深文周纳，以故入人罪，其伎俩诚狡矣哉！盖该白龙堰在南镇，南镇系潘某所居，其党羽之所集也。兹将此案经过情形，缕述如左，以听社会之公评。查敝政府于10月29日，收到钟源记等呈文一件，并无叶竹轩具名，叶竹轩亦查无此人，其为捏名诬蔑，已可概见，故置不论。惟本县灌田水堰，皆有堰董，或有当年固定经费，或临时按亩抽捐派工，均由堰董主持其事。有因经费被蚀，请政府追缴者，有因派款派工，请政府布告者，从无请政府拨款修浚，或请政府拟具计划者。因全县灌田水堰，何止数千，政府绝无如此财力为之疏浚，此固人民所深知也。该钟源记原呈，只称白龙堰堰董与水碓股人，为堰水纠葛，堰水停流，请予维持疏浚等语。一若经费办法，均已议妥，疏浚有日，但请政府维持者。而经费如何筹集办法，如何计划，堰董何人，均未叙明，故敝政府批令明白声复，以凭核办耳。旋于10月31日，据南镇镇长潘起东呈，据本镇商号高兰福等9家书称，南镇白龙堰董事，系项弄叶关信、周承斐等。在春秋农田需水，则把持水利，卖水肥私。冬时，任其干涸，致使堰沿居民，无水使用。该白龙堰年计收入不下千余元，该董等自应维持到底，常年挹注。转请勒令该董等，即日挑拨沙坝，引水入堰，以资使用等情到县。即经本政府于11月1日，派警童大荣，勒令该堰董叶关信等，克日疏浚，并指令在案。档案亦在，可以查核，每具呈请，不过一日，即予饬办，办事不可谓不速，更不可谓不负责任。且该堰水碓碓主与该堰堰董发生水利争执，互诉到县，曾经敝县长亲往履勘，至4次之多，任事不可谓不勤。目睹堰水，并未断流，该所谓叶竹轩者，谓水遽断流，纯是捏造之言，明系别有用心也。抑有不能已于言者，本年亢旱成灾，敝县长于烈日如火之下，亲赴各乡镇履勘，一月有半，历尽穷山幽谷，乡民咸云我等僻远山乡，从未睹有知事县长莅临云云。间有好事文人，咏诗赞美。又因承审员离城，敝县长不分周〈昼〉夜，亲自审判，既至废餐忘食，嗣省委勘灾委员到松，又复陪同周历复勘，一般弱小民众，颇相称颂。但乡村之口，决不能入都会者之耳。敝县长以职责所在，不敢告劳，更不愿有片纸只字登载报端以自炫。而稍不满意于土劣讼棍，遂不惜信口雌黄，任意诽谤，或载诸报纸，或控之上峰，不难以众口铄金，使慈母投杼。昔人谓作县令，为入畜道。今之县长，何独不然。以后，如再有此类登载，敝政府亦愿当道或加注意，派员澈〈彻〉查。廉得实情，不屑再与若辈辩矣。尚请赐登贵报是幸。松阳县政府启。

1934 年 11 月 27 日《东南日报》

丽水筹设农仓　地点已勘定

【丽水通讯】县府拟自本年份起，赶先筹设农业仓库 1 所，地点在丽阳门外缙丽路北面公地。经费筹集方法：一、由本县积谷内提出百分之三十，约计 5000 元。二、将本县积谷，向银行抵押 5000 元，由农会抽取租息项下，逐年分摊偿还。三、关于建仓粗工部分，一律利用征工，以节经费，新仓容量以能储藏 5 万石谷米、豆、麦为标准。并参酌当地情形，拟具详细图说，呈请民建两厅核准。

1937 年 2 月 28 日《东南日报》

大众要求丽水城内饮料缺乏
应请当局注意改善

年来丽水城内一切建设非不猛进，然于民生最切要之饮料问题，迄未解决。原有之井，既少而浅，且并不浚治，一到晴天，辄告缺水。比较优良之花榴〈楼〉井、桂花井，既偏处一隅；购用溪水，又觉费昂，故民间所资以煮饭烹茶之水，经旬余之天旱，非特汲取不易，抑且污浊不堪，诚有害于卫生。谓宜由官厅令各镇保长转令居民集资，将原有之井，每年至少浚治一次；并度适中之地，添凿公井几眼，以便汲饮。至各处池塘，亦宜每年遇旱挑浚一次。庶饮水及用水均可以清洁，事关公众卫生，应请当局注意为幸！

1937 年 7 月 25 日《东南日报》

丽水县府禁止造谣并禁燃放鞭炮

【丽水通讯】丽水县府以前方抗敌将士奋勇杀贼，如稍有挫折，则竟有一般游民，造谣惑众，实有关地方治安。特出布告禁止，如有故违者，严加处罚云。

【又讯】县府以际此国难期间，民心必须镇静，竟有一般商民，于深夜间，燃放鞭炮，妨碍治安不少，业经布告严禁，以维地方治安云。

1937年11月27日《东南日报》

丽城区建筑小菜场

【丽水县讯】丽水县政府为便利小菜集卖、保持市区整洁起见，原拟于本年度建筑小菜场4处。兹闻，余兼县长以夏季转瞬即届，该项菜场亟待兴建，特召集县商会曹主席暨各镇长协商筹备办法。议定由县府先向地方银行借款办理，并选定丽阳门内、福顺庙、晏公庙、山背、仓茶〈基〉营房、大水门月城底等6处各建一座，不日即将招商投标建设云。

1940年4月3日《民生日报》

云筹集巨款建筑大仓库

储谷量60万斤 7月底全部完成

【云和通讯】本县旧有县仓多分散设立，不能大量存储，复不便于管理。县府有鉴于者[此]，特筹巨款，重建一集中的大县仓。现已派员择定城区后溪下东狱宫全部庙基，完全改建县仓，总计全部预算为3500元，可储谷60万斤。由木匠朱芝兰承包，于前日订立合约，计正仓承包费为2800元，房屋修理为630余元，余为预备费。即日动工，限7月底全部完成，以备收储新谷云。

1940年4月21日《民生日报》

丽消防队举行演习

【丽水县讯】本县厦河镇消防队自改组成立后，于日昨上午6时，在厦河作初次演习。由队长率领队员50余人，分作两组同时举行，成绩甚佳，于7时演习完毕云。

1940年5月31日《民生日报》

丽城饮料问题亟待解决

【丽水县讯】时届新秋，天时亢旱，雨水绝少，河水污浊，恶臭难闻，本城居民日常饮水用料，莫不仰赖汲取井水，惟因人众水少，供不应求，且时告干涸，因此居民对于饮料及用水问题殊感困难，并以最近城区疫病流行，据医界人士谈称，与饮料方面大有密切关系，若不设法补救，前途益以堪虞。希望卫生当局迅予整饬开浚河道，并通流井，以利公众卫生云。（经济社）

1940年8月29日《民生日报》

丽城区给水工程进行近况

今年春，余专员兼理丽水县长后，认定经济建设为县政中心工作，在农村方面，注重垦荒，水利、手工业及发展合作事业。据该县政府建设科调查，近年全县开垦荒山荒地已达15000余亩，碧湖无数坟地被开垦利用者尚不在内。

在城区市政方面，认为最重要者莫如吃水问题，因城厢给水素感困难，而饮料关系市民健康至巨。曾拟定解决方法4种，最后决定由好溪引水入城。此项工程颇为重大，完成以后，不仅可解决饮料问题，对于水道两岸农田及城厢沟渠之清洁，亦有莫大利益。经于8月间开始测量，策划进行，经办人员为事业心所激动，于溽暑中在郊外测量。至10月间，测量设计工作全部完竣。其大略如次：自好溪坝至九里村，全利用北支堰加以疏浚，自九里村经后铺至通惠门，另辟引河，俾与城区各渠道相衔接，全程凡8公里余。

计划河底高度，堰头为98公尺、85公尺，通惠门为94公尺、60公尺，底宽为3公尺，两边坡度软土部分为一比一，坚〈间〉隔与岩石部分自一比二至一比四。

全部工程计土方78900公方，石方11440公方，桥梁2座，石函1座。除土方部分征工办理，及桥梁2座拟呈请准后，即可与工。深信蒋县长接任后，必能继续进行，完成此项计划云。

1940年12月17日《民生日报》

慈善救济

处州龙泉县维持民食

浙东龙泉县陈香雪大令前曾会绅，提拨社义二仓积谷碾砻。设局平粜，并措洋7000元赴瓯采米接济，尚苦不足。适陈令之公子培锟太史，由都前往日本游学，便道省亲到龙。察知民隐，特往谒道宪，借垫巨款。复行购得洋米2000石，分装民船300余艘亲自督运至龙，减价平粜，而民间遂赖以得食云。（早）

1906年9月20日《申报》

劝令缴还平粜粮食

【处州】浙东云和县僻处山中，粮食甚少。本年又遭荒歉，人心更觉惶惶。幸由县主朱莹如大令先将积谷平粜，复赴郡领米运回接济，免肇事端。现在新谷登场，已禀朱大令会同绅董劝令如数缴还，以实仓储而重备荒云。（桐）

1906年11月11日《申报》

处属丽水改办平民习艺

处州廪贡端木彬近日具禀抚院，谓处州岁抽盐厘 5000 金归入同善堂以开粥厂。因积久弊生，该处粥厂几有名无实。现生等拟将是项粥厂改为贫民习艺所，凡有盲瞽废疾，年老无依者仍准予在厂食粥。同善堂向有之慈善事业悉仍其旧，缮具习艺所开办简章并经费预算表呈请察核批准等情。兹悉，增中丞察阅禀及简章，以该生用意甚是，所定预算表是否确实，此外有无室碍之处，业批仰劝业道董观察核明饬府查议详云。

1910 年 10 月 29 日《四明日报》

温处奇灾善后策

温处两属之永嘉、丽水、景宁、云和、遂昌、青田 6 县，此次惨遭大水实为从来所未有。前已经各该县旅省同乡每县各举代表 2 人，晋谒朱都督请示办法。兹又闻，处州 5 县同乡重定于 8 号下午，假座官立法校开会。提出办法两种：一、先由各界同乡量力捐款，限 5 日内缴齐。一面要求都督无论如何为难，先挪借数万元，公举代表会同委员星夜驰办急赈。二、此次突遭奇灾，死亡过半，而幸免之少数人荡析离居，食宿俱没，饥寒交迫，难免铤而走险。且大灾之后，必酿瘟疫，四乡腴田悉□□□清厘恳开，非 10 年生聚教养□□□。若无精强干练之知事收集流离吊□慰死，则吾民之□生□仍不免。拟请将灾区各县知事由人民自行选举，呈请官厅委任。闻青田一县，□举定省议员某君，俟大会通过，即行发表。又闻朱都督，以该两属奇灾万难坐视，而公家又异常艰窘，现拟向某银行先行挪借 10 万元，克期派委带赴灾区先放急□□云。每县 2 万元，惟仍恐杯水车薪，无□济事耳〈尔〉。

1912 年 9 月 10 日《申报》

赶办温处急赈

温处两属水灾迭志本报。兹悉，本月 8 号下午，处州旅省同乡假座法政学堂特开临时会，决议先办急赈。以青田为最，丽水、景宁次之，松阳、遂昌、永嘉又次之。又闻前日各县代表晋谒都督筹商善后，业奉朱君认可勉力挪筹洋20万元及湘米5000石（现存上海货栈）。特派吕文起君为委员，会同处防统领吕凤韶君星夜回籍，确凿调查灾区情形，以便络续汇款。一面将浙属奇灾大略电呈大总统及各省慈善会社，赖请拯济。另由旅杭同乡组织急赈所分调查、会计、文牍、庶务四科，不设主任。开办费由各干事公同筹垫，当场举定叶南坡、刘劼甫、夏廷俟等10员为调查干事；杜师业、刘松申为文牍干事；徐则恂等3君为会计干事；另推庶务3员，即日成立。除由同乡认捐外，再向各团体竭力劝募云。

1912年9月11日《申报》

处州水灾急赈会同人来函

筹募浙江温处义赈会执事诸公鉴：敬启者：天降巨灾，造祸全括。8月以来，淫雨兼旬，积潦成渠，已觉不堪。乃至28、29〔号〕，风雷交逼，大雨倾盆。30号，蛟蜃勃发，溪水滔天，高出平地数丈，溺毙人民无算。9月9号晚，凉飔倏起，阴云四塞，又复苦雨，为灾不间昼夜。17号夜，溪流泛溢，比前虽低2尺，而颓壤屋宇荡析益尽，估计前后2尺，损失千亿〔元〕。稽自遂昌至松阳、丽水、青田沿流一带，山崩田没随处皆是，村庄千百冲没殆尽，龙泉、云和一带亦然。青田县城全行漂流，丽水县城半为鱼鳖。一之为甚，乃至于再。死者已休，生则何堪?同人等幸为劫外余生，目亲惨状，不忍坐视，业已组织处州水灾急赈会于郡城，一面派员着实调查灾状，一面电告都督设法筹赈。刻闻执事诸公大发宏慈，组织义赈会于沪上，广筹募赈，以苏温、处灾黎。风闻之下不胜为蒙难各户泥首三祝，如蒙大慈善家怀想麦丹高义，拯援翳桑饿人，慨焉解囊，集有大款。希即函达各处，详细灾状，容当续陈。浙江处州水灾急赈会同人等谨启。

1912年10月14日《时事新报》

温处筹赈会函

温处两属水患以青田为最烈，据知事叶正度君呈报浙江都督云：8月29、9月17两日山洪陡发，暴雨兼旬，随波逐流，直达瓯江地界，死者长已矣。其流离失所之民数达10万有奇，加以缙云、丽水、瑞安、永嘉等县被灾者，不知凡几小民何辜，竟罹此厄，言之可胜悼。叹闻沪上诸善士，业已拨款助赈源源接济。惟灾区甚广，来日方长。刻下，又有商学俱乐部同人徐乾麟等发起，假定张园于阴历重九日为始，赛会3日，仿上届游艺赛珍会办法，时则金迷纸醉锦簇花团，以赛会之良辰，续登高之韵事。于旅沪同胞有厚望焉。

1912年10月18日《申报》

红十字会温处振〈赈〉务记

温处沉灾为数百年来未有之浩劫，中国红十字会副会长沈仲礼怒然悯之，特发救疫医队。电请前□北救疫熟手黄子静医士，承乏奈为步兵第三团冷司长所坚留，特举陆军第一军军医司长柏栋臣医士为队长，陈士芬医士副之，看护配药20余人。又掩埋队一队，专理沙掩水冲及暴露之尸骸。查振〈赈〉队随带棉衣两千数百套，白米数百担，洋银数千元，为医振〈赈〉款施之需。复商唐锡晋君敦请振〈赈〉务专家10余人，担任义务，名曰：中国红十字会协济青田义振〈赈〉局。带旧棉衣1万余套，小包面粉2万袋，定今日乘善济船赴温拯救。

1912年11月5日《申报》

温处善后工赈公电

【温州来电】温处水灾善后交通处王亦梅先生鉴，瓯属善后工程已查竣。同华来诸君已到，田树森、陶笏君往青田、景宁；汪季芳、汪植斋〔往〕丽水、缙云；顾渭泉、陈菊生〔往〕云和；易旭初、金耀南〔往〕松阳等县分查善后工程，余函详沈毓钧宥。

1913年2月28日《申报》

浙江温处义赈会之结束

前年秋间，浙之瓯括两属洪水为灾。经该省旅沪士绅筹募赈款，所集巨资解赴灾区散放，业已办理告竣。昨日，开会宣布灾区情形及办法并分送征信录。闻该会除散放外，尚余赈银万元余，经公同议决，留作浙省备荒之款云。

1914年7月20日《申报》

瓯海道请红会派救疫队

浙江瓯海道尹林鹍翔，昨有公函致中国红十字会，以该道缙云等县于水灾之后，又发生疠疫，请该会速派救疫队前往救济。其函云："敬启者。敝道属之缙云、丽水两县地方，前因蛟洪爆发，水灾甚重。冲毁田庐，死伤人畜，不计其数。虽已筹办急振〈赈〉，以资振〈赈〉抚。然今日疠疫发生，死亡相继，情极可惨，灾余黎民，何以堪此。夙仰贵会痌瘝在抱，救济为怀，可否由贵会酌派救济疫队携带药品，即日驰往缙云，依法施治，则救人一命胜造七级浮屠，功德无量，专为布恳，敬颂善祺，并希福音。代理欧〈瓯〉海道尹林鹍翔启。"9月2日，该会当复电云："温州林道尹鉴。函悉，尊嘱即派医队前往。应从何路进行最为便捷，乞电复。红十字会总办事处征。"

1922年9月6日《民国日报》

中国红十字会
为浙省处属缙云、丽水水灾乞赈启事

顷接浙江省瓯海道尹林观察公函，以缙云、丽水两县水灾甚重，窃〈疠〉疫丛生，情极可惨。请贵会酌派救疫队携带药品，即日驰往依法施治

等因。本会遵即派潘医生率带看护士，多携药品，趁〈乘〉轮抵温登陆，驰往缙、丽等处。竭力施治，惟经济困难，尚祈诸大善士□□□□缘振助，则救人一命胜造七级浮屠。仅代灾民延颈以待，如蒙专请迳赐，送二马路望平街口本会总办事处收，制取收条不误。

1922 年 9 月 10 日《申报》

红会救护队出发赴温

本埠中国红十字会总办事处，接温州来电，谓本月 20 日上午，狂风暴雨，相逼成灾，亟盼救护。该会昨日特派医士潘佩声随带应用药物 10 大箱，率同救护队乘飞鲸轮船，赶赴温州〈处州〉属之缙云、丽水等地，实施救护，随时酌察情形电告总会。如不敷应用，该会尚须添派第二次救护队。一面由常务理事会设法劝募振〈赈〉款，藉资支配。

1922 年 9 月 21 日《民国日报》

华洋义振〈赈〉会近讯

华洋义振〈赈〉会昨日接处属丽水华洋义振〈赈〉支会来电云："顷奉甬分会筱电开，嘱即派员赴沪报告灾情，并先电陈况略等因。遵查处属 10 县灾情，迭经列表呈报，灾民之困苦，灾区之辽阔，冠于全浙，早为钧会所公认。客腊虽经钧会暨浙江壬戌会查放冬振〈赈〉，幸堪缓死须臾，凡极贫中稍次之户，查有斗升之糈，担石之储，尚可苟延。灾重者限于振〈赈〉款，悉未散放，并告以俟春振时，定当救济。迩者时令已更，青黄不接，由冬转春，灾情万变，次贫已转极贫，极贫更形危急。不仅沟壑为忧，势若祸乱将至。为目前春振〈赈〉计，接食新谷，尚有五阅月，全处灾黎29 万有奇，即给以苞米，亦非五六十万元难资救济。钧会已溺已饥，洵属方今禹稷。三复钧电，拳拳于处属饿莩者，无微不至，用敢频向呼吁，上冀鸿施，明知钧会博济维艰，筹款不易，而一念万众灾黎易子析骸之惨状，又不敢不昧死陈词，冀延蚁命。除遵电公推支会董事陈逸、郑宝琳二君，代表敬赴钧会泣陈灾况外，谨肃电闻，伏维憐〈怜〉察，驻处华洋义赈支会长苏若望、王文彬叩皓。”

1923 年 3 月 21 日《时事新报》

义振〈赈〉会浙灾近讯

华洋义振〈赈〉会，昨接处属义振〈赈〉支会代表郑宝琳、陈逸二君来函报告灾情，处属十县，客秋风水为灾，其遭劫状况冠于全浙，迭经义振〈赈〉支会呈报在案。查处属僻处万山，向来地瘠民贫。去秋，全属遭水灾者 4 次，遭风灾者 2 次，灾民之惨酷，灾地之辽阔，有〈又〉非笔墨所能形容。冬振〈赈〉未放以前，缙云、丽水两县，饿毙人口已达 300 余丁；若青田、龙泉、松阳、宣平等县，亦时有饿毙者报告支会。虽经贵会暨浙江壬戌会拨款查放，仅属极贫者缓死须臾（十县共 13 万有奇），次贫在外，今则贫者（共 16 万有奇）家无升斗之储，身无御寒之衣，壮丁虽可工作度日，老弱均沿途乞食。此次琳等由丽过缙，目击灾民种种惨状，凄然泪下。际此青黄不接，距新谷登场尚有 5 阅月之久，全属灾民 29 万有奇。亦知博施济众，尧舜犹病，惟贵会诸大善长，皆现代禹稷，饥溺之惨状如此，非沐多赐振〈赈〉款，极贫之户，万无生理，次贫之家定转沟壑，用敢呼吁，涕泣陈词，不胜迫切待命之至云。

1923 年 4 月 14 日《时事新报》

闽军在丽水之红会消息

中国红十字会总办事处，昨接浙江丽水分会来电，报告闽军过境。原电云：“中国红十字会总办事处鉴，闽军过境，分会筹设治疗所，暨妇孺收容所，以安民心。乞电转军队及各法团，切实保护，并盼电复。”总办事处接电报后，已分电周荫人及该处各法团照办。

1926 年 12 月 28 日《时事新报》

处州旱灾当局赴沪购粮救济

【上海电】浙江处州，今年久旱不雨，禾苗枯死，已成旱灾。当地粮食缺乏，饥民嗷嗷待赈。兹由处州各公团会同当局集成巨款，来沪采办米粮 10 万包，运往平粜。自至今日，已先载去 5 万包，经由温州转去。尚有 5 万包，明天起续装也。

1933 年 7 月 4 日《苏州明报》

中赈会拟拨款救济丽灾民

【本报 28 日丽水电】丽水被惨炸后，经调查难民有 700 余户。县政府 28 日放赈，专员杜伟、县长朱海槎陪同王视察并赴灾区勘察，慰问难胞。中央赈济会驻浙委会王希隐亦有来电，准备拨款赈灾。

1939 年 8 月 29 日《东南日报》

宣平献金成绩优良

【宣平通讯】本县春节节约献金运动，自发动以来，各乡镇均经努力普遍举行，成绩尚称优良。计收法币 980 余元，债券 170 余元。闻于本月 22 日，已由地方银行转解永康中国银行云。(焱)

1940 年 5 月 1 日《民生日报》

埋葬悯终祠露骨启事

丽水通惠门外悯终祠后座槽所，年久失修，梁摧栋折，致内有远年停柩为雨淋日炙，棺木朽腐，白骨莹莹，堆散地上，计有 14 副之多。同人恻焉伤之，爰定本年 5 月 27 日(农历四月二十一日)，举行义葬。拟将是项露骨每副盛以小缸，合为一冢，葬之于官岩排山，以安幽灵。惟该露骨如尚有亲属，望即于期前取去，自行安厝，否则一经入土，检〈捡〉取即有所不能也。特此通告。

发起人：叶亦青、潘伊初、黄果船、熊美卿、周贤生、陈鸿范、汤厚滋谨告。

1940年5月5日《民生日报》

陈瀚义举捐恤金200建碧湖义渡

【丽水县讯】本县碧湖南山陈瀚，曩受国父孙总理委充中央经济部筹备员，从事革命著有成绩。近以年老家居，经由丽县党部转报中央准予核给年恤金400元。各情业志本报兹悉，陈老先生鉴于碧湖地处重要，而义渡尚付缺如，以致来往行人殊感不便，一遇溪水高涨，尤觉危险万分，故特发起倡建义渡，并首先慨捐其向中央领得之年恤金半数200元以示倡导。闻已备具电请书附拟计划，呈报县府鉴核。想本县不乏热心公益事业之人士，对于陈老先生之义举，必能如响斯应，能解囊赞助，以促其成也。

1940年9月14日《民生日报》

双十节增智书局义卖 所得悉数捐献寒衣

【丽水县讯】双十节，本市增智书局举行义卖，志庆愿拟收入半数捐献寒衣。兹闻，全天所得仅国币31元2角1分。该店主人以为数不多，决悉数捐献，实属慷慨义举。所有购置者姓名均经披露门首，县党部曾派员监视，以昭大公，经过情形十分良好云。

1940年10月12日《民生日报》

缙商人热心公益捐巨款建筑病房

【缙云通讯】本县各界筹建病房一节，业志本报。兹悉，商人江洁缨等仗义疏财，对于地方公益设施，莫不乐为襄助。此次领导商界友好，慷慨捐助。兹将捐助之姓名款额探志如下：江洁缨500元，胡廷星300元，李锡祺150元，谢智灵150元，陈增荣150元，胡金封150元。如此热心公益，徇属可嘉。（达）

1940年10月20日《民生日报》

灾难·事故

大水续述

前报载处州大水一节，兹悉，宣平、景宁两邑受灾甚重。男女被水冲去者约有千余人，田亩、庐舍遭水冲塌不计其数。处郡城内街道水深四五尺，邓太尊以及文武各官均已移居船上。居民尽将门窗板壁卸去，以防山水骤至。沿途尸首随波逐流各处皆有。迄天晴数日，而青田之平演地方，尚存浮尸八九十具无人打捞掩埋，其凄惨情形，实非楮墨所能尽述。温溪东驿头所筑之塘，被水尽行冲坍〈塌〉。处州各县之水得以宣泄，尚不致十分为害。

1887 年 7 月 6 日《申报》

括苍大火

有客自括苍来言，及正月二十八晚，处州龙泉县失火，焚至二十九日三点钟始熄。共毁民房 300 余幢，亦可谓巨灾矣。

1893 年 4 月 15 日《申报》

处州司牧以荒报稔①

处属缙云去夏亢阳 70 余日，田禾枯槁无收者六七，歉收者二三。因而造禀府县踏勘，□胀讵该县令梁耀煊、府守常觐宸拥不上闻，饥民奔诉抚辕饬府勘验。至 9 月间，常守始带佐治员严慕清莅缙勘验。而常守快游仙都，委一严慕清回往踏勘。乃慕清以缙民礼遇不周，谓路有行人、瓦有炊烟何谓荒年。常守被其蒙蔽即以荒报稔，赈荒一节仍置脑后，现闻该县绅民已赴京控告云。

1910 年 5 月 27 日《四明日报》

① 稔：庄稼成熟。

处属云和祈福得祸

云和县城内夫人庙，每逢诞期为烧香之日，各处妇女纷纷云集，九都界朱溪村地方妇女，亦到该庙烧香，唤船过渡。无如船小人多，忽缆断船翻，溺水者40余人，时又逢大水，其尸漂流直至青田县界。后虽有人前来收殓，已多被犬齿食，其凄惨之况不可言状。本月初五日，该地渔人泊舟石塊山傍，偶然入谷觅食，得一妇人尸，手套金镯，口含玉佩，腰肤虽腐烂已久，而金镯有“秋兰”二字，尚可为记，后闻有人来认收殓矣。

1910年10月17日《四明日报》

温处大水记详

温州于8月29日，疾风暴雨。旁〈傍〉晚，雷声隆隆，风雨迄未稍停，至夜则风雨更大屋瓦皆飞，室内一切物件，皆被打湿。次晨7〔点〕钟，稍露阳光，然水势大增。因是水由山冲下，每点钟可增高2寸许，小南门地形稍低，竟被淹没，城内大街小巷低处皆可行舟。属处州之青田县离温70里，该处水势更大，全城均被淹没，一切人畜什物皆随波逐流而下，流至温州境内只见浮尸衔接而来，未溺死者手援木柱器具哀呼求救。当由乐善者大呼舟人云，救活1人，赏洋3元，一时救起者200余人。而温属之西溪、南溪、温溪、白泉等处，亦俱遭漂没。故至下午，器物、人畜又复蔽江而下，呼救之声不绝于耳，然多系死尸，生者无几。据温溪被难人云，彼处时方午餐，忽然大水冲来，霎遭淹没。现地方官厅，已预备赈济，难民之被救起者，均令暂宿庙中派人施粥。惟现在上游水势浩大，信息不通，有保护人民之责者，不知何以善其后也。

1912年9月5日《申报》

青田被淹续闻（节选）

青田县全城淹没已纪昨报。兹悉，知事叶晓南君偕其二子，逃上山坡，幸免于难。其夫人不及逃出，想已凶遭灭顶矣。科员龚雪澄君，由署后逃上山。日昨，已乘舟来温避难。青田城中有户口2万余人，均于8月29号夜半2句〈点〉钟，同被蛟水冲没，逃出者十仅一二。闻此次蛟水，由松阳县冲下，该县城亦遭淹没，知事不知下落。

1912年9月8日《申报》

青田洪水祸

梁有庚

青田如许大水灾，实酿成于3点钟，短时间备不及备，十万生灵死于非命。全县财产都付东流，千古未有之奇灾，百思不到之浩劫也。溯自阳历7月后，青田大水时发，然发至一二丈高而止。邑人大都栖居，见惯司空，习为无事。8月29号晚8〔点〕钟，水量犹在城脚，嗣后，速度顿增，每十余分钟，增高数尺，水面显分阶级。第一层平面，第二层以上，以次若瀑布形。缘青田地势两岸，万山重叠，中贯瓯溪如带，溯溪而上可通处属十县，形式大略相同。青邑因大溪、小溪两股水流于此汇合下成瓯江，故水势尤烈。此时，各山蛟水（从俗名）齐发，部部灌入，因中凸成瀑布形。待至11〔点〕钟，陡高十四五丈。南门城楼占全城最高点，统捐局所在地亦高过楼头数丈。自设厘局于此，历次水灾未有侵入城楼者，遑云高越数丈耶。此洪水暴发之情形也。人民初自楼际升至梁间，攀缘出瓦，而其时大雨倾注，雨点打头如雹，弱者喊呼求救，健者两手交胸瞑目待死，如登法场。青城筑于斜坡，自下而上洪水涨及下层，一片喊救之声陡烈，而此声即旋息。盖屋入水，人已死矣。层叠而上瓦端之人，既尽山间攀缘于树者，亦随大木以拔漂泊不知死所。前后3点钟，青邑一隅地已杀10余万人。水哉水哉，万物无此魔力也。其时，雨水以外又多冻毙，天气奇寒，攀树缘瓦者不能耐，又自跌落入水，惨矣！至于随屋漂流、覆舟沉溺者尤不可数计。此人民被洪水祸时之情形也。青邑为木植荟萃地，木筏飘散无算，坚固之房屋且全座逐流下驶，箱笼器物都自窗间屋顶浮泛而出。且时当孟秋，天气犹暖回，幸未遭溺毙得庆更生，然亦短衫衣裤外无长物，家破人亡外无他语。至于籽种漂流，农业难复，沧桑大变，井里已墟，尚非意计所及。其余全城各机关如县署、捐局、盐局、邮局之册据、文件、印花、银钱、货币大都漂没无存。试一回思念，二十九号晓八〔点〕钟以前之青田公家建筑物，民家生活所尚相望如林。讵意3点钟后，同付横流。过此以还，何时恢复，几许金钱耗矣。哀哉！此地方财产被洪水祸之情形也。（未完）

青田洪水祸（续）

梁有庚

次日30号，水势乍退，奔赴瓯海，但闻洪涛骇浪，作无数哀啸声而去。时孑遗之人，[民]大[多]栖止山巅，匍匐归城掏取水底残留之银物。城内街衢污泥没腰，转因是而群尸披露，然漂泊余生，感触尸毒、疫病渐作。俟作31号，瓯溪百里间万尸浮出。物理定义，凡人初淹毙，时因水流灌入体内，人体因重而沉，及体质腐烂又因轻而浮，惟尸臭由此四达。尸骸逐波下，流至于永嘉大东门，□大慈善家恻然悯之，以埋尸为入手办法，先用棺殓，棺尽继以板以席，尚嫌板席之不敷于用，加以棉胎（即棉被），再拾柴加米以拯病者生者。各赈济公所亦先后成立，义粟仁浆、存殁均感且温。处□□虽广，青田受灾最重，尤视为特别注意之点。此被洪水后，筹赈之情形也。青田人倚农为活，而田土买卖有特殊之习惯，例如甲有田若干亩，可收谷10担，甲卖乙谷5担，卖丙谷3担，丁谷2担，卖谷同于卖田，而卖谷仍未去田，故问财产之富者，但数租谷以对不计田也。盖甲有田有粮而无谷，乙、丙、丁无田无粮而有谷，故甲与国税有关系，乙、丙、丁与甲有个人之契约与国税无关系。惟继转交涉讼端。自生官厅，又不能不理其词，而轇葛过多。每有穷于听断者，然其轇葛犹未已。乙、丙、丁买甲谷，复分割以卖与人，由是一姓之田亩而有无数之主翁。且其中又有正租、皮租之分。正租可因年谷不完，夺其所有权，而田归己有；皮租无此特权，但催其逋而不能有其田。纷纭至此，真异闻也。洪水祸生，各家契约荡然无存，公家即与补契，私人相与争租，聚讼盈庭。主名各执清理手续似不易为功，然推田亩纠葛之来，实缘地瘠人稠，各实其先畴而卖租谷以为金融酬和之计。值此破坏之余，益宜多开工厂为代赈之设施，广植森林求雨源之保护，又立农业银行以谋田庐、牲畜、籽种之规复。兹事体大，并请款省城，乞援海内难于集事。此被洪水待善后之情形也。嗟嗟民族同胞各爱其类，社会政策首在救贫，记者不文〈闻〉长歌，当哭求父老兄弟俯听之。

1912 年 9 月 17 日《申报》

处州漂没人口之实数

处州此次水灾异常奇重，实为数百年来所未有。顷悉，该处共有 10 县，青田、云和等 5 县漂没无存，共计淹毙人口至 22 万有奇，其余幸未被淹者亦有此数。虽各县拨有省税 1000 元及省中散放急赈 5000 元，嗟彼哀鸿，未得均沾其惠。若不赶筹巨款，将何以拯救此灾民也。

1912 年 9 月 20 日《申报》

处州二次水灾

处属景宁县于本月 17 号大雨，雨昼夜，蛟水骤至。幸居民悚第一次惨状，预先趋避，死伤尚不甚多，惟房舍什物则与青田无异，且水势较前次增高二尺有余。都督府得查赈员吕逢樵及绅民急电，已于 25 号加派温处籍同乡4 员，驰赴上海赶运湘米 5000 担，专输运赴灾区，择要救济。一面召商各司佐仍申前议，先由军用票积存款内挪借 10 万元，另派妥员驰往散赈；一面电致吕统领多派绅士分路确查灾区户口、死亡总数，星夜赶办，念速念妙，云云。

1912 年 9 月 27 日《申报》

普济轮船浩劫十六志[1] 旅杭青田同乡会来函

普济沉没损失之大，以温、处两属人为最，处州同乡以青田人为多。浙江内河水上警察厅厅长徐元中君，现为青田旅杭同乡会会长。前日，特开旅杭青田同乡会，公函温州同乡会张君云雷及处州同乡会魏君石生[2]，原函如下：普济出险，瓯属绅商遇难最多。何天下吊罹此浩劫，我乡被难者感蒙矜恤，共同申□大君子悲悯衷肠，海上怨魂实深鉴之。惟此次奇惨，原非天灾，实由船主疏忽，两轮碰撞所致。且普济撞沉时新丰轮惧祸远飏，漠视不援，实无可饶，寝皮食肉，莫蔽□辜。凡我同人，生命财产之溺毙漂没，该局应负完全赔偿责任。务祈台端协同敝处同乡会诸君，就近向上海招商局坚持理由，严重交涉，速确捞摸尸体，要求完全赔偿损失，一面令将新丰管轮拘送究办，庶足慰幽魂、平众愤。且前车之覆可为后车之鉴，尤宜作惩前毖后之计。嗣后，沪瓯交通务要求该局派往坚固大轮行驶，以重生命，而免危险。特此，奉恳并答谢忱。祇颂公祺，统希垂照。旅杭青田同乡会长徐则恂启。

1918 年 1 月 21 日《民国日报》

缙云勘灾墨泪

【瓯海道委员王渡】力争逆流上缙云来勘灾，乘桴入城市（同善桥已坍〈塌〉），不见旧楼台，同阛扑地，瓦砾积成堆。男女余〈与〉老幼鸿嗷，何其哀。巍巍夫子庙，门墙尚倾颓，蓬枢与桑户，讵能幸免哉！县官何处去，下乡犹未回，归来话惨状，失箸等闻雷。舆夫足生茧，不愿过山隈，徒步时匍匐，削壁扪苍苔。有司察奸匪，邑庙勤逡巡（灾民聚处邑庙中），倦与乞人睡，佛脚拂

① 1918 年 1 月 4 日凌晨，从上海驶往温州的客轮“普济轮”，在吴淞口铜沙洋三夹水海面与迎面驶来的英商“新丰轮”相撞，“普济轮”左舷被撞断，“普济轮”沉没，致使船上 300 余名旅客葬身大海。

② 即魏兰。魏兰（1866—1928），字石生，号浮云，清末民国初革命家，云和人。光复会领导人之一，辛亥革命先行者，辛亥革命时期浙江军政府咨议、都督府参谋长。

红尘(此警察所长自告予者)。官廨亦囹圄(监狱坍〈塌〉圮,故犯人亦寄此),土偶为近邻。坐床常判事,况复来上宾。顾名当思养,好汉何不仁。由来泽万亩,一旦腾蛟蜃。一百八十里,沿溪伤多人。隔溪三百家,洗刷无寸薪。桑田变沧海,吾庐间水滨。深居积墓骨,抱树容其身。一昼一夜雨,毋怀儿湿菌。官役司酒扫,畜犬酬其恩。役死埋黄土,犬守尸弥亲。群犬饥食尸,孤犬哭兼旬(役死官给资备棺,他役没其资薄土盖之)。灾祸连绵至,旧宅须重新。凶象早明示,城隍何其神(前是该邑苦旱,官求雨于邑庙,得一签有"家门六畜不安宁,灾祸连绵不曾得,旧宅改换重新建,待到秋后保安全"之句)。羊上岭崩裂,压没廿余家。村民尽齐粉,山空泣晚鸦。潜明陈氏居,阖门葬黄沙。某儿自塾归,不见娘与爹。抢头顿足哭,涕泪已如麻。双手掀巨石,力尽徒咨嗟。有妇将分娩,倏见龟沉蛙。破壁登屋顶,儿坠熟于瓜。弄璋偏弄瓦,风雨欺檐牙。全村皆瓦砾,一屋犹倾斜。一妇抱子泣,何以为生涯。赤日照白发,独夫生树旁。指口示腹〔愕〕,目见益悲伤。灾后犹多雨,流民无避藏。城区纵施粥,安得及穷乡。间亦有熟禾,收拾无仓箱。雨久稻芽茁,惟忧尽绝粮。岭外更有岭,乞籴路弥长。半日如蜀道,灾后塞羊肠。市儈惟图利,汗泥混酒浆。提壶来挹注,异味使人尝。参苓入水腐,药笼不生香。灾后遇疫病,无以祈康强。百废俱得举,吴宰赖龚黄。西风催冷信,漂尽旧衣裳。饥寒多贼盗,胠箧或探囊。衡情难执法,何以安厥良。善哉义振〈赈〉会,任事不支钱。已亦受灾者,舍己耘人田。余庆由积善,主宰有苍天。何以挽劫运,佛法本无边。劝人修佛行,妙舌能生莲。

1922年9月20日《顺天时报》

丽水县又告雹灾之乞振〈赈〉

浙江丽水县又遭雹灾,该县知事李钟岳致本埠华洋义赈会电云:"丽邑覃日[1]下午3时,狂风暴发,雹雨复交加。屋瓦掀飞,人避户外。风向来自东

① 韵目代日是中国历史上的一种电报纪日方法。覃日代表13日。

北，雹大如卵如拳，约 1 小时之久。天昏地惨，号泣相闻。再摘瓜稀，民何托命。所有被灾详情，已分查续布，仅先电闻，伏维矜众云云。”又丽水县议会、商会、农会、教育会及北塘〔懿〕区乡教育会、农会暨义振〈赈〉会处州支会亦均有电来，请拨款散振〈赈〉云。

1923 年 5 月 17 日《民国日报》

丽水飓风暴雨为灾

省署接丽水县知事来电云：“省长张钧鉴，职县于本月东日（1 日）下午 3 时，飓风爆发，大雨如注，城区旧府、文庙，棂星门、石柱 2 门全榻〈塌〉；夫人庙、警所、统捐局、新建巡船，乡区如二都张垵、□村、林村、大坑口等大木尽拔，屋瓦全飞。林村温蓝儿屋倒压伤体部，大坑口屋墙坍〈塌〉处，压死莫田富 1 名，伤莫中水、莫章清、莫全福、莫品亮、莫福川、莫章维等 6 名。其中，以中水、章清、章维及温蓝儿为最甚，恐仍有性命之虞。知事于冬日（2 日）上午，风略停，雨未止即驰往勘，适溪水骤涨，船渡均不能开，因而阻止。4 日黎明，水犹横逆，乃冒险以渡彼岸分赴各村查勘，惟幸灾区长仅 10 余里，阔只二三里，尚非过广。即经知事仰宣宪法，沿村抚恩，并捐俸抚恤，莫田富及莫中水 7 名，藉〈集〉资医治。正回署间，忽于 6 时在途又遇狂风骤发，雨雹并加，幸 1 小时即止，大约未被重灾，容俟详勘。所有此次风雹灾异情形，谨肃电呈伏祈钧察。丽水县知事李钟岳叩、微印！”

1924 年 5 月 16 日《时事新报》

松阳民食之可虑

松阳在处州旧府属素称产米之区，今秋收成，尚称中稔。惟其产量，仅足供自给而已。乃近日一般奸商串通劣绅，放运出境，肆无还忌。以致谷价腾涌，每担（重约百二三十斤）须洋五元五六角左右，有增无已。所闻如是，该县官厅若不亟即设法禁止，迨明春青黄不接之候，民食实岌岌堪危矣！（平）

1926 年第 2 期《括苍》杂志

丽水奇灾 *

【丽水】民政厅长朱家骅，为据丽水电告灾况奇重，请迅予派员复勘，以慰灾民之望，早施救济之法。朱氏据呈后，昨函浙江振〈赈〉务会云：“按据丽水县县长赖绍周冬代电称，查属县今年风、虫、水、旱灾害迭告，收成歉薄，粮食缺乏，全境田产收成上等者不过十分之四五，其次则二三成而已，至城西南乡20余村里，被灾奇重，颗粒无收。兹据该村长呈称转请按照灾歉条例，减免田赋等情前来，当即派员查勘灾情。去后，据报竹溪等联合村一带，所有晚稻尽成白穗，周视田间一片杂草，荒凉满目，惨不忍视等情。”据此，除令该区调查受灾禾田亩数，专文呈报外，理合将视查情形，据实电请鉴核，并祈迅予派员复勘，以慰灾民之望，早施救济之法等情。据此，除电复外，关于救济一节，相愿函请贵会，速即查核办理，见复。（后略）

1929年12月21日《时事新报》

凤凰号前日在处州降落

美信洋行飞机组主任白罗斐驾凤凰号飞机，前日（23）自沪出发后，旋以途中大雾，难辨地位，被迫降落浙江处州附近草地，机身无恙。当即于午后3时1刻，发电来沪报告。该行遂立即电请国民政府准予放行，傍晚接南京复电应允。昨晨，并由航空署长张惠长加电处州放行。但迄于下午2时止，犹未接处州方面复电，未知白氏究已离处与否。据该行推测，则昨日午间，当可出发，续赴广州云。

1931年1月25日《申报》

浙省松阳下大冰雹

【杭州】松阳下冰雹如杯碗，农产牲畜伤亡重，呈省救济。（8日专电）

1932年5月9日《申报》

大雨致交通受阻

【又迅】丽水县于本月23日起，雨丝绵绵，入夜大雨倾盆，溪流陡涨。缙丽路虎头山一带路面，因受暴雨剥蚀，沙岩疏松而崩溃，以致该处附近桥梁，曾被冲坍〈塌〉。同时，丽云路溪口一带，亦以溪水暴涨，路面损坏。于是该二路自本月24日起，汽车均未能行驶，交通停滞，一般旅客，颇以为苦。当局现正设法赶修，务于最短期间恢复原状云。（1日）

1934年4月6日《华北日报》

丽青路覆车死伤30余人

【本报29日丽水电】丽（水）青（田）路28日发生覆车惨剧，死乘客20余人，尸体均未捞获。先是晨七时半，公路局1005号、2001号、1007号客车3辆，在青田搭载来自永嘉之旅客，先后开丽。最后开出之1007号，驶过芝溪头站约半公里地点（距青田26公里），该处路极曲折狭隘，讵机件突生障碍，煞〈刹〉车不及，驶至路边，车中乘客张皇〈惶〉异常，致车身倾斜，坠落江边10丈深渊。乘客30余人，除王抚卿（安徽人）、王志远（永康人）、陈祖武（青田人）、俞守仁（江西广丰人）、□志农（公路局机司，有病）、龚昌琴（义乌人，松阳后方医院勤务兵）、刘采萍（瑞安抗敌自卫团第四支队队长妻）等7人，夺窗挣扎而出，身受轻伤，得免于难外，余均惨遭溺毙，机司卢金生亦同告殒命。乘客龚昌琴于千钧一发之际，急中生智，动作敏捷，不特己身脱险，且将邻座之女客刘采萍救出，智勇兼俱，诚可称道。惨剧发生后，公路局当晚派车驶至出事地点，设法打捞，车沉江底，难于措手。29日晨，悬赏招当地民众打捞，因缺乏工具，又无效果，公路局业务科长王叶祺，下午再偕同员工数十人，赴该地设法起捞，迄傍晚仍未捞获。

1938年11月30日《东南日报》

丽青路覆车案尸体续有发现

骆美奂之父亦遭难　尚有3具未能捞获

【本报1日丽水电】丽(水)青(田)路汽车在芝溪头站覆车后,经捞获乘客尸体24具,已有20具查清姓名。录记如下:毛高鹤,浙抗敌自卫团第×支队班长;李国干,第×支队机枪队队长;何兰弟(女),第×队队长侄媳;丁文波、莫诚,均系第×支队传令兵,以上5具,由第×支队派员领去。骆亦庠,义乌人,年50余,为现任中央社会部秘书主任骆美奂尊翁。由浙电话局长赵曾钰代为棺殓,灵柩暂厝丽水三岩寺。沈永泰(即沈祺泰),华成烟公司职员;胡春江,华成烟公司兰溪发行所经理;以上两具,由丽水华成烟分公司派人领去。杨德樟,住丽水城内枣树荫,业已领去。陈善德,供职江西公路处路警队,遗物有符号、私章及销差证。姜静波,身畔遗有财〔政〕部税警抗训第一期毕业生125号证章1枚。赵典润,军令部陆军测量总局第一队制图组审查。王蔚兴,大隆酒厂经理,地名未详。封石清,遗有日记簿卡片。谢作霖,杭州高中学生。孙岳滔,住乐清第三区豹兴乡。杨振华,缙云抗敌自卫团独立中队传令兵。齐寿轩、程琦(杭州人),尚待续查。另有一具,未能证实其姓名,遗有温师16号、前战时工作训练团20号证章各1枚,及王德懋(温师校长)、朱梦龄(温师职员)卡片,以上共11具招领。尚有4具,均属男性,姓名无法查得。尸体24具,除骆亦庠、沈永泰、胡春江外,其余由公路局备棺成殓,捞获之行李20余件,暂存该局候领。又调查证实而未捞获之尸体尚有机司卢金生、刘采萍(女)之勤务兵、章秀英(女性,系与脱险之刘采萍同行者)等3具。

【金华消息】丽青路客车倾覆,乘客30余人,经〈今〉已查明惨死者有27人,实为一大惨剧,司机卢金生亦同告殒命。查卢全家7口,上月11日自南昌来金,适值敌机空袭,全家炸毙5人。故此次惨案之肇端,或系卢刺激过深,心绪恶劣,精神恍惚所致。但汽车机件失修,煞〈刹〉车不灵,及温溪至青田船行到达时间太迟,黑夜行车于曲折狭隘之公路上,路途辨认不清,皆为肇祸之原因也。

1938 年 12 月 2 日《东南日报》

丽青路覆车案司机尸体捞获

【本报 7 日丽水电】丽青路覆车案，乘客尸体大部捞获，司机卢金生尸体亦于 7 日晨 8 时捞获，遗尸下午运丽水。与刘采萍同行之章秀英，前传遇难；兹悉，幸坠入江中后，当即遇救，刻在云和。公路局在沈丽华尸身上检获通讯处数起：一、丽水小水门吴源顺盐号转清前乡公所。二、永嘉府前瓯海银行二楼及温州大南门外花柳堂茶叶工会内汪永昆，现该局正派人调查中。

1938 年 12 月 8 日《东南日报》

因演剧肇巨祸丽水大惨剧

突然坍〈塌〉屋死伤五六十人互相践踏一片哀号呼声

【本报 24 日丽水电】丽水民众 24 日沉痛纪念杭州沦陷一周年，下午 3 时，在公共体育场开纪念会。晚间 7 时，又假文昌阁[①]举行戏剧宣传，讵知因而发生坍〈塌〉屋惨案，死伤五六十人，为丽水近年来一大不幸事件。是晚，参加之机关及团体甚多，民众前往者尤为踊跃。开幕之先，首由县长朱章宝登台致训，演讲甫毕，正待揭幕之际，忽闻有猛烈之爆裂声来自后台楼上，盖化妆室突告倾倒矣。演员均随之坠入碎瓦破椽之中，观众未明究竟，因之秩序大乱，争先恐后，夺门图逃，虽有大门前约高 5 尺之 7 级阶石横阻于前，但群众不稍缓其步伐，仍然仓皇跃进，因之跌仆者竟叠积成堆，后继者又复践踏而过。是时，嘈杂之人声与哀号之呼声，混成一片，而终于酿成惨剧，死伤人数中，以践踏致死或伤者居多。至午夜 12 时止，查明死者有 22 人，由家属认领者已有 15 具，计叶爱花，女；张永福，男，住丽水酱园弄新合兴号；郑凤仙，

① 位于现丽水市区文昌路老图书馆区域。

女，14岁，住丽水郑玉元号；朱洪福，男，18岁，丽水人，为朱树政之子；陈洪祺，男，17岁，住丽水丽阳门；章春谷，男，67岁，住丽水西园庙弄；何合熙，男，20岁，住丽水元兴号；王树三，男，6岁，丽水人，为王文裕之子；姚文兰，女，12岁；吴绛仙，女，8岁，均为丽水人；傅万华，17岁，及其5岁弟万有，为傅焕祥之子；王木花，女，2岁，东阳人；邱白婷，女，青田人；孙庆慈，男，50余岁；尚有尸体7具待领。受伤者均送医，福民医院及救护总队均告人满。教育厅长许绍棣之女公子，亦参加表演，均受微伤，处中附小主任俞子显因照料后台，而罹重伤云。

1938年12月25日《东南日报》

丽缙段覆车机司陈永奎毙命

【丽水通讯】29日上午11时40分，某运输公司浙字第2678号卡车一辆，由丽水运棉纱来金，驶经距离丽水23公里之大庭庙地方，忽倾坠于高约数丈之溪下。车身全毁，机司陈永奎头部伤重毙命，押货人及搭乘之军人等3名均受伤。株树站长俞贵三，急为设法送往丽水救治，陈某之妻闻讯，已由金赶往出事地点收殓。

1939年3月30日《东南日报》

丽岩泉区大火　干下全村遭回禄①

【丽水县讯】本日下午1时许，距县城8里路之岩泉区干下地方，发生大火，延烧住户70余家，全村悉成废墟。因在日间，农民均在田里耕作，衣物等件不及抢出，损失甚巨。妇孺老幼幸岩泉区署李区长率警抢救得力，尚无损失。闻火首周才元，已解县讯办。灾户数百人，席地而坐，无家可归，哭声凄惨，急待救济。

1940年4月9日《民生日报》

① 回禄：火神名，借指火灾。

逃难妇人投河自尽

【丽水县讯】昨日下午，有无锡人周宋氏年32岁，在大水门投河自杀。当被船户瞥见救起，报告警局。该妇供称逃难至此，询其投河自尽原因，坚不吐实，警局以其情有可悯，特备文移送振〈赈〉济院，暂予收留云。

1940年5月25日《民生日报》

丽燧昌火柴公司昨晨发生火警

幸及时救护损失尚小

【丽水县讯】昨（29）晨5时许，本城燧昌火柴公司工场，突告失慎，一时火势凶猛，不可向迩，延烧时间达30分钟之久。当时，丽阳门派出所陈巡官率领全体长警到场维持秩序。丽北永宁水龙救火会全体人员驰往施救，暨该公司工人30余人协同动作，始行将火扑灭。事后调查起火原因，系该工场油锅爆炸，计烧毁平屋2间，拆毁6间，损失约千元之谱。当时有该公司工人雷福星、叶老三、叶根等3人，因在救火惶乱中跌伤，车送医院救治。又据闻，该公司曾在中国银行保险部保有火险，该公司除将当时情形拍摄照片外，复电告知温州中国银行，该行将派驻丽水傅会计前往调查云。（经济社）

1940年5月30日《民生日报》

汽车黑夜过括苍渡一渡夫溺毙

尸身尚未捞获

【丽水县讯】丽城郊括苍渡（桃溪口）[1]，于前晚有某汽车过渡，公路局雇佣某渡夫（年暂未详）。缘当时天色已黑，撑渡困难，偶不经心，失足坠落河

① 现丽水西郊桃山大桥附近。

中，致遭没顶。时值黑夜，又以水势湍急，救护不及，闻该渡夫尸身迄昨日尚未捞获。（经济社）

1940 年 9 月 3 日《民生日报》

秋雨连绵丽城水泛为患

大水门外民房多被冲毁　器物尽付洪流损失数万

【本报专讯】本城在 3 日前昼夜气候异常突兀，寒热程度判若二季，前晚 9 时许，天气急转直下，倾盆大雨连绵不止。前夜、昨日雨势滂沱，城郊附近低洼之处几成泽国。有多处凹凸不平街道，行人没胫，颇感不便。尤以大水门一带靠近河流，地势较低，以致罹灾甚重。记者闻讯，于昨晚 9 时许，冒雨迳赴该处查勘，兹将该处所见志下：

据大水门一带居民称，于昨晨标准钟 9 时左右，大水门河水来势汹涌（据云大部分来自东港）。仅约半小时，沿该码头十余丈而上，致该码头两旁平民住屋五六十间，悉被冲毁。一时秩序异常惶乱，所有住户家内用具货物，均亦不及抢移，十之八九付之东流。

经记者探询损失情形，据一般估计，每一间屋以 300 元计，其数达于 15000 元。尚有数家堆存重要货物如油类及各种材料等损失亦在五六千元，总计在 2 万元以上。他如木筏及其他被冲之物，尚无从探悉。

记者前往时，大水涨溢已至城门，以电筒探照四周，茫若汪洋。城门附近及大水门横街一带，满街堆积各种抢出之物件。一般埠夫栈司，寓集斯处漏夜守防，住户不敢熄灯入睡。佥称此次大水，时值秋季，实为丽城数十年来所仅见（查民国元年，大水虽较此时为大而非秋季）。又悉，丽温快船闻已停顿。昨日，由温至丽之来船未到，驶温者亦无从开出。又闻丽遂、丽浦等公路交通，各有阻碍，亦告间断云。（斌）

1940 年 10 月 2 日《民生日报》

华侨事务

南侨团二分团抵丽[1] 各界热烈欢迎志盛 许厅长莅临致辞

【本报特写】“华侨慰劳团抵丽”，报章上用特号字粒排登出来。丽水的民众一早看到了这么刺目的消息，心头是充满着无限的兴奋和欣慰。街坊上每一家店铺都挂上国旗，有的还悬上鞭炮，欢迎我们一群远地归来，带着满腔爱国热情的华侨回国慰劳团第二分团抵丽。丽阳门车站四周，500 多〔名〕的欢迎代表在艳阳的天气中伫候着，每一个面庞上都闪动着光辉和喜悦。时间快到 9 点了，余专员率先到前路远迎。不久，两辆载着远客迎面而来的公路处特派汽车便在如许的群众中停住了。慰劳团在军乐悠扬声中跳下了车，每个团员都带着风尘仆仆的风貌，然而精神却异常饱满，尤其是那么倔强，绝不妥协的斗志，格外地表现了华侨过去披荆斩棘，艰苦奋斗的特点。陈团长忠戆以恳切的词句、真诚的态度感谢同胞欢迎的盛意。在第一次的家人团聚之下，无限的情热相互地交流着，凝结像钢铁般坚固的团结。团结，是的！只有海内外同胞的精诚团结，才能摧溃我们的敌人。

欢迎大会在英士大学大礼堂，会场的布置，简单隆重是最适当的形容词。仪式进行了，主席余专员历举华侨过去赞助革命的伟绩，和陈述今后对侨胞的恳切期望。慰劳团以极真诚的态度聆听着，许厅长特别强调处属的战时教育，在瓦烁(砾)堆中长成起来，许厅长之言曰：“抗战三年以来，全国人民

---

① 即南洋华侨回国慰问考察团。1940 年 3 月，南洋爱国华侨领袖陈嘉庚率领南洋华侨回国慰问考察团，前往西南与东南实地考察和慰问，并专程奔赴延安。5 月 31 日南洋华侨回国慰劳团第二分团团长陈忠戆一行 15 人抵丽水慰问。

所表现的团结精神，是有史以来所未有的，而侨胞自抗战以来给予祖国人民精神上及物质上的鼓励和帮助也是非常大的，祖国虽有一部分土地已经沦陷，但民众对抗战未尝稍存灰心，形式上领土已被蹂躏，而精神上始终不气馁。浙江也正遇到像这样的困难，但全浙江的人民却在努力克服这困难，这是可以告慰各位侨胞的。这里（指英士大学）大礼堂前面不远，虽被敌机轰炸，旁边是处中的化学实验室，在敌人的烧夷弹之下毁了。在碧湖各位可以看到许多学生没有穿袜子，衣服很破旧，学校的设备也很简陋。但是浙江的青年决心在这困难艰苦的环境下奋斗着，秉承了祖先'越王勾践'的精神，'十年生聚，十年教训'，继续努力不懈。希望各位侨胞把这情形带回去，告慰南洋千百万的同胞，希望海内外同胞，一致努力抗战。相信全国在一致信念之下去努力，胜利是属于我们的。"接着，是潘视察一尘代表伍厅长致欢迎词，也提供了不少珍重的资料，时间快将 11 时了，陈团长在热烈的鼓掌声中站立起来，他操着相当流利的国语，首先他以谦和的语调说："今天非常兴奋，好比子弟长久离别了家。这次回来看看诸父老姊妹兄弟们，抗战以来，前方的将士牺牲了性命，国内的同胞饱受了苦难。而海外的侨胞已未受到飞机大炮的残害，也没有枪炮和机声的拦扰。这是我们感到非常惭愧的，对祖国筹一些款和药品是我们国民应尽的责任，不敢说对祖国有什么贡献。"（后略）

1940 年 6 月 1 日《民生日报》

南侨慰劳团过云赴龙

【云和通迅】南洋华侨慰劳团一行 15 人，于 2 日上午 8 时许，翩然莅止。各界往汽车站欢迎情况至为热烈。各团员下车后，首由陈忠赣团长致词。对欢迎者表示谢意，当由晏县长代表致答，并摄影纪念。9 时 30 分离云赴龙，

① 1940 年 9 月 22 日，南洋华侨筹赈祖国难民总会主席兼南洋华侨回国慰劳团团长陈嘉庚一行 4 人抵丽水县慰问，当晚，陈嘉庚在欢迎会上发表抗日演说。

本晚即须到达浦城云。

1940 年 6 月 4 日《民生日报》

华侨实业巨子陈嘉庚将来丽[1]
专署昨召开筹备欢迎会

【本报专访】南洋华侨筹赈总会主席兼南侨回国慰劳团团长陈嘉庚等一行，日前由中委王泉笙陪同自渝出发，视察滇黔桂粤湘赣浙闽各省。现已由粤至赣，不日抵金华，专署奉省府电话，以陈氏等即将来丽，特于昨日召集各机关代表举行筹备欢迎会。决议：一、欢迎办法：(1)各机关派代表 5 人，由英大、处中各派学生 2 队暨处中附小军乐队、独立第九营士兵及警察警士等，由余专员领导列队前往车站欢迎。(2)假英士大学举行欢迎大会。(3)各机关举行公宴。(4)本报出欢迎特刊。(5)由建、教两厅等各机关主管长官亲陪参观各项建设与游览名胜古迹。(6)定文化建设协会为留宿处。二、经费预定 400 元，由中央、省、县各机关分担。三、推定专署、县府担任总务负责筹备一切。

【中央上饶 19 日电】陈嘉庚先生偕同侯西反、李铁民、庄明珩等一行，于 18 日晚由光泽抵上饶。此间列队候迎，情况热烈。陈氏于 19 日晨，拜会某战区司令长官顾祝同氏，稍留即取道浙东，返回故乡福建云。

1940 年 9 月 20 日《民生日报》

奔波万里为国宣劳 陈嘉庚过丽赴闽
各机关长官联合公宴 假英大学行欢迎大会

【丽水县讯】南洋华侨领袖陈嘉庚、侯西反等一行 4 人，22 日下午 1 时 30 分由永康抵丽。专署、县府、建设厅、教育厅、师管区等各机关团体代表暨军警 100 余人，由余专员领导前往车站欢迎。陈氏等进站后，即下车与欢迎者握手领首致谢后，即步行入城，全市各商店住户均悬旗表示欢迎，旋至文化建设协会休憩。5时，各机关公宴于建设协会，作陪者有朱司令、许厅长、余专员、李专员、方委员、金委员等。晚六时半，各界假英士大学大礼堂举行欢迎会，与会者约2000人，拥挤非常。陈氏等莅竭时，掌声雷动，入座后即行礼开会。首由主席余专员致欢迎词，继由陈氏报告抗战前后侨胞一般情形，语多透澈〈彻〉，掌声时起。继陈氏后，侯西反亦有致词，会场空气，自始至终热烈紧张。至九时半散会，很是以时间匆促未及一一参观各项建设，故对各方质询甚详，足见其对国内建设之关切也。昨晨6时，陈氏等即首途赴闽云。

1940年9月24日《民生日报》

其　他

处州善人不禄

青田南乡八都周绅友三，端品力学，有治事材。近年来，筹办地方事宜热心，毅力若办蒙学、订乡约、禁烟赌、修筑道路桥梁皆有成效。调查户口遍历山区，详慎靡遗，地方皆信仰之。前月初旬，因发粜事劳感冒风寒，竟以是卒。地方丧一自治人物，远近莫不惜。而年垂四十，伯道无儿，尤可慨也。

1910年7月26日《四明日报》

处州县令代人受过

现署宣平县李令德征，前在云南教授任内，有职商方国辅创办玻璃公司。由李令等4人作保，借领官款银2000两，现在该厂云拆，官款无力应缴。该省大吏严饬保证4人赔缴，余3人均已赔缴，独李令在浙尚未解缴。昨闻滇督李制军有咨文到浙，略称希为转饬。李令迅将前项保借官款，照数汇解以重公款。如敢违延，即行撤提来滇归案，讯办中丞准咨后，已札饬藩司转饬李令知照矣。（过）

1910年8月17日《四明日报》

云和抗粮风潮之平息

【派兵之文电】浙江云和暴民抗粮风潮，朱都督令梅占魁统领以兵力解散。其文云：永嘉梅统领，据云和赵知事电称，该县崇滐乡乡民聚众千余开会抗粮，将欲持械入城扰乱等情。仰该统领速派兵队，会同该知事勒令解散，妥慎办理。都督朱□印。又覆云和赵知事□兵电云："缙云局专送云和赵知事愿〈原〉电悉，已电梅统领派兵勒令解散，仰即会督营警妥慎办理，具报都务。"

1914 年 5 月 20 日《申报》

浙江展览会出品记

青田美术门出品有龙泉古瓷炉 1 只，龙泉产也。精瓷蔚蓝色，表里如一，隐隐见鸡脚纹，油彩里隐见花纹，远望之凸起，即之若无，击之声如铜磬，非常品也。按：此炉色青即名龙泉青，当唐之纪，距县南 80 里居民业陶，地有大瓷窑 36〔个〕，即以大窑名，其村可知是窑之瓷大有名于世。至宋天圣间，一夕忽大风雨，山崩地陷，窑尽没焉，斯业遂绝于是，斯窑之品遂为当世所宝贵，故客有好古之癖者，游括苍必求龙泉青而归。后逐渐告罄，乃不谓地不爱宝。近 10 年来，土人垦辟旧窑址，往往于土中获佳瓷，洋商闻之争来购取，接踵于境，不绝于是。龙泉青之名，遂噪于海外。斯炉据谓亦新得之土中者，埋藏地下 90 余年之久，而颜色若新发于窑，洵异品也。

1914 年 7 月 15 日《时事新报》

云和短简

云和知事张宗华，台州黄岩人，性狡猾，好名利。去旧十一月初六日，曾送酒肉与城内长老。分甲、乙、丙三等，甲肉 70 两，酒 5 斤；乙肉 60 两，酒 4 斤；丙肉 50 两，酒 3 斤。委城绅吴耀三为代表，挨次分送，2 人舁肉，一肩酒，吹乐 2 人；并用红布横书"敬礼乡耆"四字，两人用竹竿高举，殊为可观。腊之下旬，又派人访查城内孤老无依者，每人给大洋 1 元，以资赈急。当时，一般受酬者，咸称颂不休云。

云和芝石区黄垟庄地处山坳，近无村邻，居民咸业农。前 1 月 9 日下午时，忽然起火，男子均往外耕作，施救无方，延烧房屋 13 家。旋由被灾人周启益等禀请县署，张知事即捐洋 30 元，于 13 日派城绅阙凤鸣前往散给。因不敷周急，阙亦捐洋 10 元，加给人数较多者，该村灾民颂感激云。

刘×培，云和西街人，家世业农。年稍长，赌窃为生。父因其不遵教训，遂逐之，因此益居下流。去年 7 月间，在县东谷溪区桑岭根地方戏场丐摊旁，因与某赌博起衅，用丐刀劈某颅额。刘知势〈事〉不佳，即潜逃，某果死。尸经呈报县署验明后，随时四处侦拿，杳不可得。前阳〈阴〉历元月十五元宵将晚时，刘忽在县署门口下首百余步之处，被法警带署。旋开庭讯明，发押监狱后，同狱人问其何故回来受苦，彼谓在外日夜不安，回归则心身舒服。观此，可知冥冥中报应不爽矣。（晴）

1926 年第 5 期《括苍》杂志

丽水生活程度之一斑

此间生活程度，日见增高，食用所需，无不昂贵。目下白米每元十三四斤，每升铜元 24 枚；麦面每元十一二斤；猪肉、鱼、鸡每元均仅 4 斤左右；以素称低廉之柴炭，每元亦只得 200 余斤或 100 余斤。一般以力求食者，莫不叫苦连天，因而时为增加工金之运动。据自旅外回里者言："谓沪杭物价，犹有比本地为廉；而平民之谋生，或反较为易云云。"（高）

1926 年第 6 期《括苍》杂志

松阳县长朱浣青非法逮禁潘学训
请省方当轴注意！

本年因为亢旱，松阳的河头乡和竹溪乡争水打架，几乎激成械斗，结果河头乡人给竹溪乡伤害的落花流水，抬县请验。后来法警到竹溪乡传人讯问，又给该人打伤五七个。照理这样横蛮的竹溪乡的凶手，应该立拿究办，才是办法！这县长不知着了甚么魔，竟搁之又搁，于搁到无可再搁的田地，却传了几个老太婆作那案的凶犯，真正河头乡指控的凶首，不把他抓来。这倒教河头乡人忍无可忍，乃呈请上级当局去核办，派员密查，行政院的、高法院的都认这案朱县长措施失当，不免碰他若干钉子。朱县长满心怀恨，却不料这段事实倒成作史贞的外子潘学训先逮捕到政府去，同时搜索证据，他的搜索票这样地写着："查讼棍潘学训吸食红丸并暴动嫌疑"几个字。搜索结果，一点犯罪证据都没有。续后赵承审员开庭，姓名、年籍、职业问过之后，第一句就问："你一年做状进账可有多少？"，训答："不会做状。""你吸食红丸吗？"答："鸦片、红丸生平反对。"结论说："调验，发交候审所。"接着是县长的一张"停止接见"的亲笔条子，稍停，却又发到监狱去。他的押签里的案由，不知怎地又是"教唆诬告"四字。停止接见，命案、盗犯恐怕还没有这严重。史贞与潘学训系属配偶，敢提下列疑问，请求松阳县长负责答覆〈复〉！并请省方当轴注意！一、潘学训犯的甚么罪？二、吸食红丸并暴动嫌疑，有何证据？负责告发的是谁？虚伪告发要不要反坐！？三、何以搜索票与押签案由不符？即云教唆诬告，敢问教唆何人？诬告何事？四、庭谕"调验"，何以不先履行调验，遽行画押？（潘刘史贞女士）

1934 年 11 月 2 日《东南日报》

英总领事抵丽水县

【丽水通讯】英国总领事，偕同译员等数人，自杭州乘上海市 1681 号新式汽车，于本月 21 日下午 3 时许抵丽。当由县政府叶秘书、公安局长周廷勋，在丽水站叙谈数分钟。旋由周局长偕同赴城内视察社会情形，并在丽阳镇太平坊大街，向一畲民妙龄妇女摄取影片，酬以银币 1 元余，一般民众，颇以为异云。

1935 年 4 月 24 日《东南日报》

废历闰三月三丽水再度迎神

全城搭棚张灯挂彩　入夜提灯锣鼓高跷一连3天 末日延展

【丽水通讯】丽水县例于废历三月三日，有迎神之举。其间，曾经当局禁止数次，只以积习难返，不免死灰复燃。今年三月三日，业经循例举行。兹届闰三月，居民以机会难得，特再热烈举行一次(昔曾举行，迄已30余载)。先期挨户捐资，积极筹备，及期全城街道搭架布棚，张挂灯彩，入夜灯光灿烂，有同白昼。自一日起，提灯3天，居民千余人，各持纸扎牡丹一树，游行全城，复有锣鼓、高跷等参加其中。于是，益形热闹，各处来观者，男女老小，不可胜计，街道几为充塞。三日早晨，本拟迎神，以天雨延期，但次日复雨，只得顺延云。(4.23)

1936年4月28日《东南日报》

丽水白云山山界已划定

【丽水通讯】本县白云山，为名胜之一，且为避暑良地。近据人调查，该山蕴蓄石英矿质，产量尚丰。该山所有域界，前曾有一度纠纷。兹本县各界为明瞭〈了〉山界起见，特于13日上午8时，前往划界。到有县长丘远雄、县党部常委陈绍平、县农会王伯升、财务委员会王建明等，已将山界切实划定云。

1937年3月18日《东南日报》

月饼底纸印战时标语*

【丽水县讯】丽水民教馆为激发民众抗敌情绪，增长抗战必胜信念起见。因查废历中秋节，民众咸以月饼馈赠，市上销数颇大。实可利用月饼底纸印上战时标语，以为宣传 ，特于昨日派员赴各糕饼商店接洽，并一面分函警察局、县商会，同各商店照办。

1940年9月4日《民生日报》

云和状头村发生抢米风潮

【云和通讯】云和复兴乡三都状头村，离城20里许。居民因山多田少，且以该处产铁，故多作工度日，粮食多半须向外籴购。本月6日，民众因无米可籴，遂发生抢米风潮，闻县府于7日派警前往调查真相，详情容探续记。

1940年9月13日《民生日报》

猪猡误触炸弹头破嘴裂唇飞

【本报讯】昨日敌机肆扰丽城之后，本市曾发生一甚离奇且足供读者发噱之新闻，缘本市花街何保长住宅后面空地垃圾桶内，不知何来手榴弹2枚，据称其时间当不在久。昨上午，本市警报解除后，适有猪猡趋近其□，频以嘴向桶内反复撩翻致炸弹顿告爆炸，而该猪猡亦头嘴俱裂，立毙桶下，其时邻近居民聆此奇响，均往趋视，并将该桶内垃圾，举火焚烧，殊在焚烧中，轰的一声又作，盖第二弹爆炸也。闻警局以此事甚属突奇，正着手追究此怪弹之来由云。

1940年9月20日《民生日报》

山城杂碎（一）

小学教师报酬之薄，为吾人所熟知，乡村小学有一年仅得三四十元者，彼等如何维持个人及家庭生活。诚为吾人急欲明了，今据调查所得，某小学全体教师竟异想天开，集资组织“合作店”，一面收购各种特产，一面往宁绍各海口趸购大批货物，生意颇盛，有无仇货搀杂其内，一时亦难逆料云。

据传近月来各乡先后举行抽签，壮丁家属往各庙祈神祷佛者，不绝于途。签抽后，号数远者，喜形于色，在告××菩萨有求必应，灵验已极；反之，则咒骂恨菩萨昏聩，大骂“混蛋”不已，令人有“菩萨亦不易做”之感！

某乡社选举社长，保长某君，为友人竞选，乘间将已用铅笔写好之选举票，用毛笔改涂友人姓名，终获最后胜利，此君作法可谓敏捷巧妙之至！

1940 年 9 月 2 日《民生日报》

山城杂碎（二）

近来痢疾、疟疾仍甚流行。饮食起居，应该小心，尤其不要“磨夜深”。

本城来往于万象山与白云山间之公事班车，因节省汽油起见，自昨日起已停驶。

某小学算数教师讲：“6 是 1、2、3、6 的倍数，也是 1、2、3、6 的约数。”有学生起立更正。不料“逢彼之怒”大骂该生为“忤逆不孝”云。

1940 年 9 月 11 日《民生日报》

山城杂碎（三）

青田唯一日报《青田日报》，自抗战以来，销路极广，已达 300 余份云。

据传上月内，某难童团在青田之南田演剧，乡公所当场阻止。结果，警察开枪击毙 2 人，伤 6 人，并捕去学生 2 人。

本市各书坊，每晚客满。据说，书籍杂志，不翼而飞者与得价而售者，数量相等，此精神食粮问题与米粮问题同样严重也。

乡老进城买烧饼吃，说是比从前便宜了。因为从前 3 个铜板一个烧饼，现在只要 2 个铜板。彼盖不知现在 1 个铜板已抵到从前 3 个，并非烧饼跌价，而是铜板涨价也。

1940 年 9 月 21 日《民生日报》

山城杂碎（四）

本城食盐领放员王志明贪污案，被县检发拘捕后，闻当时王即请张天师入作其法，天师果以“送礼”“请客”，大吹法螺，自恃必能灵验。不料县当局反因此证明其心灵。现王已被判徒刑，锒铛入狱。闻者咸谓，天师虽有法螺，但在廉明政府手里只有越吹越糟云。

茭笋初上市，每支竟售价1角以上。

据会见陈嘉庚先生的人说，陈先生与人会见时，总是很用心地听人家说，自己很少发言；就是偶发数语，也非常简单，然而决非空话，这是值得我们效法的。

龙泉自本月22日起，大饼、油条均涨价1倍，自两分半涨至五分云。

龙泉禁赌甚严。自某高级公务员因赌受处分后，赌风已大戢云。

1940年9月24日《民生日报》

山城杂碎（五）

重庆炸弹散片，每斤值1元7角，铁匠店仍争相收买。城郊草屋被炸，损失一间，不过二三十元，然可拾得100片散片，即可换得百余元。

日来城东一带时疫横行，民心恐惧，闻该带居民于1日内募款数十打“平安醮”；另一面，时疫隔离病院的经费却无从募起。

近来菜馆酒客，每于兴高采烈，杯盘狼藉之际，行“抗战酒令”，出“抗战必胜”，对“建国必成”，谓为吃“抗战酒”。据此，闻可免“醉生梦死”之讥云。

本县有随田赋征百分之一五之“治虫捐”者，历来已久。然据闻一般老百姓均未知“治虫”一事，惟皆异口同声传为“饲虫捐”云，确否待查。

1940年9月3日《民生日报》

街头充斥救济衣

【本报丽水讯】国际救济会丽水区分会，近向上海美国教会救济处领到卡其军装数百包，分发本县公教人员。上至党政首长，下至差役勤工，均得实惠，街头巷尾频见穿有军服人物，严如“海军陆战队”。

1946年11月18日《苏州明报》

宣平贫民抢食谷

【宣平讯】本县警察局马村分驻所领得公谷两麻袋，于本月13日上午，在东门外埠头候筏运返。适有商人黄谷10余袋亦候筏装运丽水出卖，一般升斗贫民以本县粮食被奸商招价收购外运图利价格飞涨，虽经人检举终无下文。近又有丽水粮商陈某某，来县以7.5万至8万〔元〕一百斤之高价据购，引起贫民激愤将警局公谷两袋抢走。经警察到场将贫民带局，饬将原谷送还并予劝告后释放云。(宣阳社)

1947年5月17日《服务日报》

小小青田县独多洋老婆

【青田讯】据此间统计，本县在欧经商华侨甚多，而尤以娶洋老婆者几占十之八九。计比利时籍女子1人，瑞士籍女子1人，俄籍女子1人，捷克籍女子3人，奥国籍女子5人，波兰籍女子7人，荷兰籍女子15人，德国籍女子61人，共计94人。以上女子，均已取得中国国籍而安居本地也。

1947年8月12日《申报》

民族复兴馆（上）

潘一尘

云和没有现代化的建筑，如果有的话，尽是些破祠堂烂庙宇，还有那大而无当的县衙门。省政府各机关疏散到云和，那些破烂的房子，突交红运。还要你争我夺，连灰房、厕所都改为科长的公馆。

鲤鱼山脚下，那郑姓祠堂，大概后代子孙不上进，祠堂的梁也断了，柱子也倾斜了，墙倒屋漏，简直无从修理。可是因为黄主席没有适宜的官邸，由财政厅长黄祖培氏自告奋勇，督工修理，居然美轮美奂，省会的大宴会，及招待外宾，都可在那里举行。

黄主席有意为云和留一些永久纪念，除了筑路造桥，环境、卫生设备，尽量帮助外，他想有一所现代化的建筑，包括楼房，平屋、礼堂、会客室、办公室、卫生设备、自来水、游泳池、篮球场等，应有尽有，准备做省政府办公之用。待抗战胜利复员，指定做省立处州师范之用，取名“民族复兴馆”。

建筑图样设计及监工由建设厅科长姚宝仁兄负责，而征工征料由我负责。当时，勘定地点在离城2里之山坡上。须费5万以上之人工，将山顶铲平，再将两座山沟填平，这是愚公移山的工作，动员过全县壮丁，动员过全体公务员劳动服务，动员过各部队及警察，勉强铲平。现在回想起来，那伟大艰巨的工作，单凭锄头、畚箕两种工具，居然会完成，真不容易。

1947年9月22日《新生报》

民族复兴馆（下）

潘一尘

一方面要自己办窑烧砖瓦，一方面要征集大小木料整整1万根，烧窑要柴，运料要工这两件工作，也不容易，曾动员县府各部门工作同志100人下乡征木料。老百姓吃自己的饭，运自己木料给公家，毫无怨言。最难运的是大梁，一根大梁须四十几个人抬，山上转湾〈弯〉，不知跌伤多少人，但是他们统统运到，1万木料，不曾缺少1根。

建筑进行的时候，也不知有多少人反对，有好几位省参议员提出反对，要我停止征工征料，或照值付给代价。我觉得一件事既已进行，不应半途而废，尤其官厅的事，常是说了不做，做了又不贯澈〈彻〉，老百姓背后批评官厅半文钱都不值。我们征了将近10万人工，平了半个山头，运到1万根木料，如果不拿成绩给他们看，我们如何对得起那些无名英雄！

民族复兴馆落成了，在广场上做了3天戏，老百姓喜形于色，反对的人也称赞好。现在是浙江省立处州师范学校，建筑固然合乎理想，就是椅也打了样，用最好的木料，最合色调的油漆，用几十年也不会坏。辛苦的人辛苦了，而处州十县青年学子，得益非浅。

1947年9月25日《新生报》

军　事

战　事

处府禀请宽留制兵被驳

【杭州】处州府萧叔衡太守禀，将制兵拟裁二成，宽留三成。经信藩司批驳，略谓：此次裁汰绿营，编设巡营，系钦奉谕旨饬办要政。浙省各属，业已通饬遵照，均裁五成。该府属未便独异，所请宽留三成，碍难照准。仰即会同处州镇，速将应裁五成制兵，遵饬依限汰竣，造册通报。一面督饬所属，赶紧筹办巡警，以资保卫云云。

1907 年 4 月 8 日《申报》

布置温处防务之电禀

【杭州】温属瑞安县与处属之缙云、青田、庆元、景宁各县匪氛日炽，防务异常紧急。而赵镇军与梅统领互争瓯防，各挟意见等情已纪前报。兹悉，抚宪增中丞叠次密饬道府设法调停。日前，处州常守具禀抚宪，谓温属匪谣日盛，处州镇已允赴温筹备布置以靖地方。已于八月初一日，率同原调勇丁 1 营及巡防第四营开赴温州居中调度，并请向驻温防后路统领梅占魁改为帮统即日率带旧部移驻处州以资镇慑。

1910 年 9 月 20 日《申报》

梅统领带防处规划

周匪自仙居击败后，余党纷纷入缙。现第七区统带梅占魁规划处防地点，以原驻平阳之 2 营管带帮防缙云，即以 1 营管带吕荫元驻丽水，2 营管带李茂青〔驻〕龙泉，其外以项然驻青田，吕一必驻松阳，江文光游击温处各路至庆、景、宣、云、遂亦均择要分守，以防败匪窜入。

1914 年 8 月 16 日《时事新报》

阙麟书率炸弹队攻杭

此次浙江独立系由党人阙麟书①（号玉其，前日本士官学校毕业生）、叶天籁等由沪率领炸弹队 30 余人，于 10 号晨 7 时乘火车赴杭，召集军警会议，首由童旅长保喧同意。于昨晚十时半，阙君率炸弹队首攻伪军署各军，同时响应公推王文庆君为都督（系在沪时议定），秩序如恒，人民欢呼。刻劲旅已预由嘉兴出发攻苏云。

王君，字文庆，为某团之营长。未独立前，与沪上民党接洽都出其手。自朱瑞、屈映光、金华林等电请北兵入境，情势益急，民党全力进行，王乃复至沪于阙玉祺、郑亚青等接洽，遂于本月 10 日结队赴杭，而独立之旗乃于前晚高揭矣。闻阙等已举王文庆为都督云。

1916 年 4 月 13 日《民国日报》

浙局变后之温处军事消息②

【永嘉通信】闽浙军队，确已正式开火。庆元、龙泉相继失陷，人民恐慌异常，城内居民大半迁移西栟两溪暂避。19 日下午，瓯海道公署，出有布告，谓卢督办离浙，正式客军过境，以礼相待，人民各安生业等语。人心稍定，不料 20 日，郝司令由处回温，又遣兵赴瑞平防堵。兵队调动，民心又为惊惶，颇闻郝司令以未接正式电文，不敢卸责，已电省请示矣。（21 日）

1924 年 9 月 24 日《申报》

---

① 阙麟书（1879—1916），丽水县碧湖镇人，中国近代民主革命家。处州双龙会首领，1906 年赴日本留学，面晤孙中山，加入中国同盟会。1907 年 3 月应秋瑾之约回国，与徐锡麟、秋瑾等多次密谋浙皖起义。辛亥革命后，积极策划参与反对袁世凯斗争，因积劳成疾于 1916 年9 月 3 日病逝于上海老靶子路佐佐木医院，年仅 37 岁。

② 该事件背景为江浙战争，又称齐卢战争、甲子兵祸、甲子兵灾，是 1924 年中华民国江苏督军齐燮元与浙江督军卢永祥之间的战争，也是第二次直奉战争的导火索。

闽军周荫人[1]部北上与党军[2]在缙云黄碧街对垒

【本报7日杭州电】周荫人部已由丽水分道入缙云西乡、新建、河阳及东乡等处。均有大队开到，拟进兵金华、兰溪夹击党军。现闽、党两军对垒于永康、缙云交界处之黄碧街，形势甚紧张，人民纷纷避往裹南乡。

1927年1月8日《时事新报》

缙云军兴后状况

缙云地处浙南，在万山中。平时一信往返，费时须及半月。自浙局形势吃紧后，电报不通，邮信亦阻。现在邮件已复原状，惟寄达较迟耳，近得友人来函略云：在上月14日以后，该邑即划入军事区域。周荫人军队陆续到境，黄知事会同地方各机关，办理给养，筹备饷项，极感困难。前日，各报载有闽军绕道丽水，直达缙云，将与党军接触云云。其实，未尽然也。新任知事潘祖樾，曾于上月27日到缙。已函约黄知事于本月2日接事，不知因何缘故，届期未至云云。

1927年1月17日《申报》

闽机飞至庆元侦察[3]

【杭州】浙保安处今日接庆元县长张致远电称，19日上午10时，敌机1架由东南方面飞来，绕城飞翔数周，向南飞去，但未投掷炸弹等语。综合连日

① 周荫人：北洋军阀孙传芳手下的五省联军闽军总司令。1926年12月，遭北伐军击败，逃离福建省，进入浙江。

② 即北伐军。

③ 事件背景为“福建事变”。1933年11月20日，李济深、陈铭枢、蒋光鼐、蔡廷锴等人以国民党第十九路军为主力，在福建福州成立中华共和国人民革命政府，公开宣布抗日反蒋。1934年1月15日，蒋介石军队攻陷福州。1月21日，泉州、漳州失守，福建事变失败。

各方情报，敌似向我作攻击之准备。此项飞机，当系前来侦察浙省边防配备者。（二十专电）

1933年12月21日《申报》

浙东续有战事

日军昨攻占青田 现由瓯江军用公路南进

【日军在浙东根据地同盟社10日电】日本陆军与其飞机队密切合力，于今日上午2时猛攻青田而陷之。因此，丽水与浙省东南某要地间之军路大半部入于日军之手。日军前锋，先沿瓯江经括苍山南面之狭路进攻，行50公里后，达一高原。昨晚至船寮之南，乘晚再进，以图攻陷浙省东南某要地。将至青田，与守军五六百名接战。于上午2时，将城攻陷。青田有民居1000户，四乡多农产，并富铜、铁、锌诸矿。

【浙江前线10日同盟社电】日军今日清晨占青田后，迅速前进。中午前已抵温州西北25公里，日军于午前2时占青田。至午前4时，完成在青田周围战事后，即在沿瓯江之军用公路上，向温州南进。

1942年7月11日《申报》

浙我反击克复青田

【中央社据军委会发表浙东前线战地16日电】为我军遏止于青田南屿前附近之敌，经我军猛击。至12日午后，将其击溃，并乘势向青田城反击。于13日上午10时，将该城完全攻克，毙伤敌五六百，残敌向温州方向窜去。

1942年7月17日《时事新报》

丽水敌犯青田

【中央社重庆23日电】据军委会发表，浙东前线战地23日电，丽水敌

2千余，于19日向青田方面进犯，经我军阻击，正战斗中。又于同日犯石牛街、碧湖一带之一股敌，当日被我击退。

1942年7月24日《中山日报》

丽水松阳已相继收复（节选）

【本报29日浙东某地电】盘踞丽水之敌，经我数日来进迫，无力支撑，于27日晚分两路向永康、武义败窜。我军加紧压迫，于28日晨6时完全收复丽水城。松阳方面我军于29日午后2时将困守县城之敌击溃，残敌向宣平方面溃退，我即收复松阳县城。

1942年8月30日《东南日报》

丽郊堵敌南窜　偷袭丽阳门时触发地雷

【中央28日云和电】丽水27日佛晓，有激烈巷战，敌4000余〔人〕企图向南窜犯，我已在城西南郊高地予以监视，堵其南窜。

【中央27日南平讯】据公布战讯，浙东方面由武义分股南犯之敌共5000余。26日，又增援千余，继续南犯，刻与我军在丽水以北之岩泉、白云山、太平汛附近地区进行激战。

【中央27日云和电】丽水以北之梅田、小安敌26日晚越太平汛①，窜入丽水北郊之白云山，向我阵地猛扑。敌一股乘隙偷袭丽阳门，触发我预埋地雷，毙伤过半，乃仓惶溃退，未敢轻进。

1944年8月29日《东南日报》

严申军纪　丽水守军不力两营长已枪决②

【中央社云和7日电】（迟到）守备丽水城之我某师某团作战不力，一昼夜之间，即将该城失守，致有利之军事计划不能实施。除该团团长彭孝儒阵

① 现莲都区太平乡太平村一带。

② 事件背景为丽水城保卫战。1944年8月25日，国民党军88军新21师63团与破城而入的日本侵略军展开激战。是役，少将团长彭孝儒战死，全团官兵绝大部分阵亡，丽水沦陷。

亡外，所辖营长赵楚皓、朱恩施两员，只身逃命，经拿获，6日于前线某地执行枪决，严申军纪。

1944年9月11日《时事新报》

敌寇流窜浙南记

余森文

编者按：余森文先生为浙省第九区行政督查专员，今秋敌寇窜扰浙南，余先生负责督导辖区各县应变御敌，亲历其境，见闻详切。兹篇所记，不仅材料丰富，而于检讨得失上，尤多宝贵意见，希读者诸君重视之。

一、丽城的沦陷

8月19日，我们得讯，金华有敌7000余，武义有敌3000余，敌到处拉捕民夫，征用麻袋，似即将蠢动。翌晚10时，果有敌数百，向清溪口南犯，与我军接触，并有敌机助战，似有窜犯宣（平）、丽（水）模样。21日晨，联合纪念周时，我就提出报告，并促全体同人注意。22日，武义敌分两路出动，一路向清溪口，一路向岭下汤；当即通告丽城民众，开始疏散。23日，敌机在城区上空盘旋侦查。左路清溪口敌主力，与我军竟日剧战，旋我军转移阵地，敌略夏家畈，而少数先头部队并进抵缙云边境的鱼川。中路敌由龙门岭向青蓬岭我军攻击，右路敌亦窜抵岭下汤，我军分在桃花岭、库头、乌门等地区阻击。24日下午，中路青逢〈蓬〉岭敌在库头与我激战。同时，夏家畈敌亦经鱼川、坦渚、杨公桥至双港桥，两路先头敌寇，计5000余人。25日晨，中路我军与敌在库头、东山；右路敌与我军在乌门、长乐激战，两处敌我均伤亡颇重。我军以任务已达，退守双溪阵地。同时左路双港桥之敌，以我军后撤双溪，扼险据守。便由缙丽边境窜向桃花岭，先头敌数百，并抵滴水岩、岩泉附近，威胁我军。右侧图犯丽水城郊，我守城部队，连日已将城防工事重行加强，附郊阻碍射击的障蔽物也已加清除；城内居民和物资几已全部疏散，住宅经按户严密检查，当不致再有奸宄匿迹。最后，我们还亲自赴各街道各机关巡视一周，行人绝迹，里巷萧条，所余仅极少数无法行动的老弱妇孺而已。下午，我因感已无留城必要，率属渡浮桥暂憩水南观音岩。傍晚，始旨蒙副司令暨保安中队至外堡乡专署临时办公处，作防御警戒。行前尚以电话和刘军长详谈，知我军事长官，正由各处调集大军，敌寇势将悉成釜底游魂。

26日晨，敌机1架，在丽阳门附近投弹11枚。正面敌已越我双溪阵地，向太平汛南犯；右侧岩泉方面敌，中午进犯城郊，与我开始接触，而其主力则埋伏于丽阳坑中。迨入晚7时，即开始向我虎啸门、丽阳门及西山背猛烈进攻，我守军亦予猛烈还击。同时，我预布城郊之地雷亦频频爆炸，敌死伤惨重，但尤不惜任何牺牲，前仆后继，终恃其压倒的兵力和猛烈的炮火，攻破城垣缺口，冲进城区。至10时，战事益趋激烈，机炮声密如鞭炮。12时左右，敌势已无法遏阻，纷纷由丽阳门、虎啸门涌进。巷战至3时许，我守城部队多数已壮烈牺牲，彭团长亦中弹殉职，丽城于是便沦陷敌手。计此役敌寇死伤当在六七百人以上，敌酋林茂大队长亦中弹断其右腕，惜失城过早，迨我援军四集，寇踞城郊，我已失去了整个歼灭敌人的机会。

二、收复丽水城

丽城弃守后，我军正面扼守丽云公路，一面派遣得力部队渗入丽北山区和缙云等地，兜截敌后；一面伺敌动静，随时部署围歼。敌寇以城西望军山为外围据点，置重炮，并在苏埠、港口、石牛、龙石和城南中〔巾〕山、南明山等地布兵严守。

29日，敌先部窜石帆，嗣分批续至，为数当在三四千左右，沿江收集船只，并分遣少数敌渡江进占浮翼〈弋〉。

我军事长官以敌犯青温态势早趋明显，当飞饬我××师××队等部队立赴青境沿江迎头截击。一面并由本人转令青县府迅派自卫队沿江择要伺机阻扰，另将大溪所有船渡扫数驶集小溪内港，同时空室清野，绝敌给养。

敌寇于9月3日晨，开始沿公路向海口、青田移动，另以步骑百余先向浮翼〈弋〉我军阵地攻击，图掩护敌船下驶；继即分批下窜，我沿江部队迎头堵击，我机亦飞临助战，敌骤遭意外，狼狈之状，几不堪言说。计此役我除在浮翼〈弋〉及坑口先后击沉敌船7艘外，另在祯埠、岭下、高沙、海口、南岸一带合计击沉炸沉敌船70余艘，卤〈虏〉获炮弹、枪弹和其他各种军需用品，不可数计，寇兵死伤，亦至可观。

此时丽敌空虚，我开始向港口、望军山悉力反攻，我机亦飞临向〈白〉云山敌阵地痛炸。迨11日，敌千余自青田回窜丽水后，即开始分由岩泉、白云山、太平汛三路向北移动。我缙丽边境桃花岭和丽北长乐一带的部队迎头截击，在吴岭、管渡[1]、皂树、杜村等地给我毙伤的当无虑三四百以上。残留丽城敌，以我四处压迫势难踞守，复续向吴村、桃花岭、缙云北窜。16日上午9时，我××师×连首自厦河渡江攻入丽城，傍晚望军山敌亦被迫溃退，丽城于焉重光。

1944年10月22日《东南日报》

我军挺进浙江南部攻占温州西北青田县城

【新华社浙赣前线20日电】迟到消息：人民解放军于13日，攻占浙江南部温州西北的青田县城，俘敌300余人。

1949年5月21日《进步日报》

兵役与优抚

四行孤军抵丽　计受伤官兵108人

【本县(金华)消息】坚守闸北四行仓库八百壮士之一张秋明，暨大场苏州河战役受伤官兵等一行108人，因伤势大致告痊，不甘长此居留孤岛，目睹敌人气焰高涨，乃于9月1日商准某方登轮来温。6日到埠，由××兵站医院派员

① 现莲都区仙渡乡葛渡村。

照料，雇船至青田，再乘汽车抵丽水，不日将转赴后方某地修整。当时，[丽水]县长洪季川暨各机关团体均派代表前往慰问，并致送饼干、面包、毛巾、肥皂等慰劳品。各负伤将士除以食品转赠难民外，仅领受毛巾、肥皂等物。“九一八”纪念日，特组织宣传队出发演讲，并推代表张秋明等参加大会，登台向民众报告敌军在沪之残暴兽行，听者莫不切齿痛恨。张君于昨日，由丽来金。

1938 年 9 月 21 日《东南日报》

四行壮士之一张秋明返丽

【本县(金华)消息】浙省战时教文委会中心剧团，22 晚在抗敌剧场公演《八百壮士》，观者极为拥挤。开幕后，首由参加坚守四行勇士之一张秋明登台报告，并代表八百壮士感谢各界关切之盛意。张君因两耳在沪战为炮火震伤，仍时时流血，拟今晨赴保安处军医院就诊敷药后，即离金返丽，并向院方要求出院，一俟核准，再来金转往前方抗敌云。

1938 年 9 月 23 日《东南日报》

龙各界定期追悼周家骍烈士

【龙泉通讯】本县烈士周家骍，于去年 12 月 28 日在桂南昆仑关战役抗敌阵亡。县动员会闻讯后，以该烈士壮烈牺牲，为民族殉职，特联合各机关团体组织追悼周烈士筹备会。先后开会 2 次，顷闻该会已决定，于本月 28 日下午 1 时，假县立民众剧场举行追悼大会，并发出《追悼周烈士家骍征诗文启》向各方征求挽章诔词云。(仁)

1940 年 4 月 4 日《民生日报》

丽警局殉职警士定期举行追悼

【丽水县讯】本县警察局警士 2 人，清道夫 3 人，于本月 16 日奉令澈

(彻)夜赴虎啸门外挑稻草,不幸遭敌机轰炸殒命。闻警局已呈请优恤,并将定期追悼云。

1940 年4 月 21 日《民生日报》

省颁奖状嘉奖樊章富

【缙云通讯】本县黄龙乡古稀老翁樊章富,送三孙提先入营,堪为乡邦表式,情形业志本报。兹悉,浙江省政府暨军管区司令部,以该樊章富鼓励子弟志愿入营,实属深明大义,殊堪嘉尚,特颁奖状一纸,县府业予转发云。(淑)

1940 年 6 月 16 日《民生日报》

景宁县府奉令抚恤马烈士

并发放各烈士特恤金

【景宁通讯】本县抗敌阵亡烈士马吉生,生前充浙保一团服务员。26 年(1937)9 月,改编国军 87 师 522 团 2 营任连长,参加上海徐家湾抗战阵亡。家遗老父幼子及妻各一,境况清苦。上年,曾由县府令优征会给恤 60 元,并饬依法呈请给恤,已于本月 19 日奉令准给一次恤金 600 元,年恤金 300 余元云。

【又讯】本县优待出征军人家属委员会,定于本月 20 日上午 9 时,在县府发放抗敌阵亡烈士特恤金,每人 50 元。经由县府令饬各乡镇公所,转知各烈士家属,届时亲来县府具领。(后略)

1940 年 6 月 23 日《民生日报》

景宁县府招待阵亡将士家属

每名发荣誉牌一面暨特恤费 50 元

【景宁通讯】本县优待出征军人家属委员会,于本月 19 日派员 20 余人，分赴全县各乡发给出征军人家属生活扶助费。每一出征军人家属发给国币 8 元，并调查其家属状况，以备将来发给安家费时有所依据。20 日，县政府招待抗战阵亡军人家属，计到有烈士梅忱等家属 21 人。侯县长及其夫人亲自招待烈士家属，深为感激，旋即每名发给特恤费 50 元。是晚，在县府叙餐，备极欢洽。晚餐后，复每名发给荣誉牌一面，由各烈士家属携回榜诸门首，以示钦崇云。（茂）

1940 年 6 月 25 日《民生日报》

景宁各界筹备纪念梅烈士

公建纪念亭以彰忠烈

【景宁通迅】本县抗战阵亡烈士梅赞尧，毕业于中央陆军军医学校。历充军医有年，民国 24 年（1935）从福建调充中央教导总队第 1 团军医主任，供职首都。卢沟桥事变后，烈士躬参淞沪抗战，旋调回供〈拱〉卫京城。12 月，南京沦陷，烈士守职尽忠，救护军士，不肯先退，卒致殉难。政府以烈士忠烈殉职，特追赠中校，优予抚恤。现本县士绅叶葆祺等，以梅烈士为景邑之光，抑可激励人心，拟为之发起公建纪念亭，并广征诗文以表忠烈。

1940 年 6 月 29 日《民生日报》

丽水县筹款慰问出征军人家属游艺会

8 月 28 日夜准演。主演：章杏云。绍剧：《前本梁山伯》；平剧：《大闹溪皇庄》。

地点：鲁班师庙。时间：标准六时半至十时半正。票价：头等 6 角，普通 3 角，军警儿童减半，茶资另给。

1940 年 8 月 28 日《民生日报》

丽慰问游艺会续演 10 天

【丽水县讯】丽水县筹款慰问出征军人家属游艺会，于前(26)日下午二时半在国民兵团会议室召开各股联席会。当经决议，自本月 28 日起续演 10 天，仍由龙凤舞台续演不另订合同。又因普通座位太少秩序不易维持，决添置长凳 100 条等议案数起云。

1940 年 8 月 28 日《民生日报》

龙慰劳征属 中秋节敬赠月饼

【龙泉通讯】本县出征抗敌军人家属优待委员会，以废历中秋节，转瞬即届，对本县出征勇士在前方与敌人作殊死战，保卫家乡，令人崇敬，凡我后方民众，对其家属当予以精神上与物资上之慰劳，以示优待。业于本月 17 日，召开筹备会议，决定城乡征属约 2200 户，每户敬赠月饼 1 斤，分区派员在中秋节日与优待费同时发放，业经绘成日饼牌样(形似吞灭日本军阀)，拟定标价单，公开投票，招商承制，其经费并已决定由各区分担捐募云。

1940 年 8 月 28 日《民生日报》

丽望京镇举行兵役座谈会

【丽水县讯】丽城望京镇镇公所，于昨日上午假卢镗小学，举行兵役座谈会，县府派员莅会指导。关于研究兵役问题，讨论甚详，直至 11 时许散会。

1940 年 9 月 1 日《民生日报》

丽各界劝募慰问征属代金

【丽水县讯】丽县捐募慰问征人家属物品委员会，于昨日下午假国民兵团举行谈话会，计出席中小学校长暨城区乡镇长等 10 余人。主席郎羡农报告此次演戏募捐仍不敷分配情形后，旋即决定于今日起，由各中小学暨乡镇公所分头劝募，成绩优良者由会转请县府给予奖励，以资鼓励云。（经济社）

1940 年 9 月 1 日《民生日报》

丽后备队队士协助割稻

【丽水县讯】本县国民兵团后备队第二中队第一分队队长张铁生，于上月 23 日率领队士 20 名，前往南关乡协助各保征属割稻，虽烈日当空，各队士仍汗流浃背，兴奋工作、热心助人之精神，征属莫不感慰异常。故该队工毕离乡时，保甲长暨各征属均热烈欢送，握手致敬，军民融洽之精神，实抗战中之好现象。

1940 年 9 月 1 日《民生日报》

龙动员委员会征募劳军鞋袜

成绩优良省令嘉许

【龙泉通讯】本县动员委员会办理征募劳军鞋袜，业已结束，募得数额，相当可观，计布鞋 3327 双，袜 2154 双，代金 892 元 2 角 4 分。该项鞋袜已先后呈缴省会转解，至代金一项，除首批汇解 316 元另分外，余 576 元 2 角 3 分，经请求准自七至九三个月每月津贴常备队士兵米津贴 120 元。兹奉省动员会征字第 197 号指令始予照准，并以该会办理征募劳军鞋袜，照原派额尚有超出，成绩优良，特予嘉许云。

1940 年 9 月 2 日《民生日报》

宪兵司令部四团在丽招考结束

新生须于 5 日前报到

【丽水县讯】宪兵司令部第四团招考委员会，前在丽水招考宪兵，详情会志本报，兹因名额未足，故复于上月派员前来续招。自开始报名以来，甚为踊跃，唯名额仅20名，故多数未得如愿考取，现该会已于昨日考试结束，将最优秀之青年，录取20名。规定9月5日报到，6日启程，录取之学生须携带证件按时报到云。

1940年9月2日《民生日报》

丽各界今举行征募寒衣筹备会①

【丽水县讯】查本年征募寒衣事宜，已奉省令饬县组织寒衣支会，专责办理。兹悉丽水县动员会，为成立是项组织以利推行起见，定于今(4)日上午7时，在该会召集本县各相关团体学校暨地方热心公益人士，举行筹备会议，推定职员成立支会云。(经济社)

1940年9月4日《民生日报》

龙青年团一分队响应日饼慰劳运动

【龙泉通讯】兹悉青年团龙泉分团直属第一分队，为响应县优待会所发起之劝募中秋日饼慰劳征属运动起见，特经8月30日分队会议决议：(1)由该分队各同志捐资送县优待会，以充中秋节日饼慰劳征属之用。(2)通报龙泉分团所属区分队响应，以示提倡，现该分队已经各同志认捐，计得国币5元5角外，并已通报各区分队查照，请即响应。又各分队所得捐款，于9月5日前交到队部以便汇交县优待会云。

1940年9月5日《民生日报》

① 抗日战争全面爆发后，前线军队装备落后，补给不足的问题日益突出，尤其在冬季，士兵如何御寒成了后勤补给的头等大事。而随着战争范围的扩大，难民人数陡增，也需要为他们筹集御寒衣物。为了解决这个难题，国民政府决定开展征募寒衣运动，1938年9月9日，全国征募寒衣运动委员会总会在武汉成立，重庆、成都等18地成立分会，随即在全国范围内开展征募寒衣运动。

龙泉县各界举行国民月会

到各机关民众700余　齐科长讲解兵役法规

【龙泉通讯】本县29年(1940)9月份,国民月会于本月1日上午5时在县政府大礼堂举行,到会者有各机关团队,城区乡镇保甲长民众,共700余人。由唐县长主席报告后,并附带说明今年新谷价与新谷登场之管理,继由兵役科长齐讲解兵役法规及今年申请免役事宜,至七时半始散会云。

1940年9月5日《民生日报》

另人烦恼的劝募*

日昨,许多小学生成群结队向各店劝募"慰问出征军人家属捐"。来了一批又一批,捐过一次又一次。某小店老板,竟以此辈小学生来募捐,"烦不胜烦""捐不胜捐"关起店门休息一天云。

1940年9月5日《民生日报》

云兵役干训班结业典礼

【云和通讯】本县兵役干部人员训练,自7月初开始集训以来,业已两月,各项学术科〈课〉,均已结束。于上月30日7时,在民众运动场举行检阅,有各界代表及受检学员200余人。检阅式于军乐悠扬声中开始,各学员精神奋发,步伐整齐。摄影后,即往班本部举行结训典礼,由晏县长主席领导行礼后,即席报告两月来训练之经过及今后之希望。继由潘司令、徐主任、冯书记长相继训话,语多勖勉,听者动容。

1940年9月5日《民生日报》

丽募寒衣支会奉令征募寒衣捐1万元

征募对象着重殷商富户　昨成立征募寒衣游艺会

【丽水县讯】丽寒衣支会,昨奉省令,规定本年应募足1万元。于即日开始征募，限 10 月底汇解到省。

【又讯】本县征募寒衣运动委员会支会，业于前日成立。详情已志昨日本报，兹探悉征募办法如下：(一)具体办法由常务委员会议拟定之。(二)参照动员委员会提供之点意见：⑴征募办法大体参照去年成案办理。⑵征募对象着重于殷商富户。⑶县区内所有各机关团体学校募得寒衣捐款，概由本会总汇解。又征募寒衣宣传运动办法，参照上年成案由常务委员会议拟定之。至该会经费依照规定由各机关团体酌量摊派云。

【又讯】丽水各界征募寒衣游艺会于昨日下午 2 时，假动员会举行第一次筹备会，计出席各团体代表罗国材等 7 人。主席叶家烈报告毕，旋即讨论议案，5 时许始散。兹录决议要案如下：⑴主任委员、副主任委员以寒衣支会正副主任委员兼任之，并加聘国民兵团副团长郎羡农、独立第九营营长罗国材为本会副主任委员。⑵各股负责人员推定总务股股长邓士森、副股长(暂缺)、会计股长徐文光、票务股长徐达夫、副股长李鹤详、剧务股长童瑞山、监察股长罗副主任兼、监察员为师管区叶明照、县党部胡一震、国民兵团林一农、警察局朱云悌、县政府陈胜华、青年团王振昌。⑶经费预算由总务股拟定(办法略)。⑷推定邓士森为签订合同代表。⑸场内添设板凳 60 条。⑹规定优待券赠送各单位仍照上次办理等案。

1940 年 9 月 6 日《民生日报》

缙县府选送监犯入集中营

感训期满补充兵役

【缙云通讯】缙云县政府以便利补充兵役，及为壮健人犯减少羁押痛苦计。经呈奉省令核准，将年轻及体格健全之人犯刘嘉章、李若豪等 16 名选送浙江省集中营感训。俾资自新而为国用，曾于本月 1 日送×转送××入营。感训期满，即行补充兵役，节省国家囚粮，增强抗战力量，实一举两得之举云。(缙政)

1940 年 9 月 7 日《民生日报》

丽国民兵新签号本月1日开始

【丽水县讯】丽全县国民兵适龄壮丁，已由县兵役科分别派员至各乡镇公所审查完竣，并编造清册在案。至所有28年（1939）签号已于上月底一律截止，29年度（1940）新签号自本月1日开始。同时，上年度纳金缓役及申请核准免缓役者均告失效云。（经济社）

1940年9月7日《民生日报》

遂征属优待会增发征属优待费

组劳动服务队助征属耕作

【遂昌通讯】本县对于出征军人家属之优待，除由各乡镇组织劳动服务队，按月为军人家属工作外，并每隔3月，每家属发给优待费8元。兹以生活程度日益增高，各征属生活维持为难，经最近县优待会决定，自本期（7月、8月、9月）起将该项优待费增加至每家属12元5角，闻不日即将往各乡镇发放云。（坚）

1940年9月8日《民生日报》

松伤兵之友社发起中秋节慰劳

荣誉军人每名赏2元

【松阳通讯】本县伤兵之友社，以前方退回疗养伤病兵员，特发起中秋节慰劳。顷悉，该社已推定人员，分项劝募经费，并决定荣誉军人每名犒赏2元，病兵每名1元，及赠送物品，同时举行联欢会。

1940年9月9日《民生日报》

丽慰劳会派员赴碧湖劝募

【丽水县讯】丽县慰问征人家属游艺会演戏募捐，业于今日结束。但查所有收入，仍有不敷全县慰劳品代金配额。经会议决再由各乡镇、各团体、学校分头续募在案。兹悉，该会昨特派国民兵团徐团附持带捐册200余本，转赴碧湖劝募；请由联高、联师、联初、五峰及碧湖等小学就地劝募云。（经济社）

1940年9月9日《民生日报》

丽募衣会订定征募奖励办法

千元以上者呈请国府嘉奖

【丽水县讯】全国征募寒衣运动委员会丽水县支会，成立以来，积极进行工作，兹为推行顺利，早日完成起见，特订奖励办法，鼓励各界踊跃捐输，现将办法全文探录如后。

一、个人捐献在百元以上，千元以下；团体捐献在500元以上，5000元以下者，由各地分支会函请各当地政府特予嘉奖，并报请总会备案。二、个人捐献在千元以上，团体捐献在5000元以上，及捐献人之情形特殊者，则报由本会汇案呈请国民政府或函请各当地主管机关特予嘉奖，或由本会赠给荣誉奖状。三、各支会工作人员及其他办理征募之团体及个人，其成绩特优良者，由分会发给奖状或函请各当地主管机关予以褒扬，并报请总会备案。属于分会方面者则由本会发给奖状，或呈请国民政府或函请当地主管机关特予嘉奖。

1940年9月11日《民生日报》

松阳后备队组助割团协助征属割稻

【松阳通讯】县国民兵团以秋收期届，本年工价又贵，为优待出征军人家属并减少其负担起见，特饬后备队全体官兵组织助割团。该团组织分三大队，九小队，以班长为小队长，官长为大队长。经于本月7日起出发助割，各士兵兴趣极高，休息时则高唱军歌，征属得此帮助，莫不额手相庆。

1940年9月12日《民生日报》

丽县府严惩乡保长舞弊兵役

撤职法办送服兵役

【丽水县讯】本县对于各级办理兵役人员，发现徇情舞弊均予迅速查办，如查明属实依法严办，绝不宽容，并按其情节轻重分别予以撤职或送服兵役及移送司法机关办理。今将本年1至6月处理兵役舞弊案件探录如下：前丽北镇第八保保长蓝×，隐匿壮丁，收受贿赂裁职移送法院依法讯办。雅西乡第四保保长李宝猷匿弟不征，撤职送服兵役。青岸乡第四保保长黄×玉，兄弟6人隐匿不抽，撤职送服兵役。通斜南乡第十保保长郑×田雇买壮丁，冒名顶替，撤职移送法院讯办。信和乡第四保保长范×宝，浮报壮丁年龄，移送法院讯办。沈前乡第一保保长卢×钿，越签征送，撤职。乐连乡第五保保长周×显，隐匿甲级壮丁，撤职送服兵役。临溪镇第十三保保长苏×贤，收受贿赂，移送法院讯办。乐连乡乡长高×金隐匿壮丁舞弊敛钱，正在侦查中云。（经济社）

1940年9月12日《民生日报》

遂昌缙云两县成立寒衣支会

【遂昌通讯】查本年征募寒衣事宜，已奉省令饬县组织寒衣支会负责办理。兹悉，本县动员委员会为成立是项组织以利推行起见，于9日下午1时，在该会会议室召集本县各机关团体、学校共24〔个〕单位，举行筹备会议。推定苏书记长纮、王书记仲高、章主席志泽、包镇长杰7人为常务委员，成立支会云。（坚）

【缙云通讯】缙云县各界本年奉令征募寒衣代金1200元。昨日，县党部召集各界成立支会，当场推定杜芳为正主任、何宏基为副主任并推定陈章、朱师洛、刘若壁为各组组长。及函请缙云报发行特刊以广宣传，业已开始办公，工作极为紧张，预料于限期内当可募足数额云。

1940年9月12日《民生日报》

中秋节慰劳前方将士征人家属

【缙云通讯】缙云县动员会奉省动员会令发动秋节劳军运动等情。该会以秋节已届，乃于昨日会同党政机关商讨劳军办法。闻拟于中秋节派员前往本县×地慰劳伤兵，现各机关正加紧进行劝募物品云。

【遂昌通讯】本县动员委员会为奉令利用旧俗节礼移赠前方将士受伤官兵及抗战军人家属，以励士气起见，于8日下午2时，在该会会议室召开29年(1940)秋节劳军运动筹备会议。计划党政军机关、学校及民众团体24〔个〕单位，由苏书记长主席当场修正通过秋节劳军运动实施办法，共策进行云。(坚)

【龙泉通讯】县优待会以废历中秋节已届，为慰劳出征军人家属起见，前经征募日饼费千余元，定制日饼二千余斤，分区派员慰劳征属。兹悉该会经召开第十一次委员会议决定，公推吴委员梓培赴八都区慰劳，李委员玉书赴小梅区慰劳，李〈季〉委员鲁廷赴安仁区慰劳，杨委员登池赴道太区慰劳，城区由优待会直接办理，并同时发放九、十两月份优待费云。(岱)

1940年9月13日《民生日报》

各县开展征募寒衣运动

丽支会开宣传组座谈会　龙举行第一次常务会议

【丽水县讯】全国征募寒衣运动委员会浙江省分会丽水支会，12日下午3时于青年团召开宣传组第一次座谈会，计出席专员公署等11〔个〕机关团体代表，主席王振昌。决议事项择要录如下：一、规定“九一八”起至25日止为劝募寒衣运动宣传周。二、组织宣传队暨划分地区，城区分为3〔个〕区；临溪镇推崇真、崇德2〔所〕小学担任；囿山镇由处中附小本部及囿山小学担任；望京镇由华雨、处小三部担任；乡区函请县政府令各区乡镇及小学于宣传周内就地发动宣传。三、印制标语500份（每张书11条），告民众书暂印50份（式样由宣传股定）。四、由处中同学组织晨呼队，各界自由参加于宣传周内实行。五、函请各机关团体原有壁报者出专刊，其余尽量筹出征募寒衣专刊。六、请《民生日报》馆每隔一周出特刊一次案。七、请省巡回剧团于10月底以前公演。八、由大会聘请余专员、方书记长、伍厅长、朱司令、许厅长、赵局长、傅校长、张书记长等八员，于宣传周内按日轮流广播演讲。九、与“九一八”纪念会合并举行扩大宣传大会。十、利用游艺会场，在每晚未开演前由处中附小一三两部、囿山、崇德、崇真、华雨、处中各校推派代表1人轮流作口头宣传。十一、请县政府通知各机关9月份国民月会讲题以劝募寒衣为中心。

【龙泉通讯】本县寒衣支会，于昨日召开第一次常务会议，由唐主任委员主席（沈以兴代）商讨征募办法。决议要案多起，兹摘录如下：一、推唐县长为主任委员、宋书记长为副主任委员。二、支会设总务、劝募、宣传三组，推林西园为总务组组长，金声、凌汉、李岱云为组员；刘子明为劝募组组长，吴文苑为副组长，李慎之、吴维海、蔡起儒、季鲁廷、吴和卿、李玉书、徐仁治为组员。县党部戚干事为宣传组组长，郭世祯为副组长，李云龙、树范中学代表、简易师范代表、青年团代表、政工室代表为组员。三、支会办公地点借用动员会，关防亦借用动员会关防，征募收据借盖县印。四、各机关公务人员一日所得，每月薪金20元以上者，照章征收。五、奉令派定寒衣代金2000元，预定以2500元分配；城区800元，小梅区500元，八都区600元，安仁区350元，道大〈太〉区250元。六、各学校学生规定小学生每名2分，中学生每名1角，大学生每名2角。七、支会办公经费，由各机关分摊，县政府担任20%，动员会、县党部、国民兵团、盐务管理局、纸业改进场、县商会、佛教会、青年团服务社各担任10%。八、劝募日期定“九一八”纪念日开始劝募，时间暂定1个月。九、各组会议须在9月16日以前举行。第二次常务委员会议定9月17日举行。

1940年9月14日《民生日报》

秋节劳军：丽县政工室筹联合举行月饼义卖

16日下午慰问伤兵

【丽水县讯】旧历中秋将届，本县政工室动员会、妇女会、业余歌咏协会等四机关团体为响应全国秋节劳军起见，决定于本月15日全天，16日上午举行月饼义卖。月饼由县政工室向各糕饼店订购700[斤]，届时由业余歌咏队全体男女队员分4组至城区各处义卖。凡购买者均制给收据以昭郑重。16日下午，将义卖所得购月饼慰劳某处伤兵医院伤兵及本城其他驻军。义卖月饼之底纸上印有"吃月饼打日本""月饼圆团结紧""月饼甜抗战胜"等标语云。

1940年9月14日《民生日报》

定和乡李根代兄志愿入营

【丽水县讯】丽县碧湖镇定和乡乡民李根，曾受初等教育，现年弱冠，义勇过人。愤倭寇残暴，报国心切，近以其兄奉令应征，奈有家庭牵累。李根毅然出而代兄入营，以遂其愿。昨日，已来丽入伍，闻碧湖王区长醒吾，以其壮志可嘉，当即书请丽当局转饬部队，特予优待，以资鼓励云。（经济社）

1940年9月15日《民生日报》

来函照登

顷阅贵报9月15日第4版登载本县碧湖区定和乡乡民李根代兄入营一节，查本队定和乡代兄志愿入营之壮丁系吕章根并无李根，希更正为荷。

此致

民生日报

丽水县国民兵团常备队独立中队启

1940年9月16日《民生日报》

宣平各界成立寒衣支会

遂支会开常务会议

【宣平通讯】本县本年征募寒衣运动，业由动员会遵照省令发起组织征募寒衣支会。于本月9日上午在该会会议室召开筹备会，到各单位代表20余人，由高书记长、宗龙主席经议决推县党部、县政府、动员会、妇女会、县商会、县农会、战时补中7〔个〕单位代表为常务委员，并规定征募办法，分头劝募云。（高）

【遂昌通讯】本县征募寒衣运动支会昨11日上午8时，在县动员会召开第一次常务会议，出席常委翁柽（潘介代）等7人。兹探录其重要决议案如下：寒衣代金核定于配数额交□各乡镇公所向就地殷富劝募，旧衣不定数额由各乡镇自由劝募，收据由支会发给。本县党政军各机关人员及学校教职员将一日所得作寒衣捐。本县本年度征募寒衣统由本支会办理，非经本支会核准者，不得向外界劝募以杜流弊云。（坚）

1940年9月15日《民生日报》

丽动员会筹办秋节劳军

各界组劳军代表团

【丽水县讯】本县动员会以奉令办理中秋劳军运动，兹经召集各界代表会议决：一、定9月16日联合各界代表组织秋节劳军代表团分别慰劳驻军。二、慰劳对象暂以伤兵医院、国民兵团、独立第九营3〔个〕单位。三、慰劳物资：(1)由县党部主办之“七七”献金积存金及寒衣支会游艺会羸〈赢〉余项下提出100元购买猪肉若干斤。(2)请县政府政工室、妇女会联合举行月饼义卖将全部所得购买月饼。(4)函各校军乐队参加慰劳。(5)各界慰劳代表一律于9月16日下午2时前在动员会集中出发云。

1940年9月15日《民生日报》

监犯胡昌宏等志愿杀敌出征

【庆元讯】本县政府，前经判决确定“危害民国”“逃亡”“盗匪”等犯胡昌宏、许乃灼、吴必水、蓝长均、周星根等5名。因志愿出征杀敌，经当局呈奉全省保安司令部核准，业于上月28日，由县府派警护送至松阳浙江省集中营受训。临行监狱署并备手旗、鞭炮欢送云。(庆政)

1940年10月16日《民生日报》

青县府审查免缓役

【青田通讯】本县县政府为严密审查免缓役起见，特派王科长、叶事务员、□科昌等分赴城区、海口区、南田区转赴各乡实地审查，□现在正在各乡积极审查，并限本月底审查完成云。(麦)

1940年9月17日《民生日报》

昨日中秋节本市各界热烈劳军

月饼义卖得代金300余元　组劳军团慰劳各部队壮丁

【丽水县讯】昨日为废历中秋节日，本县县政工室、动员会、妇女会、业余歌咏协会联合举行劳军义卖一举。会志本报，此次义卖于前日即由妇女会会员及业余歌咏队全体队员分组出发在全城作整天之义卖，计得国币318元2角，除偿还各商店月饼费，净得301元9角。昨日，该各机关团体组织劳军代表团，购月饼85元5角；于昨日下午，由县党部、动员会派员领导至78兵站医院、国民兵团、独立第9营、补充营慰劳。78兵站医院除月饼外，又每人赠国币5角，礼品代金，各战士领受之后十分兴奋，情形至为热烈。义卖所得尚余国币165元9角，决暂存矣。本月24、25两日，由业余歌咏协会公演《烟苇巷》售票所得一并慰劳78兵站医院伤病同志暨国民兵团独立9营、常备队等各部队云。

1940年9月17日《民生日报》

缙寒衣支会游艺征募

【缙云通讯】本县寒衣支会，为扩大征募起见，拟举行游艺募捐。特于13日下午召开筹备会，讨论进行事项，推定负责人，积极筹备云。

1940年9月18日《民生日报》

赵岳山自动捐献1200元

【缙云通讯】县寒衣支会自成立以来，积极开展工作，各情业志本报，兹悉有壶镇赵林兴店主赵岳山君鉴于寒冬将届，将士寒衣亟待输送，乃自动向县党部杜书记长接洽愿捐助寒衣捐1200元。县寒衣支会以其慷慨输将，义勇可风，已呈请县府颁给奖匾，并呈请国府予以嘉奖，以资激励。（达）

1940年9月22日《民生日报》

龙各界举行欢送新兵大会　出征勇士135名

【龙泉通讯】本县18日举行第14次欢送新勇士出征大会，计送出135名，内80名为8月份中央配额，并预征12月份中央配额40名，9月份中央配额15名，均拨与候补3团1营2连。计到县党部、动委会及各附属机关代表10余人，当由唐县长主席，在音乐嘹亮中开始始行礼。主席报后，由政工室主任沈以兴及动委会各代表继续演说后，由志愿兵管炜致答辞，演辞激昂动人。末了，由县优待会发给日饼及政工室演奏音乐，妇训班、兵役训练班全体歌咏，历3小时始礼成。散会后复全体游行。全城满挂国旗，爆竹

喧天，情况甚为热烈云。（龙政）

1940 年 9 月 22 日《民生日报》

遂县优待会定期发放征属优待费

【遂昌通讯】本县本年第三期优待出征抗敌军人家属安家费及优待费，业经县优待会会议决定本月 25 日仍照向未指定地点，派员携款分区发放。7 月份以前入营者，发放 8 元；8 月份入营者 6 元；9 月份入营者 4 元。兹闻县优待会已通令各优待支会转知各征属，属期携证到场具领云。

1940 年 9 月 24 日《民生日报》

壮丁吴青祥负伤受奖

【庆元通讯】本邑淤上区安仁镇第四保壮丁吴青祥，于 27 年(1938)出征，编入第×战区 57 师野战补充团充当列兵。近闻严家岭之役，吴君奋勇杀敌荣誉负伤。第×战区司令长官薛岳除颁荣誉奖状外，并致函兹慰问。兹录如下："君忠勇杀敌负伤就医，岳未能一一躬自慰问，系念万分。兹敬派代表前来慰候，祝君早复康健，并奉奖状一纸，牛乳代金 1 元，物微心重，用慰忠勇救国之劳。望为国珍重，顺祝健康。"闻是项慰问信背面并附有薛司令长官玉照，至为宝贵。本县一般壮丁，聆闻之余，莫不精神百倍，高呼"大家当兵去"不止云。(庆政)

1940 年 10 月 1 日《民生日报》

景优待征属委会发放征属优待费

阵亡将士家属每户发给特恤费 50 元

【景宁通讯】查本县优待出征军人家属委员会办理优待事宜 10 月来至为积极，生活扶助费之发放，该会于本年 6 月间普遍发放征人家属生活扶助费，计自 1 月迄 4 月，每户发 8 元，共计发放 10600 余元，并发放阵亡将士家属特恤费每户 50 元外。兹悉，该会□鉴于目前米珠薪桂，征人家属生活多感艰难，特于双十节分派人员携款驰往各乡，续发 5 月、6 月、7 月三个月征人家属生活扶助费，计每月 2 元，以资救济，闻发放总数，亦将达万元云。(茂)

1940 年 10 月 20 日《民生日报》

吴宣德舞弊兵役拘案严办

【丽水县讯】前南阁乡第 9 保保长赵仁斌，原有兄弟 2 人，因保长落选，恐轮征服役，竟将右手食指自行毁伤，希图免役。嗣经本保保长告发到县，将该赵仁斌征送常备队训练。其父赵春阳托亲戚吴宣德从中设法，吴某利令智昏，即向赵某施行欺诈法币计 375 元，以为免役活动费之需。嗣被当局发觉，将吴宣德及关系人沈贾氏等一并传案。讯明属实，业已从严惩办，以儆贪污云。(经济社)

1940 年 12 月 11 日《民生日报》

日本侵略军暴行

敌机袭丽水掷弹 21 枚死 1 人(节选)

【国民6 日丽水电】6 日午 12 时 15 分，本县发现敌重轰炸机 3 架，迳向缙云方面窜去，旋又折回盘旋轰炸。如是来回 4 次，共投弹 21 枚，均落城郊空地，仅毁民房两间，炸毙过路乡人 1 名，余无损失。敌机投弹后，向北逸去。

1938 年 2 月 7 日《东南日报》

敌机轰炸丽水 *

【民国 8 日丽水电】本县 8 日上午 11 日〈时〉24 分，发现敌机 2 架。盘旋 30 分钟后，在城郊空地投弹 4 枚，仅毁民房三四间，其他一无损失，敌机于 11 时 40 分飞离本县。

1938 年 2 月 9 日《东南日报》

丽水遭敌机轰炸(节选)

【国民 29 日金华讯】浙境 29 日发现敌机 3 次，共 6 架。第二次，7 时 33 分，绍兴东北发现敌重轰炸机 2 架，经嵊县、东阳、永康、缙云至丽水，盘旋 10 余分钟，重回缙云，经武义。8 时 40 分窜入金华盘旋 20 分钟，向兰溪、龙游、衢县、江山、常山，向江西而去。至 9 时 24 分，再由江西转向江山、常山。9 时 43 分，袭入衢县，投弹 10 枚，旋经龙游、宣平。10 时 10 分，窜入丽水，又投弹 22 枚，折经缙云、永康、东阳、绍兴、百官。11 时 45 分，飞经临山北方而去。

1938 年 3 月 30 日《东南日报》

丽水遭猛烈轰炸

【本报 26 日丽水电】26 日晨 10 时 10 分，敌机 3 架，自仙居方面来袭，共投 52 弹，遭敌空前未有之猛烈轰炸，声闻数里，震耳欲聋。投弹地点如下：汽车站投 3 枚，站屋全毁；修理汽车场投 1 弹，毁屋 8 间；站长办公室投 3 弹，毁屋 6 间；停车场投 4 枚，毁屋 5 间，毁汽车 9 辆，伤 1 辆；财政部盐厂投 18 枚，毁屋百余间；□园内投 8 枚，炸毙平民 16 人，伤 8 人，毁人力车 4 辆；汽车站附近投 14 枚，震塌房屋 5 间；城内太平坊崔公祠投 1 枚，毁屋 10 余间，毙马 1 匹。

1938 年 5 月 27 日《东南日报》

敌机狂炸丽水

【中央社金华27日电】丽水今晨1时电话，敌机3架，27日晨窜丽水，投弹44枚，毁屋百余间，8枚落荒地，死16人，伤8人，毁人力车4辆，汽车站附近落弹14枚，震倒民房5间。城内落1弹，毁民房10余间，死马1匹，敌机投弹后，旋向建德方面遁去。

1938年5月28日《中山日报》

敌机灭绝人性　昨狂炸丽水

【本报24日丽水电】丽水24日又遭大轰炸，敌机分3批自赣窜来。首批1架，于晨间七时半来袭，窥察即去。第二批6架，于11时许；第三批5架，于12时许，先后闯入丽水，两度轰炸。在城内外共投48弹，内燃烧弹2枚，落弹地点共有11处。毁屋百余间，惨毙民众30余人，伤40余人。教育厅职员姜存松夫妇均不幸受伤，其公子且被炸毙，亦云惨矣。丽水经此连续轰炸，城内外公私机关、学校、工厂□多被炸毁，损失极为惨重。县政府即于当晚10时，召开紧急会议，商疏散民众，优恤死伤事宜。经决定向地方银行借款三千元，并决定救济及优恤标准如下：死者30元，重伤20元，轻伤10元；房屋全毁者30元，半毁者20元，损失轻微者10元，以示政府体恤民众之至意。

【国民24日金华讯】24日，敌机分3批窥扰丽水，并投弹疯狂轰炸。金华于午前午后，曾发警报两次，但未见寇踪。

1939年8月25日《东南日报》

敌机疯狂轰炸下丽水遭空前浩劫

落弹50余枚延烧8小时毁屋二千余间死伤各1人

【金华消息】敌机于24日再番袭丽，滥施轰炸，死伤众多，损失惨重，已志昨报。讵料 25 日，又逞暴行，敌轰炸机 11 架，分 2 批自赣边窜来。第一批 6 架，于晨间 9 时 4 分；第二批于 9 时 12 分，先后经松阳、遂昌侵入丽水，疯狂轰炸，在城内外投弹 50 余枚，内杂燃烧弹 7 枚，全落市区，烈焰腾空，势极猖獗。黄主席据报，即电方岩急派救火车驰往灌救，因灾区广大，延烧达 8 小时之久，至下午 5 时始告扑灭。因电话迄未修复，记者为了解此次损失真况，特乘专车于 25 日下午 3 时赶往丽水调查。于 26 日晨 2 时，始返金，特志各情况如左。

延烧地点 城内延烧甚烈，计自大街驿前街聚丰园菜馆一带起，经太平坊、四牌楼，南至虎啸门直街至浙江地方银行止，西至王衙街弄丽水电话局，灾区辽阔，受损奇重，是役被毁房屋二千余间，灾户近千家。罹此浩劫者，大街计有聚丰园、孔雀理发店、处中附小第三部（一部分被毁）、方永隆理发店、李新昌、汤裕丰、省金库、县金库、许新记、源大布庄、生生堂药店、手工业指导所发行所、梁福生、高义泰布店、许萃生、吴森大、增智书店、处州药房、复新烟公司、刘竹孙住宅等，均付之一炬。又闻铁工厂、染织厂、印刷厂亦概被炸毁。

灾情惨重 记者事后视察市区，颓壁残垣，苍夷满目，灾情之重，惨不忍睹。经此一再狂炸，丽水精华之区，可谓被毁殆尽，浩劫空前，令人发指，惟民众因事前趋避，故罹难者尚少。据悉，仅警察 1 人殉职，及伤 1 人而已。此外，城郊溪口、塔下、山前等处，亦落弹多枚，受有相当损失。

1939 年 8 月 26 日《东南日报》

短评：丽水空前浩劫

丽水自于 21、24、25〔日〕三次惨被敌机连续轰炸后，该县城内外之机关、学校、工厂多被炸毁。最后一日，敌机投燃烧弹多枚，致使全城精华，付之一炬，尤为浙东一大浩劫！

据悉，此次被毁房屋在二千间以上，则是该县人民无家可归者当再五千人左右。劫后灾黎，虽经丽水县政府向地方银行借款三千元施放急赈，然杯水车薪，无济于事。甚望中央赈务机关及本省当局迅拨巨款，从事救济。各地不乏慈善之士，尤望能以己饥己弱之心，慨捐财务，共襄善举，务使我丽水数千难胞，自敌人处遭受损失者，而自其同胞处获得解救，是亦支持长期抗战之一道也。

根据此次惨痛教训，益觉本省有积极充实防空力量之必要。此番损失总数，虽仓卒无法统计，至少当在百万以上。若以其半数拨作防空设备，则敌机当无如是之猖獗。闻敌机均为轰炸机，并无驱逐机保护。惩前毖后，浙省亟应发起大规模之防空运动。合政府与人民之力量，以地方之财救地方，于重要县区，大量购办防空工具，以抵御敌机之此后空袭。语云："人无远虑，必有近忧。"血肉惨痛，敌固已一再予吾人以教训耶？

敌机狂炸之结果，其最后所予吾人之感思，则为"黔驴之技，仅此而已"。敌既无力进犯浙东，又不愿显示其弱点。乃不得不以飞机滥炸我不设防城市，摧毁我文化机关，杀伤我老弱妇孺。此等残忍手段，虽予我以相当损害，究无妨我之抗战力量。且一分血肉，一分仇恨，益增我全国同仇敌忾之心，而坚持其长期抗战之志，务求最后胜利，索还此惨痛之血债也。

1939 年 8 月 26 日《东南日报》

敌机轰炸丽水

敌机 11 架于 9 日上午 8 时 3 刻，由东北飞经绍兴、东阳、永康、缙云至丽水，在郊外投弹 48 枚，毁屋百余间，旋折经方岩，又在下河坑口投弹 1 枚，后循原路逸去。

1940 年 2 月 10 日《东南日报》

敌机环扰浙境　半夜狂炸丽水

竟向城内外乱投百余弹　闹市监狱署等均遭炸毁　死伤人民至少有数十人

【本报 16 日晨丽水电】15 日晚 11 时许，敌机 12 架由赣境飞来，环扰浙境，月夜偷袭丽水。窜入城区内外后，先后投掷照明弹五六枚，照耀如昼，旋即分队投弹，滥炸达一小时半之久。共在城内外狂投炸弹100余枚，城内大水门、虎啸门、县前街、监狱署、宁波同乡会附近，均被轰炸，死伤民众人数未详，但至少有数十人之多。民房被毁数目，亦未有确数，惟损害情形，以大水门为最多，敌机肆虐后，向杭州湾方面窜去。

1940年4月16日《东南日报》

丽水空前浩劫

敌机竟夜狂炸市郊投弹200死伤百余
专署县府全体出动施救 召集紧急会议绸缪善后

【本报专讯】前晚10时1刻，月明星稀，敌机12架自衢州方面分批向本县上空飞来。本县于10时25分发出紧急警报，最先一架盘旋两周后，至厦河门外上空投弹六七枚，均落荒郊。未几，第二批又飞至，计6架。在城上绕飞数匝，燃放照明弹，全城火光如白昼。领队机首先投下红色信号弹指示目标，各机即顺次投弹，前后共计3次，分2批，每批均6架，投弹约30枚。最后在城内漫无目的狂投20余枚，至十二时半始循原路飞去。事后调查，计厦河镇及荒郊落弹2起、县府右侧2起、府前1起、仓前街1起、仓前横街1起、大水门直街1起、虎啸门外1起、庆〈厦〉河镇即×盐栈外均落荒郊，县府右侧民房中弹6枚，毁屋20余间；死8人，伤10余人，大都系重伤。府前西河沿中2弹，毁屋4余间；伤3人，死1人。仓前街人余百货店、博雅斋纸店中3弹，毁屋4间。横街中1弹，毁民房2间。大水门直街大成春记水果行、德兴馆、张小全等两对面中4弹，毁屋10余间；死3人，伤7人。又浙江印刷厂后中3弹，毁屋7间，无死伤。虎啸门沿城脚中10余弹，死10人，伤10余人(待查中)，总计死伤百余人。尤令人痛心者，当敌机市空盘旋时，记者目击时有红色指示信号发放。敌机即依信号投弹，此显系奸徒受敌寇利诱所致，且不一而足，殊堪发指。轰炸后，余专员率同秘书科长等驰趋府前虎啸门救护。县政工队亦出动救护，大水门一带由医防队救护。至1时许，警报始行解除。惟不久敌机复来肆扰。3时20分，复发出空袭警报。至4时1刻，又有敌机9架，分作3队，飞抵本城上空，盘旋3匝后，即行飞去。至5时许，又折回轰炸，弹多落厦河方面，约20枚。城内仓前横街因第一次敌机投弹时震动甚烈，某姓家内炉灶余烬未灭，致发生火警。记者骤见火光烛天，急驰往灾区调查，时余兼县长亲自督率魏副官及保安司令部士兵等40余人抢救火事。移时始灭，计毁屋15间，损失待查中。

记者属稿至此，获悉余兼县长以丽水惨遭浩劫，急应绸缪善后，特召集本市各机关团体举行第一次空袭紧急救济会议。

于专署会议厅当即列席参加，到会有方书记长及各机关代表30余人。由余兼县长主席，其重要决议如下：

（甲）受伤者医疗决议：一、现有重伤民众请78兵站医院暂时负责医治。二、今后救护准备由县政府会同各团体再筹商订办法。

（乙）死伤者救济费及埋葬费决议：一、死者每人发给埋葬费30元。二、重伤者每人发给20元。三、轻伤者每人发给10元。四、由赈济会、政工队、警察局及当地乡镇长会同发放。五、限17日以前调查属实发放完毕。

（丙）房屋炸毁无家可归者决议：送赈济会收容，依照救济难民办法救济之。

（丁）各户未收之空袭救济金决议：由政府严厉征收。

（戊）呈请省政府及赈济会拨款办理急赈案。

决议通过

（己）东叶乡方岸地前被炸应如何救济案决议：依照第二案办法发放救济金，除省款拨补百元外，余在本处救济金内开支。

（庚）前9区专员发给赈米尚余三万一千余斤，应如何处置案决议：全数出卖，将款移作救济金。

1940年4月17日《民生日报》

丽城浩劫续志——死伤实数60余人

日前，敌机狂炸丽城，各情业志昨报。兹据确实调查所得，续志如下：

查是日敌机共33架，分批狂炸，先后共投184弹，大部分为杀伤弹。其中，5弹未爆发，惟有1弹因乡民误触爆发，乡民受伤。而向市郊所投之弹，则多为500磅之巨弹。毁民房共79间，死伤人士，监狱署死9人，伤23人；城郊黄尼〈泥〉山死2人，一男一女，伤3人；西河沿死3人，伤5人；统计死27人，伤35人云。

1940年4月18日《民生日报》

敌机一架昨飞丽侦察

【丽水县讯】昨日上午9时，敌侦察机一架自杭州起飞，经金华至本县上空，盘旋数匝后，仍循原路逸去。本县于9时12分，发出空袭警报；9时40分，发紧急警报；至十时半始行解除云。

1940年4月18日《民生日报》

日机月夜数袭丽水

32架分4批来扰狂投炸弹共200余枚

【金华通信】浙南丽水，本为处州旧府属之首县。去年，迭遭日机轰炸，市面房屋，颇受损失。讵4月15日夜半11时许，日机12架，忽由赣境窜来，乘月夜偷袭，分批飞至城区上空，先投照明弹五六枚，顿时光亮照耀有如白昼。旋即列队投弹轰炸，历1小时半之久。城内外共落炸弹百余枚，城内仓前直街、府前、西河沿、大水门直街、虎啸门、燧昌路、沿城墙内外及监狱署、看守所等处，共落弹20余枚；毁屋六七十间，死20余人，伤30余人。看守所被投弹4枚，罹难者有看守谢志树，囚犯袁飞五、傅睿泰、江昌兴、周土和、刘讨饭狗、陈品华、朱芳及血肉模糊面目莫辨者1人，计共8

人；囚犯受伤者共 12 人，所长李孝忠亦负重伤。警报解除不久，讵第 2 批日机 4 架，于 16 日晨 4 时 1 刻，又侵入丽水。盘旋窥伺后，即行逸去。第 3 批日机 5 架，于 5 时又袭丽水，在城郊投弹三四十枚。未几，又来 7 架，再在城郊投弹六七十枚。丽阳门外黄泥山落 1 弹，2 人身负重伤。当日机来袭时，仓前横街某姓居民，仓卒〈促〉出避，未将余火扑灭，致□焚。如是时，某师军需处官兵，奋不顾身，在日机威胁之下，极力护救，卒将火焰扑灭。是役，共焚毁民房 20 余间，未酿巨灾。某师军需处官兵，见义勇为之精神，尤足称道。

1940 年 5 月 16 日《申报》

敌机两度肆扰浙东散发荒谬传单

大港头龙泉近郊遭袭 岩泉区上空扫射机枪

【本报丽水特迅】昨日上午7 时 20 分，细雨濛濛，敌水上机 3 架自永嘉海外经青田飞向本县，当即于 7 时 40 分发出紧急警报。敌机于 8 时许飞抵本县上空，盘旋数匝后，在通惠门一带散发荒谬传单。旋即沿大溪向上而飞，至碧湖、大港头附近上空又盘旋良久，投弹 10 余枚，均落大港头附近荒郊，我无损失。投弹后敌机又折回本县上空盘旋，在岩泉区一带低飞扫射机关枪，幸未伤人。历时三小时光景，敌机始向永嘉方面逸去，至 10 时 50 分警报乃解除。下午 1 时许，永嘉方面又发现敌机 3 架，向本县方面飞来，1 时 30 分，发出紧急警报，阅 10 分钟后敌机抵达本县上空，盘旋良久，飞行甚低，旋向龙泉方面飞去。在龙泉郊外投弹 6 枚，均落荒地。旋仍折回本县，3 架敌机分散在上空环城低飞，阅 1 小时许，乃循原路飞去，至警报解除已 4 时许矣。此次所散传单荒谬绝伦，扬言“和平”“反共”“建国”，惟继即狂施轰炸，盖此即敌伪所谓“和平反共建国”之道也。

1940 年 5 月 16 日《民生日报》

丽水昨上下午敌机两度肆扰

浦城陶〈桃〉山投弹无损失

【本报特迅】昨日上午 7 时 20 分，敌水上飞机 3 架自永嘉洋面经青田飞向本县。7 时 35 分，敌机已窜进本市上空，盘旋数匝后，即飞向云和、龙泉至浦城近郊投弹多枚。旋复飞返本市，仍在城区低飞盘旋，并散下荒谬传单，嗣即逸去，本市随于 10 时 20 分解除警报。殊下午 1 时，复有水上敌机 4 架，仍自永嘉洋面飞向本县。1 时 10 分，到达本市上空，在城郊低飞盘旋，历 1 小时之久。时以机枪扫射，虽未伤人，但在附近山郊躲避民众，已饱尝敌机威胁之苦矣。旋即飞向陶〈桃〉山近郊投弹 4 枚，我无损失。至 2 时 35 分，始循原路遁去。查敌机连日肆虐本市，均低飞以机枪扫射。其狠暴残酷，惨无人道之手段，固为敌寇之一贯兽行。而民众每以紧急警报发后，仍复往来奔走，虽奉警频加制阻，民众仍满不经意，此不特易遭危险，祸由自取，且违犯防空条例，尤非所宜。

1940 年 5 月 18 日《民生日报》

龙泉日前空袭　2 岁幼女紧抱闷死

【龙泉快迅】昨日(15)下午 3 时许，敌机 3 架，由东北方飞入县城上空。盘旋数匝后，即陆续投弹 4 枚，并在东升街、西平街等处，扫射机关枪及散发荒谬传单，盘旋 20 余分钟后始循原方向逸去。事后调查，仅南大桥中弹一枚，被毁去桥楼数间，桥面秋毫无损，清理后交通即恢复。至其余数弹，均落附近河面，仅一船夫腿部被弹片擦伤。东升街张永泰之 2 岁幼女，在空袭时，其母怀抱过紧而闷死外，均无损伤。现龙城妇女儿童，已于今晨(16)纷向四处疏散。

1940 年 5 月 18 日《民生日报》

敌机侵扰丽缙　投弹10余枚我损失甚微

【丽水特讯】昨日下午12时许，本县防护团接获永嘉方面电话谓，敌水上机7架，又由停泊永嘉洋面之敌舰向西起飞。有图袭本县模样，当即于12时30分发出空袭警报。15分钟后，敌机窜抵本市上空，在高空略作盘旋，即仓皇投弹10余枚，弹多落溪口、水南一带荒郊。同时，并用机枪向我民众作兽性之扫射，死2人伤数人。敌机旋又窜抵缙云上空盘旋，在城区投弹5枚，郊外投弹3枚，毁民房二三间，死伤3人。至2时1刻光景始折回，仍飞经本市上空，循原路逸去，本市随即于3时解除警报。

1940年5月21日《民生日报》

敌水上机8架经丽袭云和

车站附近投弹无损失

【本县特讯】自瓯江口外洋面驶到敌舰艘以后，敌水上机连日不断飞扰浙东。昨日下午零时30分，永嘉方面发现敌轰炸机8架向青田方面飞去。本县当即发生空袭警报，历时10余分，复发紧急警报。零时50分，敌机8架分散队形抵达本县高空，旋即向西飞，沿溪至云和县境石塘坑投弹，企图毁我公路大桥。惟投弹技术甚差，落于路旁岩石上。旋在云和郊外车站附近落弹数枚，我无损失。敌机在云和投弹后，仍继续西飞至龙泉，旋经庆元、景宁窜至平阳逸去。本县于下午3时许，始解除警报。本县防护团顷以连日敌机肆扰，一般民众缺乏防空常识，甚至敌机抵达上空时仍惊惶奔跑，特订定空袭时避难须知十条，敬探录如下：

一、听到空袭警报时，老弱妇孺以及残废人等，即应先进避难室。

二、听到紧急警报时，没有职务的青年民众，应一例〈律〉走进避难室。

三、进出避难室时，切不可争先恐后，互相挤轧。

四、把乳儿抱入避难室时，切不可以手扪住啼声，致碍小儿之呼吸。

五、避难时应静默不语，勿喧哗争吵。

六、避难时切不可向外面伸头窥探，或立于室外，或在附近散步。

七、避难时应认明标示路牌，向郊外疏散，找寻掩蔽处所藏避，切不可群集一隅，暴露目标，或警〈惊〉惶奔跑，扰乱秩序。

八、避难时切不可穿著颜色鲜明之衣服。

九、避难时切不可燃火吸烟及随地吐痰。

十、解除警报完毕后，方可依次走出避难室。

1940 年 5 月 22 日《民生日报》

敌机昨炸缙云 公路附近投弹我无损失

【本报特讯】敌机 7 架昨日下午 1 时许，自瓯江口外起飞，经永嘉、青田窜往缙云。盘旋良久，旋在公路大桥附近，投弹 10 余枚，均未命中，落于附近水田中，我无损失。至 2 时许，乃向原路逸去。按近日敌机不断肆扰浙东，且连日轰炸各公路交通线，殊堪严密注意。本县于 3 时许，始解除警报云。

1940 年 5 月 24 日《民生日报》

敌机 2 架肆扰云和

【云和通讯】本月 21 日下午 1 时 20 分，本县上空发现敌机 3 架。未几，又有 3 架，均由丽水方面飞来，当向西北角飞去。约 15 分钟后，6[架飞]机同时折回城区，盘旋 1 小时，在西郊外，投弹 6 枚，均落田中。又在局村附近木岸地方，及石塘上面，投弹多枚。并到处以机枪乱射，结果均无损失。

1940 年 5 月 25 日《民生日报》

敌机踪迹 经东阳、缙云等地

【本报专讯】昨日下午，本市又发出空袭紧急警报，至 3 点 40 分解除。

兹悉，敌机3架从杭州方面飞来，先至诸暨经东阳、缙云又转至青田上空盘旋后向沿海逸去，各处均未投弹云。

1940年9月5日《民生日报》

敌机肆扰

【丽水县讯】敌机肆扰各处之鬼计，迄未稍止，本城今日上、下午又两度发出空袭警报。据悉，上午有敌机4架在金华上空出现，下午敌机1架在永嘉一带肆扰云。

1940年9月9日《民生日报》

敌机两架昨袭本市

城郊陶〈桃〉山中弹12枚

【丽水县讯】两月余来，敌机在浙东到处肆扰轰炸，本市虽日有警报，但均响雷不雨。昨日上午8时，本市又发出警报，不多时，即有敌机2架，先后侵入市空，忽低忽高盘旋四周，经十数分钟，开始在城郊陶〈桃〉山地方接连投下燃烧弹、爆炸弹12枚，民房十数间中弹立刻着火燃烧，顿成废墟，状至凄惨，幸居民均知躲避，未有死伤。敌机在投弹后，旋向原路逸去。下午12时20分，本市又有空袭警报，至50分解除云。

1940年9月20日《民生日报》

敌机4架昨又肆扰丽城

陶〈桃〉山苏埠均被投弹

【丽水县讯】19日，本县城郊陶〈桃〉山被炸后，火光未熄。昨日，敌机又来肆虐，残酷之兽行，徒益增我愤慨而已。敌机自杭州方面起飞，经诸暨、义乌、东阳、永康、缙云向丽水飞来。本城于8时10分发出空袭警报，8时30分即有紧急警报，15分钟后，敌机4架已成群而来，绕城低飞约5分钟后，

1 架即首先自上直下，向陶〈桃〉山丢下第一颗炸弹，其余 3 架即尾随相继投弹十数枚，幸多落荒郊，损失甚微。又息苏埠地方亦落 1 弹，损失情形未详。直至 9 时 1 刻，敌机 2 架始先向原路飞回，另 2 架又至碧湖侦查，不久亦向同一方向逸去，至 10 时 5 分始解除警报。

1940 年 9 月 22 日《民生日报》

丽城又遭狂炸

市郊各地中 20 余弹 民房被毁损失 10 余万〔元〕

【本报专讯】浙东日来秋雨连绵，敌机无法活动。迨日昨上午，天气稍好转，竟即施其故技，又来骚扰浙东。本城自上月 19、21〔日〕两次被袭后，尚未发现兽机踪迹。讵于昨日上午，在黑云密布气压甚低中，竟来丽低飞，滥施轰炸。查被炸者，均属平民住屋及小本经营商店，其残暴无耻行为，于此可想见一〈斑〉。兹将调查经过略志如后：昨日上午 7 时许，本县防空机关得报，有敌机 4 架，发现于东阳，当即发出空袭警报。约八九分钟，该批敌机已飞至永康，此间继发紧急警报。又 10 余分，居然向本城袭来。在上空低飞盘旋约 5 分钟，开始投弹，计陶〈桃〉山 8 枚、丽阳门 3 枚、车站 3 枚、××公司 1 枚、黄泥山 2 枚、郊外五宅底 1 枚、三岩寺 3 枚，共计 21 枚。中弹燃烧起于浙阳旅馆，延烧达 1 小时之久，靠城墙一边下烧至逸圆小吃店，上烧至和兴旅馆为止；另一边，自浙阳旅馆对面起至大通旅馆为止，所有商店均被震坍。又黄泥山一带平民住宅，被炸毁及震坍者，共计 20 间，及××公司被震坍房屋 8 间。以上共计 49 间，至其内部各种用具货物，幸大部抢救，无甚损失，约计房屋损耗 10 余万元。计被炸伤工人樊阿明 1 人，其 8 岁女孩雪花房屋坍倒压毙在和兴旅馆内，厥状甚惨。又有姓名不详宪兵 1 名，面部被弹片击伤，余无死伤。敌机投弹后循原方向逸去，至 10 时 30 分解除警报。下午 1 时 40 分，又有空袭警报 1 次，约 1 小时之久即行解除。

1940 年 10 月 4 日《民生日报》

敌机连袭丽水在陶〈桃〉山投弹 11 枚

【本报专讯】本县前日遭受敌机狂炸，昨日又受空袭。晨 5 时 46 分，即有空袭警报，敌机 4 架循诸暨、义乌、东阳、永康向本市飞来。7 时 30 分，发出紧急警报后，至 7 时 43 分，敌机已抵本市上空。盘旋数匝后，在城郊陶〈桃〉山投弹 11 枚，3 枚未爆炸，余 8 枚亦多落荒郊，民房数间震坍，无死伤。至 8 时 14 分，敌机分批遁去，两架向龙游、浦江而去；两架至云和、平阳、永嘉各地，至碧湖上空时，曾以机枪扫射杀无辜民众，原属敌最卑鄙之手段。本市直至 10 时 10 分，始解除警报。

1940 年 10 月 5 日《民生日报》

敌机狂炸丽水 各教育文化慈善机关均中弹甚多被其摧毁

【本县消息】11 日，敌机大肆猖獗，狂袭浙境。首次于晨间 7 时许，有敌机 34 架分 4 批先后由杭州方面经袭丽水。在城郊及碧湖附近等地，滥施狂炸，投弹甚多，英士大学、碧湖小学、儿童保育院及卫生院等文化慈善机关，亦遭投弹，略有损失。

1941 年 1 月 11 日《东南日报》

[日机]三袭丽水机场 渝方军需物资悉被炸毁

日中国派遣军报道部发表(4 月 4 日午前 9 时)[日本]陆军航空部队，于 4 月 3 日对丽水机场作第三次空袭，炸毁机场残余存设备及堆积之军需物资。

【[日本]同盟社 4 日某地电】日陆军航空部队目下连续破坏丽水飞机场。3 日，万里晴空，战斗机及轰炸机组成大队清晨即出动，向丽水作第三次之空袭，予敌残余之根据地及设施以甚大之打击。按：丽水前遭轰炸，唯飞机场附属设备及该机场南面之渡船等得幸免，其他若堆积该地之军需资材，军火仓库及燃料仓库等此次均遭轰炸，并发生火灾。

1942 年 4 月 4 日《新申报》

敌机在浙赣肆虐 丽民众死伤多人（节选）

【金华讯】23 日，敌机 3 架滥炸丽水，在城内外投弹，死伤民众数十人。

1942 年 4 月 24 日《东南日报》

昨日敌机 3 架滥炸丽水城区

投燃烧弹暨爆炸弹多枚

【金华讯】6 日上午，敌机 3 架，滥炸丽水城区，投燃烧弹暨爆炸弹共 13 枚，死 4 人，伤 9 人，毁屋多间。

1942 年 5 月 7 日《东南日报》

日军昨攻占丽水县

日驻华派遣军 6 月 25 日上午 10 时，发表称，日军〇〇部队，于昨日(24 日)午后 5 时，完全占领浙江省南部渝军要冲地丽水县城及该处飞机场。

1942 年 6 月 25 日《新申报》

日军占北界镇现向松阳推进

【浙东日军 3 日同盟社电】日军于 7 月 30 日抵龙游南 40 公里之北界镇及新路湾。翌日黄昏，进抵 682 公尺高山之北，即北界镇南 20 公里处。现极迅速向浙省西南前线之松阳(距金华东南 85 公里)推进，新路湾系 30〔日〕晚陷落，北界镇同日下午 3 时陷落，即日军发动新攻势之第 2 日。

1942 年 8 月 4 日《申报》

松阳以南山区激战日军继续南进中

【浙江前线 7 日同盟社电】据今日此间所接战讯，日军一队星期三晨，在浙省西南部松阳以南山区作战,击破在某山道坚抗之守军。同日晨,日军进抵方山岭(译音,在松阳南面)以南 4 公里之某山,刻正继续南进中。同时,另一队日军从松阳南进者,刻正猛攻方山岭以西山上之新编第 21 师军队。

【浙江前线 7 日同盟社电】顷据披露,日军在松阳近郊作战,获大量衣服与药物。内有内衣 3000 件,冬外套 2000 件,冬戎衣 1500 件,铁铲 1200 柄及药物颇多。

1942 年 8 月 8 日《申报》

浙东日军攻占松阳、遂昌

【浙东日军前线4 日同盟电】日军精锐部队越过仙霞岭及枫岭山脉作战以来,其前锋已于昨晨 8 时 40 分完全占领瓯江上游松阳城。该城位于金华东南 85 公里。另一部队则于 1 日晚,占领遂昌。昨夜消息,日军开抵万寿山、松阳之间,去松阳 20 公里。日军于 7 月 29 日发动新攻势时,先于 30 日攻陷北界镇及新路场〈湾〉,又陷万寿山以西之樱板,遂向松阳大举进迫。8 月 1 日,日军进攻松阳时,又陷该处西北两公里之武清,其主力同时陷松阳东北 4 公里之乌树村,后遂夹攻松阳。一面,又遣军别攻遂昌,8 月 1 日晚陷之。

1942 年 8 月 5 日《申报》

日军占领丽水 渝① 美空军益感苦闷(节选)

【上海 31 日电】上海日陆军报道部长出渊氏,30 日会见记者阐述如次:自金华方面进攻之日军,猛攻距金华 66 公里之丽水。27 日,将之占领。

①指迁至重庆的国民党政府。

按：丽水乃中美空军重要前进基地之一，兹失去重要据点，衡阳之渝美空军此次必更感苦闷。此地归入日军手后，建瓯及其他临近丽水等地之中美空军基地之存在价值，亦显著减退。

1944年9月1日《时事公报》

丽水西南敌寇分股下乡抢掠

【本报1日云和电】盘踞丽水西南□□，青田西北边境石帆敌，被我阻击，均无进展。有石帆市敌，连日分股于附近村落抢掠稻、豆，刻正强拉民船70余艘，将稻、豆运往丽水。

1944年9月2日《东南日报》

其他

双龙会处州起事 *

处属松阳县境谣言，双龙会[①]匪党冀图起事。遂昌县境龙游庙下地方，亦聚有双龙会匪党与之相应。郡尊刘太守接叶、李两大令急报，旋即面商镇军，拨派练军一哨，选派干弁连夜督军前往防御，并分饬该两县会绅募勇保护教堂。惟镇标及练军本属无多，复派拨四棚分往缙云、松阳驻扎；又分拨一哨往松阳、遂昌等县防堵。又因郡城兵力单薄，会匪随处皆有，恐别县纷纷请拨不敷调遣，遂即禀请巡道，咨商温州总镇速派练兵两哨星夜来处，以资备御。

1905年1月30日《东方杂志》

① 清末松阳人王金宝创立的地方会党。

处州又派防营弹压民变

【杭州】处属松阳县于本月初六日，官绅因办理学捐苛勒操切，激成民变，聚众暴动，土匪乘机煽乱，地方骚然。业由该县朱令电禀层宪，请迅电府派兵，即经抚宪急电该府妥慎查办。去后昨日，据萧守文昭通禀抚藩学法各宪文云：鱼电敬悉。初六日，据朱令禀，即刻商派 4 棚驰往松阳，前后共派 6 棚。均谕令妥为弹压，项绅已回，余查明详禀。知府文昭，叩佳印。

1910 年 12 月 13 日《申报》

新军派定驻局处所

【杭州】新军成镇添设之 83、84 两标，现由督练公所商同杨兰两协统，派定新军出发驻扎处所。闻 84 标 1 营总局驻温州永嘉，2 营总局驻处州青田；83 标 1 营总局驻台州海门，2 营总局驻宁波鄞县。每营各由督队官带领，每队排长暨司务长各一员，料理庶务，修理营房，布置一切事宜。

1911 年 1 月 1 日《申报》

宣平锄头会滋事情形

处属宣平县①地处山僻，民智未闻。误会农会宗旨，四乡互相团结，自名农夫会，又曰锄头会。地方官亦未有以纠正之，王知事到任后，偏信科员周功崇、俞师善，藉烟赌诬炸商民，强迫剪辫，往往□责数千甚。且有少妃庄陈姓乡民 2 人抵抗不服，用枪击伤，种种压制，民怒沸腾。月之 7 号，四处乡民来城千余人，藉开农会为名势甚汹汹。王知事又不出署弹压，率科员等先越墙而逸。因之，捣毁警署波及城自治公所。幸队官毛君素称明干，会同自治职员并商界人等沿途劝导，乡民素服毛君，始得逐渐解散，商界开市安业，学堂无

① 宣平县原为处州十县之一，明景泰三年（1452）设立，1958 年 4 月撤销，分别划归丽水、武义两县。

恙。此次大局不至糜烂，人皆谓毛君之力也。尤怪异者警长张炳南事未发生不派巡警站岗，又逢礼拜，自先入耶稣教堂听讲，警署无人，遂至任其捣毁。噫！地方有此知事，又有如此警长无怪演出恶剧也。

1912 年 4 月 23 日《申报》

处州又有保辫会出现

处属宣平县锄头会滋事情形已迭纪本报。兹悉，龙泉知事李为蛟昨又急电浙都督云：龙邑讼棍季×功，积犯汤×光假名尚武会，聚众千余人，与西乡保辫会联络毁吴绍唐、蔡起澜家。复闯署胁迫索还罚款，破烟赌禁，阻霸钱粮，势甚猛。近来，宣匪(锄头会)扰乱，各县多事巡防不敷分布。前公报载，军政司派省兵驻各县，龙事急，蛟病危，乞速派兵缉拿镇压，并就近派员代理，并电复。龙泉知事李为蛟叩沁。

1912 年5 月 1 日《申报》

青田保卫团饷有着

【青田通讯】青田县保卫团经费，年需 3 万余元，半以田亩捐，半以商富捐充之。年来，农村破产，十室九空，故征收极感困难。本年 4 月份以来，保卫团官兵薪饷，积欠至四千元之巨。区团部自裁撤后，分文未发，常备队几不能举火。该县县长，以积欠既须发清，而现状尤须维持。除饬征收员加紧催收外，并呈请省政府拨补四千元，以救眉急。闻省府已令财厅准借四千元，电饬知照。该县郑县长即于今晚赴温州，向地方或中国银行商订借款锲约云。

1934 年11 月 24 日《东南日报》

陆军新编第四军驻浙办事处启事

奉军部命令在丽水设立驻浙办事处，组织业已完竣。兹定 3 月 27 日，在丽水城内高井巷口 19 号正式办公。特此通告！

1938 年 4 月 7 日《新华日报》

龙泉军官队训练结束

【龙泉通讯】本县国民兵团干训班自招考干部分军官队、学生队开始训练以来，学生队业于本月1日结业。军官队因出乡实习一次，故自1号起补训一周，业志前报，顷悉该军官队已补训完毕。业于五六两日举行学术科考试，经评定成绩，计成绩及格准予结业。学员吴琛、吴兴等56名，内除自卫队、后备队等带职受训学员各回原队服务外，其余学员均分发各乡工作云。(仁)

1940年4月9日《民生日报》

碧湖训练团纪念亭开始兴建

【丽水通讯】本省当局，前为培养战时工作人员起见，曾于27年(1938)春，在丽水碧湖，创办战时工作人员训练团。由黄主席自兼团长，教育厅许厅长兼任教育长。先后结业学员，不下四五千人，分在省内各地，从事抗建工作，忠勇奋发颇得各方好评。后该团奉令结束，曾由卫政班同学就碧湖渡建立训练亭，以留纪念。惟该亭因历经风雨剥蚀，近已毁损。特由前任该团教官刘平江、傅常恩暨学员朱仰会等发起募款重建。闻所有捐款，迄上月底止，业已募得900余元。其工程亦经在丽水方面包定，并已开始兴建，地点在碧湖南山附近。亭内纪念碑文，请由许厅长撰书。预计本年7月底即可竣工，总价共需1500余元，故不敷之数，尚达500余元，深望省内各地团友继续踊跃输〔资〕，将碑观厥成，捐款可寄丽水省教育厅朱仰曾收转云。

1940年5月15日《民生日报》

防空司令部训练防护干部

【丽水县讯】浙省防空司令部，为加强防护工作并整饬防护人才。特组织防护学员干训班，抽调各县防护团主要人员训练。兹悉，本县防护团李总干事，已于昨日首途赴训。闻受训地点在金华，训练期间定6星期云。

（经济社）

1940 年 6 月 9 日《民生日报》

景县府职员挖防空洞

【景宁通讯】本县县政府为防护人力物力之安全及避免空袭起见，特规定县府各科室职员，每 3 人至 4 人挖掘小型防空洞一个，共计 20 余个，藉以提高民众防空常识。事先由防护团测定地点，利用星期日、孔子诞辰休假及每日下午公余时间，全体出发工作，自 8 月 25 日动工至 9 月 1 日，全部工程均已完成云。

1940 年 9 月 2 日《民生日报》

读者来函：庆元国民兵团强拉民伕*

迳启者，本月 1 日下午 3 时，庆元国民兵团某队长率队士 30 余名，自龙泉领械行经敝地（查田），该队长因人手太少，每人挑枪 3 支，实不胜重荷，须另用民夫帮助。但该队长等当时却不以正当手续，通过乡镇保甲长设法雇佣，即就地拉夫。当时即有当地商店老板及过路客商十数人被捉住，其余居民睹此情状，顿起恐慌，遂相率逃避。一时街上秩序大乱，如大祸将至。鄙人当即邀同镇长与该队长交涉，劝其将已被捉住之民众放走，所需民夫可由镇公所妥为代雇。不意该队长竟藉口无钱，仍令队士将被捉之民众押走。查抗战以来，无论前后方，军民关系大见改善，到处能实行合作，考其原因，主要固由于民众对抗战之认识，然军纪之严明亦属重要关键，该队长此次之行动，于军民关系，实大有影响，更不免有损军纪。吾人希望该队长能竭力改正，切勿再犯，尤希当局予该队长以应有之惩处，以儆效尤。

此致

民生日报社

读者　郭震谨启

1940 年 9 月 6 日《民生日报》

16 期军校生来丽工作

【丽水县讯】中央军校三分校 16 期毕业学生 27 名奉派温处师管区服务，闻于 9 月 15 日抵丽后，昨日向司令部报道，即□该部分发捕〈补〉充团工作云。（经济社）

1940 年 9 月 19 日《民生日报》

丽军民合作站指导处正式成立

【丽水县讯】第×集团军总司令部军民合作站总指导处直属丽水县指导处，业于本月 16 日成立。闻该处处长，由余兼县长兼任，副处长徐达夫、诸葛任。该处地点附设国民兵团内，业已正式办公。预定设乡军民合作站 3 所，城区 1 所、沿丽青公路 1 所、丽缙公路 1 所，闻已着手筹备云。（经济社）

1940 年9 月 20 日《民生日报》

龙防护团召开团务会议

【龙泉通讯】本县防护团，以敌机近日不断袭击后方不设防城市。为加紧防护工作起见，并商讨该团业务进展起见，业于本月 5 日，在县政府召开第一次团务会议。讨论要案多起，兹探悉如下：一、调整组织机构，除城区组织三分团外，并在四区署所在地各设一分团部。二、通令各住户增筑防空壕，俾减少空袭损害。三、加强执行疏散人口，保全民众安全。四、城区三镇再添设警报钟。五、整理以前所购消防器具，以供急需用。六、增设城区岗警，维持街市秩序。七、请各宣传机关宣传防空常识等项云。（岱）

1940 年 10 月 8 日《民生日报》

青海口经建试验区统制运销桐油

【青田讯】桐油为军用必需品，且为我国对外交换军用品之主要货品之一。该区为防止奸商私运资敌计，特拟具实施统制办法，呈请县府转呈建设厅照准后实施。兹探悉其内容大概如次，该区所有产户，不论存有旧油或今冬新收之桐子、桐乌、桐白、桐油等，一律由乡保甲长切实督促卖与合作社。不合法之商人均不准收购，违者照省颁办法严罚之。又悉该区各合作社，现正积极筹备桐油运销业务云。

1940年10月9日《民生日报》

革命元勋赵舒病逝缙云

【缙云6日讯】革命元勋赵舒①，于9月5日上午4时20分，病逝缙云卫生院，氏享寿64岁。早年追随国父，奔走革命，参加倒袁护法之役。北伐时，任26军党代表。抗战时，为国民参政员，不辞辛劳，正气磅礴。平生不治家产，身后萧条。

1948年9月10日《申报》

① 赵舒(1884—1948)，字澄志，号明止，缙云壶镇人。早年留学日本早稻田大学，加入光复会，辛亥革命时，参与光复杭州、处州的行动。1912年，被推为众议院议员。1941年冬，组织浙东人民抗日自卫军。1944年12月，任第四届国民参政会参政员。抗日战争胜利后，任浙江省善后救济工作团第三分团团长。

经　济

农业·林业

括苍获虎

浙江处州府属距吴圩庄西 10 余里，有虎出没丛莽，啸音咥人，为乡里患。时而踯躅林边兼害行旅，村中人深恶之。含誉星见之日，手持强弓毒矢结队搜寻，穷其踪迹，将寝其皮而食其肉焉。俄闻谷风啸动，跳跃而出者，一为色变之虎，一为君子之豹，村人竭力围捕箭如雨下。迨咆哮者气既衰，遂上前缚而舁归。村人聚观，则额上有“王”字，毛色斑斓，令人望而生畏。说见《益闻录》。按《宋史·天文志》：祥符七年（1014）正月己酉，含誉星见。若是，则事在孟春。何以今始登报，意者时日尚有讹误乎？然阅之亦足以新人耳目，因录而存之。

1892 年 12 月 25 日《申报》

劝民垦荒树艺

【处州】龙泉县陈香雪大令，日前出示晓谕，略谓照得养民之道，不外农桑树艺。本邑山多田少，口粮不敷，但能多垦一分旷土，即多一分口粮；多兴一处种植即增一处收成。自示之后，无论田地山荡有主者，赶紧雇工开垦；无主者禀候给照承管。凡有拥塞之沟，荒淤之池，有钱者出款，贫苦者助工，一律疏通藉资富蓄通洩。庶几，同乡共井，乐利共沾，本县有厚望焉。（士）

1907 年 3 月 30 日《申报》

批奖知府留心实业

【处州】处州府萧叔衡太守，曾于去年在本署后面枣山荒地，兴办各项种植，现棉花一项，已有成效。日前，将花样并种棉比较表，禀送上台察核。奉浙抚批示云：括苍地瘠民贫，该守请求树艺，以尽地利。足见留心民事，深堪嘉许。仰农工商矿局转饬新任常守，妥为接办缴。（乃）

1907 年 12 月 27 日《申报》

请发柞蚕[1]籽种

【处州】日前，有处州景宁县学员叶兢西等，具禀劝业道略称：各宪提倡实业，颁布柞叶饲蚕等通告，风声所树，穷乡老农无不鼓舞□图。兹查得，景邑南城赤峦山下，天生柞树蔓延成林，绵亘数里，向仅供民樵爨[2]。现拟设法提倡试行饲养此项野蚕，以裕实业。呈请发给籽种等情，董视观察以该员所禀具见留心实业，惟此项蚕种烘育不善，恐致废弃，听候蚕工配蛾产子后再行发给，并先办法柞蚕杂志 4 本，俾得悉心研究，并着时将产柞地亩预为删除草莱，俾便来春布种试养。

1910 年《申报》（具体日期不详）

处州禀请改良饲养柞蚕

丽水县林君清丛系杭州西湖蚕桑学堂毕业，旋里后买地种桑，在家督率妇女课以养蚕新法。该邑保定庄吕协律（吕调阳）、高蓬仙（高鹏）诸君皆闻风兴起，历次集资赴禾购秧，城内农林公社各社员亦首重研究种桑，方法皆林君提倡之力也。今夏，由农林公社公推晋省请领柞蚕种子试养。奉劝业

① 柞蚕：古称春蚕、槲蚕、栎蚕，也叫山蚕，因喜食柞叶得名。
② 樵爨：打柴做饭。

道董观察饬令至桐庐试验场参观，讵料何宅村试验场养柞蚕种子12筐，四眠后仅60万头，一旦病发结茧只数千颗。林君所领之种亦半系病蛾，耗费既多，收成无几。现林君以实验所得洞悉病源，非大加改良诚不足以收实益。近已上禀抚宪暨劝道宪，条陈改良方法云。（原）

1910年8月26日《四明日报》

日菇竞销中　浙南菇业日趋衰落

产量锐减价格惨跌

【杭州特约通讯】菇，俗称香菇。乃淆〈肴〉馔调味中之珍品，相传明太祖奠都金陵后，吃斋茹素，苦无下箸物，山人以此物进献，极蒙嘉许。因此，香菇遂成为素食中之最佳食品。浙南龙泉、庆元、景宁三县，地处丛山峻岭之间，人民习于山间生活，素擅此业。闽、赣、皖、粤虽皆植菇，然亦皆此三县人所经营者。盖种法秘密，父子相传，已成专利矣。是项特产，乃三县农村最重要之副产，专营之者，凡10余万人。昔曾盛极一时，惟近年日菇倾销，打击极巨且地方不靖，经营困难，产量大减，复昧于改良，品质日劣，衰落已极。三县农村经济，因是陷于崩溃之危境，设不急谋救济，则前途更不堪设想矣。兹根据某机关调查所得，略述于下：

菇之种类　香菇种类，因收采季节而异，大别之可分为下列4种。一、冬菇：每年生菇时期，多为重阳后开始萌芽，入冬可摘。此期间所采者，名曰冬菇。盖厚如伞，质重香醇，故又名“厚庄”。二、春菇：春季所出者称为春菇，面大茎长，质轻而薄，故又名“平庄”，过谷雨后，即不再生。三、花菇：冬日霜雪之后，又遇强烈之日光照射，则所生之菇，面有斑纹，状如菊花，俗称“菊花菇”，生长肥厚，最为珍贵。四、薄菇：春季雨水频仍，则所产之菇，瘠薄瘦弱，价格低廉，俗称“薄菇”。

经营概况　当未种菇之前，须先察看山场。凡山地向南，倾斜度在20度以下，林中多栎、栗等树木者均宜。择定后，将林中可作种菇之树木尽行砍倒，方向一律。芟除枝叶杂草，用斧于倒伏地上之树干割切之约距2寸，深浅视树类大小而别，切毕以小枝叶覆盖其上，雨阳任之。如是三年后，每一切口均有香菇生出一二个至十余个不等。产期由四五年至八九年。新菇长成采拙〈摘〉后，以火焙之，可以久藏，惟味不若鲜菇佳，切割采拙〈摘〉与烘焙，技术高妙，管理防范鸟兽，亦须审慎，不容稍忽。

产量日减 龙泉、庆元、景宁三县中，以庆元产量较多。据最近5年之调查，三县产量，皆逐年减少。去年之产量与民国19年(1930)比较，不及50%。下表可见一斑(单位：千斤)。

年度	1930年	1931年	1932年	1933年	1934年
庆元	850	700	500	450	350
景宁	700	650	500	500	300
龙泉	650	600	500	400	350

价格惨跌 浙南之菇，多运销沪、汉、港等大埠，再转销各地。所售价格，依菇之种类而殊，昔时日菇未销我国，各省地方安宁，价格极高。今因日菇大批倾销，社会需要亦减，价格一落千丈。5年来比较，上等菇每担价格，由360元降至200元；中等菇每担由280元降至160元；下等菇每担由210元降至120元，几惨跌及半。观乎下表，即知下跌趋势之急剧(单位：100斤)。

年度	1930年	1931年	1932年	1933年	1934年
上等菇	360元	280元	250元	220元	200元
中等菇	280元	210元	200元	170元	160元
下等菇	210元	170元	150元	120元	120元

没落堪虞 由上列产量、价格两表观之，可知浙南香菇业衰落情况之严重矣。其原因所在，外来者固由于日菇之倾销，侵夺市场。而内在之原因尤多，如墨守成法，不知改良。由种制、烘焙以至包装，皆不及人。且际兹世界经

济凋敝之秋，天灾人祸，洊臻而至。人工不足，产量自减，品质亦劣，价格更低。瞻念前途不胜悲观，倘当局再不设法改良救济，则我国仅有之菇业，必告全部没落。

1935 年 1 月 28 日《益世报》

瓯江水源林已开始营造　地域业经选定

农业管理会为营造本省水源林，经决定东西天目山、天台山及瓯江 4处。兹据瓯江保安林事务所呈报，瓯江上游设立水源林 5000 亩，饬由丽水林场及职所各营造 2500 亩，职处现已选定奇云山相打坪等处山地，作为本年营造区域，经会核准，饬速营造，丽水方面，亦已开始进行。

1935 年 3 月 27 日《东南日报》

第九区专署推广纯系稻种

丽水等三县栽培 500 亩　缙云等七县至少 100 亩

【丽水通讯】第九区各县山多田少，土壤甚瘠，年产米麦，不足自给者，为数极巨。该区专员公署有见及此，以农林改良场各种纯系改良稻，虽确有较优之产量，惟省方尚未向该处推广，故该区特于去年春间令饬所属十县，举办是项纯系稻地方试验，及双季稻栽培试验。以为推广之根据，计奉办者有丽水、遂昌、景宁、云和等县。试验结果，双季稻方面，丽水以早季种成熟时，田野中尚无他种产物成熟，致遭鸟类集中逐食，难得正确之统计；云和则以配合之稻种不当，结果未见良好，惟各种纯系稻之生长经过及收量，均比土种为优。而遂昌县之试验成绩更见优异，计中籼稻一号之收量，每亩比土种增加 108.8 市斤，其增收百分率为 18.89%。丽水县则亩增收 53 市斤，其增收百分率为 10%。惟因稻种由省寄到稍迟，致播期在丽水比本地习惯落后 20 日，在遂昌则落后 8 日，因此，收量不无受相当影响。现该区专员公署，以春耕在即，纯系稻之地方试验，既有如此成绩，自应一面继续试验，一面推广，以期农民早日得到时效。特规定去年已经试验之丽水、遂昌、景宁三县，本年至少栽培〔纯〕系稻500亩；缙云、青田、云和、松阳、宣平、龙泉、庆元七县，至少栽培100亩。又甘薯亦为该区仅次于米之主要粮食，亦由该区专署呈准建厅，令稻麦改良场举行甘薯育种试验，期获得多产质良之新品种，推广民间，以应需要云。

1937年2月24日《东南日报》

青田农民猎获一豹

【丽水县讯】永嘉、青田间之罗堰(属青田二十七都)地方，为崇山峻岭之区。近来出现金钱豹1只，附近农村家畜常被为害。农民群起猎守，卒有邱姓农民于日前将该豹猎获。于昨日，将该豹携至本县县府前出售。来往行人驻足观看者如堵，闻该豹重100余斤，索价800元云。(经济社)

1940年12月17日《民生日报》

丽大港头区推广植棉

【丽水县讯】本县大港头区黄区长，对于农政素极注意。最近，该区召开乡镇民代表大会时，曾经议决扩种棉花，每户按照适宜植棉田外，限种三分之一。现已开始调查限种，县府据报后，并即函请松阳农业改进所设法供给优良棉种，以资推广云。

1940年4月3日《民生日报》

丽青设立林业改进区

【丽水通讯】本省农业改进所，以丽水、青田两县中心农场，奉令改组为县农林场。所有该两场森林资产，原系前省立林场资产，历史悠久，蓄积富厚。鉴于长期抗战之方殷，森林主副产物之改进尤须切实注意，以增抗战资源。特呈准建厅将该两场森林部分事业划出设立林业改进区，直属于所。业经由该所派李守藩、詹谦为该两改进区主任，并于上月中旬组织成立云。

1940 年 4 月 6 日《东南日报》

丽县府上年冬作统计

【丽水县讯】查本县上年办理扩种冬季作物，兹经县府统计，计全县原种亩数为 32362 亩，扩种亩数为 48347 亩，合计为 80709 亩。估计本春可产大小麦各 4 万余市担。蚕豆、艳豆、油菜籽各 2000 余市担，冬作贷款实额共计 48628 元云。

1940 年 4 月 9 日《民生日报》

遂昌农林场推广种植棉花

二年后即可自给自足

【遂昌通讯】本县自中心农场改组为县农林场后，对于农业改进设施，如纯系稻之播种面积推广，油桐之无价分种，桑苗之劝导栽植等，悉照常进行，合计本年纯系稻共推广 2000 余亩，油桐 3000 余斤，桑苗数万株。近又以该县湖山区土质宜棉，拟于该区积极推广植棉，已向省农业改进所订定美棉种子 30 担，运队分供农户种植，期一二年后，遂昌棉花即可自足自给，其裨益农村经济，良非浅鲸。

1940 年 4 月 11 日《民生日报》

松阳推广桐茶　开垦卯山西屏山

【松阳通讯】松阳古市地方之卯山，荒芜已久。本年，经县政府组织垦植事务所，计划植桐。实施国民工役，由该山附近之 12 乡镇壮丁轮流上山开垦，规定每名壮丁服役 3 工。现已垦植完竣者，计达数百亩，并另划定数十亩为本县农林场菜园云。

【又讯】松阳县西门西屏山东南麓墓地，土壤适宜，堪以植桐。自3月22日起，经本县自卫队按日派队丁20名，实施垦植油桐，计达20余亩。现已全部垦植完竣。兹闻，县府将指定是项桐林为军人模范油桐林，以资提倡云。

1940年4月11日《民生日报》

景本年度建设工作造产运动
合作垦荒举办手工业

【景宁通讯】本县29年(1940)度建设部份〈分〉之中兴工作，为造产运动，而尤以提倡合作垦荒，普遍植桐办手工业为努力之途径。合作工作人员本月份之工作，为组织城镇区及东坑区改良纸生产合作社2所，每社资本定为1000元，现已指派人员，分头进行筹备。

1940年4月18日《民生日报》

青田合作室举办茶叶人员训练班

【青田通讯】本县所有茶农，墨守成规，不知改良制作方法。县府合作室为改良茶叶品质，增加茶农收益，改善茶农生活起见。特约农业改进所，合办技术人员训练班于平山地方。闻县府已通令各乡保送投考云。(麦)

1940年5月4日《民生日报》

生虎解丽　今在专署公开展览

宣处长备重价购得

【本报专讯】景宁县乡民周前曾猎获生虎一头，色灰黑，状至凶悍。宣处长铁吾闻讯，特托王副司令志华购买，王副司令经于日前同商景宁侯县长轩明设法购得，并于昨日运到本区专署。本日上午起，将在专署门前公开展览，以供众览。闻该虎获得后，各方爱好野兽人士争以重价购买，遂昌某氏曾出资 350 元，惜失之交臂云。

1940 年 5 月 24 日《民生日报》

缙双溪乡猎获巨豹

【缙云通迅】本县第三区双溪乡石版路头地方住民，猎获巨豹一头。于 16 日抬城出售，计得价 105 元云。（淑）

1940 年 6 月 19 日《民生日报》

庆县农林场推广中籼 10 号水稻

产量较去年增加二成

【庆元通讯】本县自成立农林场以来，对于推广优良农作不遗余力。兹闻，县境淤上区各乡镇，正纷纷收获。据一般农民语人，本年由农林场推广之中籼 10 号稻种，每穗平均较本地土种增收 39 粒左右，预料全县收获量较去年至少可增加二成以上云。（庆）

1940 年 9 月 28 日《民生日报》

龙佃业仲裁会积极推行二五减租

促进农业生产　改善民众生活

【龙泉通讯】本县佃业仲裁委员会，为彻底奉行政令，普遍实行二五减租，以改善民众生活，促进农业生产起见。经召开 92 次委员会议，订定三七五纳租及歉收纳租标准暨处置抢收办法。□对于撤佃纠纷，未经裁决而发生抢种者，规定秋收前，就地报告乡保长、乡农会派员监收，代为过秤保管，再由乡镇公所调解解决，或由仲委会裁决，决定归由何方收有，以免抢收。此外，兹励行新租约运动，已以谋租率之根本合理化，仲委会为谋普遍推动起见，以分别函令各乡镇公所农会知照，并布告佃业双方互遵勿违云。（鸿）

1940 年 9 月 13 日《民生日报》

青田推广“紫云英”*

【青田通讯】本县各乡向感肥料不足，农林场为增加战时生产起见，特派该场职员胡明杨赴温购买大批紫云英种子，以供各乡农户领取，并派员分赴各乡指导与小麦间作方法。一面对杂粮无有多大影响，一面可保“无肥料”之虞，一举两得，可称良策，现闻各乡农户向该场登记者，踊跃异常云。（麦）

1940 年 9 月 13 日《民生日报》

农业改进所推进扩种冬季作物

训练农业技术人员

【松阳通信】农业改进所自 27 年（1938）成立以来，即致力于扩充冬作工作。今年，除继续去年扩种冬作 149 余万亩外，并预定增加 800 余亩，为适应此项需要起见，除在所内及所外附属机关调用 40 余人外，并登报征用农业技术及推广人员共襄此举。闻报名者 80 余人，经审查及口试合格者计 38 人，已于本月 4 日开始。8 日之训练，所授课目有农业推广、粮食问题、扩充冬作物应注意事项、农作物病虫害、土壤与肥料、垦荒常识、调查统计及农田水利等数种。上午上课，下午实习，使理论与实际相一致。训练毕事后，即于本月 14 日分赴各县开始工作。并闻该所印成扩种冬作指导手册及宣传大纲数千册，标语数万张，由各工作人员带赴各地云。（狄）

1940 年 9 月 13 日《民生日报》

松阳发现珍贵野生植物

松阳万寿山留石头村中最近发现一野生植物，草长2市尺，阔1市尺，柄蕙色紫漆绚烂耀目，新长者盖绿白渐黄色渐深，盖物成赭红色，薰破土而延地而生柄不着地，和平掌捺地状，柄圆爰状，粗细不一，初视如珊瑚干，芝体光滑，生长重叠，姿态玲珑。最近前往赏识者络续于途，该县县长郑琴隐氏曾派秘书至该地参验，并绘有素描。详细情形于辞源注释大致相同，然未悉是否具有价值，尚待见识者研究之。

1946年10月22日《苏州明报》

浙南云和秋菊夏开

【中央23日杭州电】浙南云和，入夏以来，淫雨连接，气候反常，如同仲秋。城内吴昌荣家内，上年栽有黄菊2株，近忽含包〈苞〉怒放，共有10朵，一时传为奇闻，往观者甚众。秋菊夏开，实属罕见。

1948年7月24日《宁波日报》

工　业

批奖布厂呈样立案

【处州】处州自叔衡太守[1]接署府篆后，因地瘠民贫，劝谕绅商筹兴实业。兹有郑绅（即郑宝琳）等创设利用公司织布厂，业已成立。呈送布样求请转详，给予商标。太守阅禀奖励有加，刻已据情转详省宪立案矣。（凡）

1907年3月27日《申报》

① 即处州知府萧文昭，湖南长沙人，其两度出任处州知府，是处州历史上最后一任知府，任内发展生产，兴办学校、修复水利，对处州的发展贡献颇大。

织布公司禀准立案

处州岁贡生谭献等禀请创办织布公司。日前，已有处州府萧叔衡太守转禀省城农工商局，请予立案。当奉批示云：处属地瘠民贫，工艺素未讲求，亟应设法提倡，以开风气。兹据禀送该生谭献等所设利用公司各式布样，颇合时宜。其办理章程亦尚周妥，该府筹款补助具见热心。准予先行立案，仰即转饬该公司遵照公司注册章程，报由就近商会加盖图记，禀请工商部注册可也。（比）

1907年4月23日《申报》

又有洋人设厂熬脑

【处州】景宁县境金钟庄村，近有某商人勾串洋人租屋设厂，购伐樟树熬脑，就地乡民因有碍坟山荫木群与为难。处州府萧叔衡太守以现在正值米粮奇荒，人心不靖，最易酿成变故，因即饬令营讯认真巡防妥为弹压。一面，又派委景邑县丞朱丙庆会办平粜，以安人心。（比）

1907年5月9日《申报》

委查青田石产数销数

【杭州】劝业道董季友观察，以处属青田县地方所产青田石，从前销路颇广，各省争相购售。果能精益求精于工艺不无补助，乃近闻此项青田石品出产日渐稀少，销路又形疲滞，亟应调查实情，以便随时改良。当札委候补知县王大令廷杰，驰往调查近年产数销数禀复核夺。

1910年5月1日《申报》

条陈改良青田矿石办法

【浙江】浙省劝业道董季友观察，以青田石素称有名。日前，特札委知县王令孝植赴青邑调查。兹悉王大令业已回省，向抚院及道署条陈办法三则，以备采择。一、设立公司。查青产石之山，以前仅有二都，现在三都、四都、五都、七都等处均已发见。土人泥于风水之说，除二都外采者寥寥，若能集期立一公司于二都山白洋外庄，或收买土人所采之石，每1元约150斤或派土人入山采石，每日工食钱大洋2角5分。再于七都之白岩庄立一分所，凡可以运销外洋者一一加工仿造。如是，则利权可以操券矣。二、采取正块。查从前开山采石皆挖矿采取，洞口方圆不足七八尺，人皆蛇行而入，所得皆是小块，即制成器具从无盈尺者，以致得价不昂。惟二都山外之白洋庄，可取大石。七都之白岩庄，开采不数尺即见石之颜色，且石质甚坚刀锯不入。若开采后用火制之法，黄变为红，青变为白，白变为黑以制各器，当可通行，则销路自可大旺矣。三、雇佣工匠。查青田产石，五色皆备，土人采有冻石，皆制印章。其余制成花木、鸟兽、人物等件运销外洋，质脆色暗，雕刻甚劣。惟温州工作较佳，倘能雇巧匠数人赴青田山口，将雕刻各法一一改良，再能加意装潢，则销路断不致再滞矣。

1910年9月30日《申报》

浙江龙泉磁〈瓷〉业之改良

浙之龙泉富产磁〈瓷〉料，不亚于江西之景德。惜制造未精，所处均属粗品。去冬，有绅民吴觉社、杜师顾等，拟在该县创设磁〈瓷〉器公司，采取西法改良磁〈瓷〉业。上禀巡按，使颇蒙嘉许，并承认通饬各县以资提倡。其公司章程暨招股简章，悉遵商法，对于股东之权利亦极优先。额定股本金计20万元，由创办人吴君先筹5万元，业已从事组织俟。集股半数，即可正式成立云。有志实业者，幸勿交臂失之。

1916年2月15日《益世报》

龙泉设立造瓷工厂

瓯海道尹黄庆澜，因龙泉、景宁所出瓷器尚佳，拟竭力提倡在龙泉设立模范手工造瓷厂并编造瓷新法分送各属劝导。

1918年1月18日《民国日报》

松阳电灯公司行将开办

松阳僻处万山，交通不便；风气拥塞，俗尚俭朴；居民思想，尽是守旧，对于一切公众利便事业，往往胶执成见，不思改弦更张而图维新。良可叹也！兹闻，城内士绅叶君长啸、阙君桐斋、叶君虎臣等，有感于此；乃于去腊醵赀3000余元，拟购置机器在城中开设电灯公司及碾米公所，此诚吾松空前未有之事业也。并闻，是项机器，已由叶君虎臣向沪渎某洋行购定，不日可能运到。而电学、使机等技师，均已聘就。先后纷至沓来，行且择定地点，即可开办云。（新）

1926年第5期《括苍》杂志

燧昌火柴公司动工建造工场

丽水普昌火柴材料公司，前拟自办蘸头一节，现已见诸实行，定名燧昌火柴公司，工场地点择定城北小校场①。自前两月开工建造以来，每日工人不下100余人。酌定建造平屋50余间，分为4进，占地约10亩，估计建筑费须洋3000元左右。目下外部围墙及砌路等工程，已逐渐竣工。身历其境者，为之耳目一新。每日前往参观之人，络绎于道。预计全部之工程，至多费时3阅月，当可完全赶造成功云。（高）

1926年第6期《括苍》杂志

燧昌火柴公司开始招股

燧昌火柴公司近于建造工场外，其他各方，亦颇积极进行。该公司招股简章及计划书，均已印就，分送各处。简章内署名发起者为郑宝琳、徐丽斋、张焕文、谭勉寅、陈子俊、叶宗山、陈子亭、刘乙照等18人。股本额定3万元，分作600股，每股出资50元；分两次缴足，股本利息每年定为8厘。除由发

① 现丽水市区灯塔街老年大学一带。

起人等分任〈认〉15000 元外，余数现已分头向各方招股云。（高）

1926 年第 6 期《括苍》杂志

括城女工之发达

此间一般妇女因生计压迫，而不得不觅工作以助家计者，日有增加。兹就最近调查所得，各家女工人数列表如下：利用公司，计 200 余人；普利公司，约计六七十人；普昌公司，计 20 余人；群益席厂，约计二三十人；永利袜厂，计 10 余人；大生袜厂，约计七八人。

以上各家女工，再与家居织布、做火炮、做锡箔及整理软席者合计之，不下四五百人。人数之发达，为素来所未有。此外，闻因觅工艰难，而一时未得工作者，更不在少数云。（高）

1926 年第 6 期《括苍》杂志

龙泉改良磁〈瓷〉业传习工场停办 *

省立改良磁〈瓷〉业传习工场（设龙泉县），因经费支绌，暂行停办。昨由建设程厅长派员前往查明整理。

1927 年 8 月 12 日《民国日报》

龙泉开瓷矿

浙省龙泉县之磁〈瓷〉场，出品极多，而且原料细洁，惜实藏未发，无人开办，致此大好瓷矿至今犹在草木之中。即有一二人取料杜制，但亦粗陋不堪。盖无此巨大之资材，不能改良，建设厅长程振钧氏，特派专门委员 2 人到龙泉，取验磁〈瓷〉砀，化验结果，认该处之瓷泥实不亚于景德镇之出品。程氏亦主招商承办，刻闻已由上海先施公司，已向浙江建设厅承领，出证保金 4000 元，由该公司取得开采制造权矣。

1927 年 10 月 26 日《天津益世报》

改良龙泉磁〈瓷〉器 浙建厅核定改良办法

【杭讯】建厅据龙泉县县长呈称，窃查嘱县瓷土为浙之特产品，土质优良，散布甚广，实为无限之利源，惟土瓷墨守旧法，不求改良，殊属可惜。职府已会商省立改良瓷业工厂，拟订初步改良办法五条，随时指导各土商遵照办理，藉资逐渐改良等情，并抄呈改良土制瓷器初步法一份到厅。经查悉，该县所呈改良办法，颇有见地。除令饬龙泉县随时指导各土商遵照办理，并将其改良成绩随时考查摘要具报外，并抄发原办法，令饬省立改良瓷业工厂，随时资助改良矣。其改良办法探志如下：

烧成之改良 瓷器之精良与否，全视最后工作之烧成以为断。若烧成不得其法，虽有优良之原料，精美之制造，亦必均归乌有。故烧成之改良，实为瓷业界之最重要者。查本邑所有土瓷既系直焰式，其烧成火焰，多用酸化，而还原不足，则瓷土中所含酸化第二铁，不能还原为酸化第一铁烧成结果，多半均系黄褐色，不能得洁白之瓷器，此实土窑莫大之损失。故土窑烧成时须注重还原方法，则产出之瓷器，必较为优良，此应宜改良者一。

装窑之改良 窑之装法，须使窑内匣钵间空隙均等，则火焰流通，烧成之火度，亦必均匀。查土窑装法，空隙极不均等，且匣钵底下，不用脚砖垫高，其下部〔火〕度更低，此亦一大缺点。故装窑时，匣钵底下，必须垫用脚砖，其顶上亦须留存空隙，则烧成之火度，平均不致相差过远，所得优良之瓷器自必增多，此亟宜改良者二。

装胚之改良 土窑各种瓷器之脚底，多有糠炭黏着，粗糙不堪，呈为购用者所厌恶。实因装胚时，不垫用脚饼，有以致之。若将瓷器脚底粗糙之坯土挖去，再行施油〈釉〉，装坯时再垫以脚饼，则光滑玲珑，引起美观，且适于实用，此亟宜改良者三。

制造之改良 瓷器形式之巧拙，全恃制造之手工，故制造手工之改良，实为土窑中之急务。查土窑均系依模制造，模样既笨，成品亦劣，未能悬手成形。从心所欲不依规矩，土窑瓷器之根本改良，非从技术入手不为功，应选择土窑瓷工之优秀子弟，或稍有技术者。至省立瓷业工厂学习，悬手制遣，则成形时之式样，自能变化多端，不致呆板粗笨，此亟应改良者四。

彩绘之改良 土窑之彩绘，专用油〈釉〉下青料绘画，且花色粗俗，颇不雅观。宜采用新式图案，或上五色彩花及印花以增加美术，而倡高价格，此亟宜改良者五。

1930 年 11 月 27 日《民国日报》

燧昌火柴实系国货

浙江丽水燧昌火柴公司，以厂名与日商在镇江经营之燧生火柴公司上一字偶同，致燧昌公司在厦门行销之刘海、神州、栝苍、渔翁等牌火柴，被厦门抗日救国会误认为日货，加以扣留。盖缘厦门远在闽南，情形隔膜，又适因燧字偶同，遂致发生误会。再查燧昌火柴公司所出各种货品，除少数包封纸及盐酸加里赤磷等，不得不仰给于英、美、德、瑞等国外（此数种国货所无），其余药料十数种，确系完全国货。且半系丽水土产，不假外求，而尤以大宗原料之盒片及梗子，均由同邑普昌盒梗厂所供给，故出品精良，不下于舶品云。

1931 年 11 月 22 日《申报》

丽水电灯公司组织整理会
建厅派定代表并补助 3000 元

建设厅以差丽水县普明电灯公司，因机量不足，亟待整理。该县前会拟具整理办法，呈厅核准在案。该项办法第二条规定，由县指派代表 1 人，中华事务所 2 人，暨县长与建设科长，组织整理丽水电灯公司委员会，负责进行□切。兹由厅令派公路局丽云段管理员陈雪白为代表，并拨发补助费 3000 元。该电灯公司以后一切进行，应由整理委员会妥筹办理云。

1934 年 8 月 27 日《东南日报》

龙泉瓷业厂移设温州
需费 13 万元确定后即实施

建设厅以本省前为发展瓷业起见，曾于龙泉县设立改良瓷业工厂 1 所。嗣以该县居瓯江滩河上游，地处万山之中，交通不便，运输困难，致成效鲜著，营业亏折，于〔民国〕20 年(1931)改由商人承办。迨民国 22 年(1933)，承办商人又以营业失败，请求退租，迄今尚在停闭保管中。兹为利用龙泉瓷土，以图发展计，拟将该厂移设永嘉。因该地与上海、华南仅一航之隔，出品途销迅速，且运费低廉，无损失之虞。而永嘉、平阳、天台、临海等县，亦多产瓷土，采运尤便，他如工人之招雇，材料之购办，均较龙泉便利，故移设该地最为适宜。并拟将来采用机器，减少人工，以增加工作效能，并除制造日用陶瓷器陶砖外，兼制电瓷、理化瓷及美术品等。藉以供应该会之需要，及抵制舶来品。至其经费预算，固定资本 74800 元，均为建筑设备之需，流动资本 30000 元，经常费 28800 元，合共 133360 元。现该案俟曾厅长返省确定后，即行实施云。

1935 年 3 月 6 日《东南日报》

云和铁矿蕴藏丰富请当局派员测勘设法开采

云和僻处浙南，地方瘠苦，惟利弃于地，尚不在少！查该县二区铁矿蕴藏丰富，在昔铁价高涨时，用人工开采，每年产量，亦可达数万担(每担合市秤百斤)之多。销售于浙之金、兰以及苏之苏、常等处，迨后洋铁输入，土铁因而打倒，开采搁浅，工人失业。苟能由省方主办，改用机器开采，不独发展国民经济建设，且可充实国防物力。

浙江省商联会第三次全省会员代表大会，曾提出《开采云和铁矿发展国民经济建设案》。当经决议：由省商会呈请建设厅派员测勘后，由厅招商集股，组织公司，官商合办等语记录在卷。

至建厅方面，以该铁矿经前矿产调查所技师燕春台，于21年（1932）间调查报告谓:“该县铁矿系磁铁沙，蕴藏于土壤中，仅约10%。该地附近缺乏炼冶金焦之烟煤，又无助冶之石灰石，实无大规模经营之价值”云云，故不甚注意。查21年，本县公路尚未完成，尔时由省至云，来往需时半月，故省方派员之往浙南一带公干者，大都视为长途。此次，上海永达矿业公司杭州采运事务所已派孙鸿模君抵县调查铁矿。认为矿区辽阔，蕴藏丰富，实有开采之必要，现已返杭复命矣。

同一矿区调查，而报告却有二歧，足见前勘之未必确实，拟请省建设厅再行派员测勘！采纳第三次全省商联会会员代表大会决议办法，计划开采，以贯澈〈彻〉总理地尽其利之遗教。

云和公民 郑邵里 谨启

1937年5月5日《东南日报》

碧湖电力分厂明日正式放光

【丽水通讯】浙东电力厂[①]碧湖分厂，积极筹备兴工赶建。各项工程均已毕事，并于昨日开始试车，灯光充足。现该厂定于本月11日正式放光，开始营业。

1938年4月10日《东南日报》

丽水县民众教育馆开设妇女职业训练班

本县民众教育馆，为提倡妇女职业，增加生产，以充实抗战力量起见。特举办妇女职业训练班，科目分缝纫、编织及刺绣三种。业于本月18日开始报名，训练期间，定为两个月，所用书籍，概由该馆供给，日来前往报名者，颇为踊跃云。

1938年10月25日《东南日报》

① 抗日战争全面爆发后，浙北各地相继沦陷，浙江省政府迁往浙西南山区。为满足后方生产、生活需要，1939年5月30日，国民政府经济部资源委员会与浙江省政府建设厅签订合约合办浙东电力厂，投资总额法币120万元。总厂设在丽水城内，下设丽水、碧湖、小顺、云和、大港头、松阳、龙泉7个分厂，到1944年，碧湖、大港头2个分厂先后关闭。抗战胜利后，浙江省政府迁回杭州，浙东电力厂撤销。

浙东电力厂丽水分厂有用户379家*

【丽水】浙东电力厂丽水分厂，自开始供电以来，业务进步颇速。兹据该厂统计，截至9月上半月，用户共有379家，灯头3046盏。日来，用户报装者，仍络绎不绝。

1938年10月28日《东南日报》

浙东电力厂近况

【丽水通讯】日前，丽水各公团因浙东电力厂丽水分厂，增加电价，发生异议。顷据该厂当局谈，该厂所用柴油，首批系去春筹备时购进，价每吨90余元。按照成本估计，规定电价，每度2角4分。嗣因柴油市价，飞涨至每吨170余元，该厂续购柴油，价格与前相差几1倍。该厂本公用事业，当以市民利益为重，故仍维持原价，撙节开支，以求收支相称。无奈油价过巨，为求收支适合起见，经呈准于1月1日起，将电价改为2角8分，以符成本。所有经过，已于县商会代表曹主席委员凤和莅厂时，详细面告，并承谅解，允为转达，各用户亦多照缴电费，现已不成问题云。

1939年1月21日《东南日报》

浙东电厂丽水分厂添置新引擎*

浙东电厂丽水分厂，以迩来丽水人口日增，电灯装户日益增加，致原有200匹柴油引擎发电机不敷应用，旋经该分厂充75匹柴油引擎发电机1部。经试车结果良好，约下月初旬即可放光，俾各方得添装电灯。

1939年5月28日《东南日报》

碧湖电灯厂筹备恢复

【丽水县讯】查本县碧湖镇电灯厂，兹因机件损坏，停止供电为日已久。

兹闻，现经县政府函请浙东电力厂迅行设法继续供电。已准函后，积极筹备恢复，不久当可重放光明云。

1940 年 4 月 2 日《民生日报》

建厂试制樟脑　拟定征用樟树给价标准

【丽水县讯】建设厅为充实抗战资源起见，试制樟脑。在丽水水南征用樟树 1 株，嗣又在天井岭地方征用樟树 1 颗〈棵〉，因办法标准未奉核定，均尚未给价。兹悉，现已忝照闽省成规，暨各县调查樟树产量所得材料，拟定上等樟树（肉色至白）直径每公尺给价 70 元，中等（带黄）给价 60 元，下等（红色）给价 50 元，中空及腐烂者折减。依照上项规定，天井岭樟树应予给价 35 元 7 角 5 分，水南樟树应予给价 61 元2 角，已由厅饬县具领转发。至在沙溪征用之樟树，俟砍倒检验完竣，即当办理给价手续云。

1940 年 4 月 18 日《民生日报》

浙建厅筹办试制樟脑在丽水征用樟树

【丽水通信】浙省府建设厅，为充实抗战资源，决定举办试制樟脑。特在本县水南及天井领〈岭〉地方征用樟树，其给价办法核准，已呈由省府核定。参照闽省成规，及各县调查樟树产量所得材料，拟定上等樟树（肉色全白）直径每公尺给价 70 元，中等（带黄色）给价 60 元，下等（红色）给价 50 元，中空及腐烂者折减。依照该项规定，天井岭及水南樟树，均分别给价，由县府具领转发。

1940 年 4 月 29 日《申报》

丽县联合社工场制织毛巾蚊香
古市农产合作社出肥皂

【丽水县讯】本县合作社、联合社，近计划设立合作工场。已觅定梅山金钟庙为毛巾织造部,濠头街社所附设蚊香制造部。所有原料均已办妥,技工亦经分别聘雇,现正忙于装修,定本月16日两部同时开工云。

【松阳通讯】本县古市农产制造合作社自去岁12月成立以来。迄今数月,先后出品计有改良酱油、酒精及豆类食品约20种,每日营业颇称发达。兹闻,本月份添制百合肥皂及农工肥皂数种,业已廉价行销市面云。

1940年5月13日《民生日报》

利用祥华两厂女工要求增加工资

每日工资至多不过3角　县府进行调解中

【本报特迅】本县利用公司、祥华公司,近发生劳资纠纷。工人要求增加工资,并向党政当局请求调处,县府乃于日前召集劳资双方进行调解,大致已觅妥一解决之途径。记者为明了此中情形起见,特走访县府叶秘书,承将经过情形述明如下:

本县利用、祥华两布厂所用均为女工,系"计件工资"。在抗战以前(民国26年),工资每丈布8分5厘,技术纯熟者每日亦仅能织3丈布,工人每日所得至多为2角5分。至民〔国〕27年(1938),厂方增加工资,每丈布增加至8分8厘,即每1日熟练工人,可多得工资1分。至民[国]28年,又增加工资至每丈布9分8厘。以迄于今工人每日所得,仍不能超出3角。在抗战后生活程度日高,而所加工资,使每一工人仅多得5分钱,实难维持生活。因两厂女工不约而同,派代表向厂方请求增加工资,惟工人秩序甚佳,一面仍照常工作,彼等所请求者有三点:(一)增加工资一倍。(二)恢复生产假。(三)被开除工人复工。

放生产假　按《工厂法》女工在产前产后,可向厂方请生产假40天,而两厂并未能遵照执行。三项要求提出以后,厂方并无答复,并将所派之工人代表,籍故开除,共计利用公司开除5人,其中2人确系被检查出有偷纱证据,其余3人,则系工人代表,并无偷纱证据,因此引起工人之不平,要求厂方将被开除之工人复工。

调解经过 县府方面闻讯，即召集两厂劳资双方调解。是日(12日)，到利用厂双方代表、县党部民运干事吕振政、县府叶秘书及余建设科长。经调解后，厂方对增加工资，原则上已同意，生产假按工厂法执行，被开除之工人除已查获证据者2人外，均复工。因祥华厂劳资双方均未到场，是以未能作肯定之工资增加之准备。

工厂检查 闻县府方面，为保障工人生活计，将按照《工厂法》实行工厂检查云。

1940年5月14日《民生日报》

宣平征属获保障 合作布厂成立

社员全系征人家属

【宣平通讯】本县府为解除征人家属痛苦，筹办合作织布厂。社员全系征人家属，股金每股2角，在盈余摊还金内扣除。该社于上月底筹备就绪，本月初正式举行开幕。叶县长亲临该厂致训，征人家属莫不感激万分。此厂设立之后，宣平征人家属可获极大之保障。

1940年5月15日《民生日报》

松阳新闻纸改良品质

【松阳县讯】本县古市区上源乡，素以出产松纸著称，但均作迷信及便纸之用。古市经建实验区，为应文化事业之需求及增加纸农收益起见，特组织合作社，从事改良制造新闻纸。该社已于本年1月正式开工，出品应市，该项报纸品质优良，价格低廉，销路颇广，殊有供不应求之势云。

1940年5月27日《民生日报》

龙救济工厂添设织袜部

【龙泉通迅】本县战时救济工厂，近为广充营业范围，决定添设织袜部。

前向永嘉方面采购之织袜机，现已陆续运到，最近期内即可开始业务。

1940年6月10日《民生日报》

丽社会服务处代招纺纱工

【丽水县讯】浙江省手工业指导所丽水手工纺织示范场筹备处，委托丽水县社会服务处代招收手纺纱工人20名。凡青年男女，身体健全，略识文字，年龄在15岁以上30岁以下者，俱可应征。经审核后，先予训练1〔个〕月，再分发雇佣，其简章及报告处，可向泗洲堂社会服务处办理。

1940年6月16日《民生日报》

缙云改良纸质已试验成功品质优良

【缙云通迅】缙云每年产有南屏纸55000余担，向来运往山东等省出售，供应迷信之消费。抗战后，以交通多阻，纸张运出即感困难，外来亦求不应供。县府为提高纸业工人生活，谋用品自给自足计，经饬合作指导人员，指导组织白马乡谷雨前村纸业生产运销合作社一所。经积极筹备就绪，聘请技师监制，将原有南屏纸改造为新闻纸，现已试验成功。拟先供给本县文化事业印刷之需，俟将来业务扩大，再行推销外埠云。(淑)

1940年6月29日《民生日报》

省手工业指导所将出植物油灯

正赶制中 10月间可问世

【本报专访】浙省手工业指导所，于本年4月间与发明植物油灯者吕时新(上海中新工厂经理)双方订约在丽筹设植物油灯厂一所，资本会经官商合筹5万元，开始筹备以来，已经五阅月，记者以目下煤油价格飞涨，上项植物油灯实为当前迫切需要。为明了工厂现况起见，昨特走访□所戴科长，承其祥告经过如下曰："该油灯厂吕氏发明之植物油灯，业已呈请经济部为专利品。”现因吕氏让归本省所有，曰该吕氏油灯现已由厂制就千余盏（每日可出百余盏），经试验结果其光度仅差一般火油灯 12%，惟灯之构造复杂，遇有损坏不易修理，尚须更进研究补救缺点，以期完善后，再行大量制造。□□拟另出一种，构造稍为简单价格亦廉，灯之燃烧时间可达 8 小时，光度仅差火油灯 8%，已在制造钢模中，不久亦可出品。以上两植物油灯之最大缺点，即冬季点燃较费时间，但可用化学方法克服，祗价格略昂而已，最后据告，该两种植物油灯最迟当可于 10 月间问世云。

1940 年 8 月 29 日《民生日报》

丽总工会第二次理监联席会议决议设平民工厂案等

【丽水县讯】丽水县总工会召开第二次理监事联席会议，出席理监事李永章等 10 余人。主席徐志明，通过该会最近工作要点如后：（甲）整理各业工会会员会费：一、条陈意见，讲党政机关布告依照工会法，在战时凡各等工人，均应强制其分别归入各业工会充实组织。二、各业工会负责人，须于最短期内，将本业工人未入会原因调查清楚，劝令入会，如经劝导警告仍不履行入会，应列册签注意见，强制其入会或停止其营业。三、会费由总工会统收统支，节省开支而免杂乱。（乙）策动组织工人合作社及平民工厂：一、领导各业工会工人，组织生产供给信用消费等，并营合作社，向外流动资金，辅助发展业务。二、策动本县工会中坚分子，筹办平民工厂，收容出征家属及难民，以及失业员工，增加战时生产，安定社会秩序。三、采取以事业养事业原则。上列两点所得公积金公益费全数拨作举办劳工教育、工人诊所等救济事业，不敷再行筹募之。（丙）筹设工人娱乐场：一、工人每日劳动，一有休闲机会，每多驱入不正当消遣如赌博等，将血汗所得工资花尽，费时失业在〈实〉在危险，故将原有本会剧场辟为工人娱乐场，陈设通俗书籍、画报、丝竹乐器、各种棋类供工人工余消遣，导引工人正常娱乐途径。（丁）组织工业改进会：一、本县工艺品以及各项工业，有许多不合时代要求，未能相当发展，故拟组织工业改进会，敦聘工业专门人士研究改进，俾本县工业有进步发展。(戊)本会场所修理拟定于10日完竣。

1940年9月11日《民生日报》

龙泉县联合社增设造纸厂

【丽水县讯】本县合作社、联合社，自4月中旬成立以来，虽为时甚暂，但业务极为发达，其中心业务为实施计口授盐、计口授粮及火柴日用品分配等项，现平均每月营业额已达15000余元。该社除设有收油站、仓库等部外并设立印刷厂一所，承印《龙泉日报》及各合作社与机关团体之文件表册。近为扩充业务起见，并于南窖乡增设造纸厂一所，制造改良新闻纸，并负领导全县纸业改进之责，现已筹备就绪，不日即可开工。闻将来产纸，除供该联社印刷厂自用外，并运往省批发等部代为销售云。

1940年9月15日《民生日报》

丽联社蜡烛工场业已开工

【丽水县讯】丽水县合作社自成立以来，业务颇为发达。该社为利用本地人工原料加工制造，以达自给自足之境地起见，曾有毛巾及蚊香出品，早为各社员社所药用。兹该社为适应需要起见经添设蜡烛工场，业于昨日开工，所有出品各种大小红白蜡烛成色甚为优良云。

1940年9月26日《民生日报》

缙征属工厂制造肥皂

【缙云通讯】缙云县征属工厂在本县城区之仙都乡××村，开始以来，工作颇为积极，各征属颇感便利。兹悉最近为适应社会之需求起见，特聘请技师制造肥皂一种，每条块价目为4角，现已发售，品质兼优，咸表满意云。

1940年9月26日《民生日报》

青海口经建区恢复妇女生产合作社

【青田通讯】本县海口妇女生产合作社，自从成立以来，因该区人事调动关系，曾一度停顿。该区工作人员，深觉提倡妇女生产，直接可活泼家庭经济，间接可加强抗建力量，特促该社负责职员从速恢复业务，先设织袜、制鞋、养猪等部。又闻，该区在东山乡预备设立军笠生产合作社，现正设法发动筹备中。(麦)

1940 年 9 月 27 日《民生日报》

手工业指导所面粉厂兼办磨麦业务

今日起订有取费标准

【丽水县讯】浙江省手工业指导所面粉厂设于碧湖霞江埠，装置半机械化面粉机，磨制面粉，品质甚佳。近为便利民食起见，自 12 月 1 日起，兼代外界磨面制粉。兹采录取费标准如下：每次磨麦 10 担，每担取费 3 元；10 担至 20 担，每担取费 2 元 7 角；20 担至 30 担取费 2 元 5 角；30 担以上，每担取费 2 元。麦麸可作代价，不另取费。其不足 10 担者，并另定有以麦换粉办法，视麦之成色高下，每担可换粉 60 至 70 市斤云。

1940 年 12 月 1 日《民生日报》

龙县联合社增设缝织厂

【龙泉通讯】本县联合社为统办经建事业，建立手工业推广机构起见。特□呈准接收县立缝织厂，业于 12 月 6 日接收完毕。闻该厂内部计分缝纫、织袜、肥皂三部，工人 90 余人，营业发达。县联合社接收后，以肥皂营业最佳，特分设为肥皂厂，并连缝织厂，增置机器。全部出产利用区办事处、乡镇合作社推广销售。又闻该社经第五次理事会议决，认购省合作社物品供销处股本 5000 元云。(鸿)

1940 年 12 月 17 日《民生日报》

云和军火工厂改农具制造厂

【本报杭州23日电】沈主席鸿烈[1]22日巡视抵云和。对抗战时期，大量制造军火供应第三战区之大港头工厂[2]，已决改为农具制造厂。请前主席黄绍竑[3]之侄黄祝民主持其事，庶几改造建设工具，以利农业。

1947年2月24日《申报》

浙东云和炼铁厂三四月间可成立

【本报杭州26日电】省府所办浙东云和炼铁厂，积极筹备，可于三四月间成立，第一年产量预定千吨。

1949年2月27日《申报》

商业·价格

禀请免加盐价

处州绅商公禀浙抚略谓，处属十县食盐向赖温属运济。近来，屡奉加价，不堪其苦。本年四月间，前运宪惠以招练新军，每斤加价1文。局宪深悉情形，移请展至八月初一日为始。兹又奉部文每斤加价4文，似此递加递

① 沈鸿烈（1882—1969），字成章，湖北天门人。海军上将。1946—1948年任浙江省政府主席。

② 即浙江省铁工厂大港头分厂。浙江省铁工厂建立于1938年9月，分别在云和小顺和丽水大港头设厂，后有4个分厂，是抗战时期中国东南最大的兵工厂。

③ 黄绍竑（1895—1966），又名绍雄，字季宽，广西容县珊萃村人。与李宗仁、白崇禧号称新桂系三大巨头。国民革命军中将加上将衔。抗战时期，任浙江省政府主席。中华人民共和国成立后，任中华人民共和国政务院政务委员、中国人民政治协商会议全国委员会委员、全国人民代表大会常务委员会委员、中国国民党革命委员会中央常务委员、和平解放台湾委员会副主任等职。

涨，向业官盐者恐必争贩私盐，而自罹于法向食官盐者，亦必争购食盐以自全其生。不惟民生益困，盐厘亦必形短绌，加之处属水灾3年之中必一二，发食既不足，盐复日昂，小民何以聊生。罹有联名恳请已加之数，不敢求减，经加之价，还祈咨部豁免以抒民困。

1908年8月26日《申报》

处属八县商业情况

在和平时代，本即无商运之可言。近年，迭被匪患，即商市亦大受影响。据熟悉处属情形者言，处属人民与杭、嘉、湖等地人民之生活比较，不啻一在天堂，一居地狱，生活状况如此，尚遑论商运哉。

1930年2月26日《益世报》

丽水生产展览近讯

【丽水通讯】第十一省学区生产成绩展览会，自经本县教育局及民教馆等机关，分别筹备以来，各部分事务，业已就绪。记者曾于5月29日，前往参观，各县送到各项生产品，总计约有一千数百件。其中以丽水利用染织公司之各种布匹，燧昌公司之火柴，普昌公司之火柴材料，华丽家庭工业社之绒巾，龙泉、庆元之香菰〈菇〉、刀剑、毛边纸，宣平之莲子及银眼，松阳之烟叶为最佳。陈列场所，暂借民教馆，日来各职员从事布置场所及其他工作，颇形忙碌云。

1935年6月3日《东南日报》

丽水北乡滴水岩的铁沙

乡民淘沙设置沙潭槽　镕〈熔〉铸成铁块运金华销售

【丽水通讯】本县北乡滴水岩一带，有矿产铁沙一种，溪涧沙面，都有黑沉沉的铁沙发现。淘沙的乡民壮丁居多，约占全体十分之二三。他们掘泥准备淘沙的时候，先选择涧水流出经过的地方，因地制宜的设置“沙潭”和“沙槽”(沙潭的面积约有八九方尺，深度约三四尺，作圆形或椭圆影〈形〉，沙槽阔约二三尺，长约 10 尺)，先导水流泥沙入潭内，用力打淘，使泥沙随水流出外面，所有铁沙就沉淀在潭里。这类铁沙，还含有泥沙，所以再将潭里的铁沙搬置沙槽里面，放入流水，用锄钯继续打淘，将泥水慢慢的开去，沉下的沙就是“纯粹的铁沙”。

每个壮丁，假使尽力去淘沙，每天可得 5 角至 7 角的代价，每月可得 14 元至 18 元(法币 1 元可买铁沙 220 斤)。镕〈熔〉沙的铁炉，除本地设有 1 座外，附近如吴岭、金坑等地方，都有开设，总计 4 座。至于铁炉的经营者，有独资的，也有合资的，大都属于资产阶级。铸成的铁块，运往金华一带销售，镕〈熔〉铁的工匠，都系外地人，以温州和永康较多，工资每年百余元。

铁沙的产量，每五六丈面积的荒沙地，掘入深度八九尺至丈余，可淘铁沙百余担。所以山腰上的沙地，都被掘得高低不齐，满目窟窿，一片片黄橙橙地，寸草不生。洗过的泥沙，就不能种植了，可是有的地方，只要经过相当时间，也可种植。谈到淘铁的泥沙有 2 种，一为白泥沙，含铁沙较富；一为紫泥沙，含铁沙的成分较少，老于淘铁沙的人，才能辨别出来。

记者查得该处铁沙的产量，不亚于处属的云和。淘沙的人，都系采用旧法，难见有大量的出产。如果政府能提倡用机器开采、镕〈熔〉铸，将来裨益民生不少，复兴农村的目的也可相当地达到了。

1937 年 4 月 21 日《华北日报》

盐商集中营业零售处拥挤不堪

今盐业公会召各界集议

【丽水县讯】本邑盐商自集中营业以来，盐价公允，支配平衡(每人限购 1 元，每元 8 斤 4 两)，惟市上仍有“购盐难”之声。记者为明瞭〈了〉真相起见，特走访县商会，目睹零售处购盐者争先恐后，秩序紊乱，有等待数小时而尚未购得者。据商会声称，集中营业以来，有三点困难：一、秤放处供给盐量过少，每月全县仅461簿，计13000余斤。二、外县盐价较高，竞来本县采购，整批愿提高价格八分之一。三、浦城伤兵强欲向本县整批购盐。闻今日下午2时，盐业公会将召集各机关集议解决办法云。

1940年4月2日《民生日报》

丽各机关昨集议商讨食盐供给问题

请盐务收税局增加配额今日起盐价定每元7斤

【丽水县讯】本县盐业公会，以近来盐荒问题严重，于昨(3日下午2时)，在县商会召集紧急会议。并请各机关推派代表出席，共商善后。计昨日到会者第九区保安司令部、县政府、县党部、动员会、县商会、军警联合稽查处、警察局、弓岸秤放处、收税局等。由盐业公会主席程叔良详述此次盐荒经过情形及提供补救意见后，旋即开始讨论，历时甚久。兹探录其决议案如下：一、由盐业公会祥叙实际需盐标准情形请各主管机关证明，向收税分局暂增配额以资维持。二、由盐业公会拟定购盐办法及数量呈县政府转呈保安司令部协助办理。三、由盐业公会证明伤兵购盐事实应付困难情形，呈请县府转函盐务机关设法接济。又悉自今(3)日起，盐价平〈评〉定每元7斤云。(经济社)

1940年4月3日《民生日报》

龙缝工增价

【龙泉通讯】本县缝业公会以前定制衣价目表及所定缝工价，历时颇久，已不适用。乃于前日，根据目前实查情形，并参照旧表，酌予增价。闻缝工价男工自2角5〔分〕增至3角5〔分〕，女工增至2角，制衣价则均照前增二成云。(仁)

1940年4月13日《民生日报》

本月1日起丽全县盐价每元7斤

故意抬价准由人民检举

【丽水县讯】丽水县日用品评价委员会，于本月30日下午2时，在专署会议室开第22次常会。主席余兼县长（由叶秘书代），决议5月1日起，全县盐价一律定每元7斤，每斤1角5分，如有违反评价，准由人民检举，重严究办。5月上旬米价，上等米定每元6斤8两，普通米7斤。

1940年5月1日《民生日报》

景县食粮食盐将实行计口授给

【景宁通讯】本县县政府对于食粮、食盐不日拟即实施计口授给。11日曾举行第五次县政会议，由民政科拟具详细办法，呈省核示。（茂）

1940年5月18日《民生日报》

太平盐商抬盐〔价〕格　丽县府派员查封

【丽水县讯】本县自实施计口授盐以来，影响食盐恐慌即行解决。分处出售，人民称便，然尚有少数不法商人，以每担120元，每元3斤半之黑市高价出售，非但食盐来源因此纷乱，而计授制度亦受影响。本月25日晨，太平区署接得人民秘〈密〉告，即电请余兼县长派员分头查封。当经查得西溪李×昌、小安杨×利等私盐21篰半，并饬由太平、双溪等合作社附设之售盐处照县评价格收买出售。

1940年6月2日《民生日报》

奸商垄断景盐价高抬

【景宁通迅】本县小溪沙湾埠，近日有青田商民徐×海等，运到粗盐数十簿，每簿实售国币75元。价格飞涨，为数十年来所未有，并尚有青田盐商张×岳等，载有多数食盐，不日即可到境，价格尤须高抬。本县自抗战以来，因沪温航运时断，境内唯一之木材出产不能销售，民生凋敝殊甚，复遭此等奸商垄断，居民实不堪设想云。（勋）

1940 年 6 月 10 日《民生日报》

丽米黑市风甚炽　亟盼当局从严取缔

营私舞弊者应予惩处

【本报专访】丽城自一周以来，米荒之声，甚嚣尘上，谷户出粜裹足不前，城区米商更乘机垄断居奇，以致米价黑市重重，一般平民购买者，形成有钱无米，有米价昂，有 1 元 4 斤 12 两者，有 1 元 4 斤半者，甚至有 1 元 4 斤 4 两者。依照粮管处 11 元 100 斤谷价，折合米价，则应每元 6 斤，几相差规定谷价每百斤计四五元之多。此种情形，若长此以往，不严予取缔，丽城民食前途，实不堪设想。本报记者昨特走访某熟谙个中详请者，据其分析，亟应做下列三点以为补救：（一）嗣后应请丽水城区粮食临时采销处公布每月收买谷子及粜出之米数量，以昭大信，而免流弊。（二）应请粮管处派员密查城区米商有否囤积居奇在黑市中操纵米价。（三）严防下乡采销者从中舞弊以多报少，假公济私。以上亟盼当局以快刀斩麻手段全力解决此问题云云。（斌）

1940 年 9 月 02 日《民生日报》

丽王×丰南货店抬高物价受惩
具结县府以后不再违反

某君于前月两次到本城酱园弄王×丰南货店购买煤油，售价均高于该旬评定价格。某君以该店违背政府法令，剥削平民，即将发票 3 张呈送平〈评〉价委员会，请求惩办。该会以情节尚轻，决定呈请县政府饬县商会转令该店具结承认以后不再有违反平〈评〉价情事。商会奉令后，经取得该店具结，于8月29日呈送县政府。该具结略称，以后不敢再有抬高物价事情，如有违背愿受政府严厉处分云。

1940年9月2日《民生日报》

稻草居奇*

有某商人往城郊农户收买稻草，价每元80束，其意欲囤积至冬间卖，价可居奇至每元四五十束。

1940年9月5日《民生日报》

为富不仁高抬米价谷被充公

【云和通讯】云和县沈村地方，有村富叶×蓉为富不仁，高腾米价，于本月某日，将谷粜与邻县景宁乡民，当被该村民众报告县府，闻已将谷充公云。

1940年9月11日《民生日报》

丽县粮食公店今日开始售米

凭粮管处给购粮票购米 县联合社等亦同时开市

【丽水县讯】闻县粮食公店经于昨日筹备就绪，现准于今日开始售米。闻因加工关系，每元现卖5斤12两，到该店买米者仍须由县粮食管理处发给购粮票。同时城区消费合作社配米4000斤，临溪镇合作社配3000斤，县联合社配3000斤，亦同开市。该三处则不须发给购粮证，可自由购买云。

1940年9月18日《民生日报》

本县今日起食盐加价　每斤2角1分3厘

【丽水县讯】温处盐税丽水收税分局，兹奉令增加盐本每担7角8分。

本县县府准函后，已规定本县盐价每担一律市售21元3角1分，每斤为2角1分3厘，闻于9月20日起依照现定价格售买云。

1940年9月20日《民生日报》

丽县粮管处评定谷米价格

本县粮管处近以新谷登场，依照省定标准评定谷米价格，探录如下：甲、谷每担收价10元5角正，谷每担批价12元正。乙、米每担售价17元4角正（一机米），米每元售米5斤12两（一机米），米每担批价17元正（一机米）。丙、成本计算法，谷每担收购价10元5角，加运费平均8角，上下力2角，碾米费4角，拆耗2角，折旧1角5分，事务费2角5分，润利3角。以上共计12元8角，内除米糠收入3角，每担谷净成本为12元5角，估计谷每担碾一机米72斤，因此评价每元售米5斤12两弱，每担为17元4角。丁、糯晚谷价与早谷同，必要时掺和出售。

1940年9月21日《民生日报》

丽县粮管处召开购储粮食会议并经订定售米暂行办法

【丽水县讯】本县粮食管理处，以境内产粮不足自给，而本年秋收歉薄缺粮尤巨。为谋各机关团体、工厂、学校，对于需要自用食粮，将来不致缺乏起见，特运用省颁管理办法，应由需粮机关预缴定金委托县粮管处代购，集体分配一条之规定。择定于本年9月24日下午2时，假座专员公署会议室，召集各机关团体、学校、工厂举行购储粮食会议，业已分别函请推派代表携带员役名册及拟定预购食粮数量，届时出席与议云，并悉该处业已订定售米暂行办法。兹录于后：一、本县境内机关团体、学校、工厂及临时流动户所需食米向县粮食公店购买。二、普通住户食米向县粮食管理处（以下简称本处）核准之特许经营米店或合作社（以下简称店社）购买。三、普通住户须持购盐证购米，经售店社制给购米登记单，以后凭单续购，如发现超出实际需要额以上之购买，店社得拒绝出售；如外籍住户尚未领有购盐证者，应向该管乡镇保甲长办理户籍登记，无证暂不给买。四、公共户购米，须先造具食宿职员名册（有家属而已构成普通户者除外），由本处核定数额价售，如需谷总额叫巨，为求接济有确实把握起见，依照浙江省核定购储自出谷米办法及本省〔民国〕29 年度（1940）仓储计划，酌定需粮数额，预缴订购金，由本处呈请省粮食管理处指定余粮县份订购供给。五、凡需粮各户此次总查封□□食谷米者，在未食罄以前，暂不给买。六、各店社及粮食公店门首，应挂谷米评价牌示，一律遵照买卖，如有私自提高，准密报核办。七、本办法签请县长兼主任核准施行。

1940 年 9 月 21 日《民生日报》

缙云各界举行粮食会议

决议重要办法 3 项

【缙云通讯】缙云地处山陬，人民固多务农，但山多田少，而本年入夏以来，又罕逢雨水，致秋收稍歉，故自新谷登场后，米价更贵，1 元钱仅购得 3 斤 4 两。党政机关有鉴于此，爰于本月 16 日召集各界商讨解决办法如下：一、定期查封存粮。二、由积谷仓拨款 1 万元向余粮县份购办平粜。三、宣传劝导节约，现已分办理云。（达）

1940 年 9 月 21 日《民生日报》

碧湖龙井茶到丽发售

【丽水县讯】浙江省农业改进所丽水碧湖示范茶场，本年第一批仿制龙井茶叶，兹已开始发售。该批在清明以前拨制，品质极优，闻已运到丽水消费合作社发售，批发可向该场直接洽办。

1940 年 4 月 18 日《民生日报》

龙泉〔青田〕三乡合作社扩大茶业运销进行顺利获利丰盈

【龙泉通讯】本县产颇多，上年石门区富堡、湖川、雁衢三乡合作社，联合统收茶业，获利7000余元。办有合作小学1所，提取出征社员家属优待费400元，及公积公益两金外，茶农社员每1元交易额，尚可分红3角。本年[青田]石门、海口两区合作社联合办事处，扩大办理茶业运销，呈准县政府统制收买，进行颇为顺利。又本年仿制龙井茶，指导茶园之栽培管理，及训练制茶人员等。希望以合作力量增加茶园面积，改进茶业品质云。

1940年5月22日《民生日报》

丽水南明旅舍开幕通告

本旅舍为策旅客安全及便利起见，特于大水门横街新建时式石库门面楼屋一座，房间宽畅，器具整洁，空气新鲜，并备有防空壕。俾旅客免除空袭顾虑，一切招待周到，视宾客如归。今本舍已于5月13日开幕，如蒙惠顾，无任欢迎！

本旅舍主人启

1940年6月9日《民生日报》

青田收油站迁移站址

【青田讯】浙江省油茶棉丝管理处为便利青田及景宁桐农商投售油起见，于6月间在青田城内设立收油分站，租定上店街县合作金库隔壁徐宅为站址。自开始收油以还，阅时2月有余，投售者尚称踊跃。兹闻该站以上店街房屋不敷应用，自9月份起迁移前路街45号办公(即由温至青第一埠头，土名千埠头)，已呈报备案并通告周知云。

1940年8月29日《民生日报》

丽县府订定取缔违反评价办法

准人民告发并提罚金三成充赏

取缔违法建筑不合格度量衡器

【本报专访】记者昨走访丽水县政府建设科负责人，据谈近来本县出售日用品商店，对评价委员会评定价格，每有阳奉阴违或故意高抬价格情事。县政府特订定取缔违反评价暨充赏办法。规定自公布评价表之日起，各售卖日用品商店应将商会转发之评价表张贴门首，如有不依照评价表价格，故意抬高售价，重者移送法院审判，轻者由本府处罚，顾客购物时可照评价表给付物价，倘商店不收，准报请警察局强制执行，人民如知某商店高抬物价，有确凿证据，可向警察局或经向县政府报告。县政府以罚金三成充赏，又城区修建房屋，如未向县政府申请发给许可证，或已申请而尚未领到许可证即擅行兴工，及使用不合格之度量衡器（如尺、斗、升，油提、酒勺、铁称等）一经查实，均依法处罚，告发人亦可得赏金云。

1940 年 9 月 1 日《民生日报》

丽县府发放特约商店火柴

普通户由乡镇转销

【丽水县讯】记者探悉丽水县火柴特约零售商店，核定全县 30 家，因少数商店缴款迟延，供 8 月份火柴，省方最近始行发到。丽水县政府即通知特约商店领取，闻县府规定特约商店火柴，专供机关、学校、团体、工厂等公共购买。普通户应用火柴，另由乡镇公所转销，惟 8 月份各乡镇应销火柴，乡镇长多延不领取，人民可督促乡镇长早日领取转发。又火柴价格，奉省令加价，“一本万利”“丽阳美人”每包 8 角，每盒 8 分；“钟离牌”每包 7 角，每盒 7 分云。

1940 年 9 月 8 日《民生日报》

温州人卖"中国米" 90元一担桐油

编者先生：

丽水碧湖区与青田海口区接壤之丛山中，近来发生了一件值得我们注意的事，如东山头一带，发现温州人卖东洋参(其名却改为中国米)，据云价钱甚为低贱，不过要用银元购买。又在青田浮翼乡章村与石帆等乡发现商人用90元一担价格收买桐油(按本省油茶棉丝管理处丽水定价为60元一担)，该商人等并云自运香港，故能高价收买。现以上这种商人，显系汉奸之活动无疑，查"白银"与"桐油"，一为国家命脉，一为军用必需品，至于"白银"政府早有指定银行吸收而归国有，商人私收，定系汉奸唆使或直接为倭寇之走狗。又"桐油"政府亦已行统制，主要县份均设有收油站，现此种商人收买之价格与各收油站之定价相差甚远，且自云私运香港(这不过是蒙蔽视听而已)，即可推测其为资敌无疑，希望政府暨民众对这有关抗建之事，深加注意！更望藏有桐油之生产者与商人不要为了金钱而上汉奸之大当。此请撰安

读者 麦青上

1940年9月25日《民生日报》

丽粮食公店酌加米价

【本报专讯】本县粮食，近因运输困难，工力增加，并防止奸商偷漏出境，特加谷价每市担1元。自本月3日起，谷收价改为每市担11元5角(运费在外)，米每元另〈零〉售5市斤云。

1940年10月6日《民生日报》

丽县商会昨召开经济座谈会 今日开始调查物价

【丽水县讯】丽水县商会为明瞭〈了〉本县日用品物价情形起见，特于昨

(25)日下午7时，在县商会召开经济座谈会，计到布业等十余商业公会代表。县府派朱力伦、余捷庆出席指导，主席县商会王会贞，首由主席报告，继由省建厅代表报告物价各种问题。当经决议于今(26)日，开始调查本县城厢米、布、油、菜、柴等各种日用品价格，以作经建参考资料及平〈评〉价标准云。(经济社)

1940年10月26日《民生日报》

丽县食盐增价每市斤售1角8分

【丽水县讯】本市各售盐处，近因感于脚夫抬力、船户运费逐渐增加，原定食盐价格每斤2角7分5厘无法维持盐本。兹闻本县日用品评价会决定于12月1日起，全县食盐一律每斤增售2角8分。如有擅自抬价，深望民众报告县政府严办云。

1940年12月3日《民生日报》

本城点灯元旦增价

【丽水县讯】浙东电力厂，以迩来燃料缺乏价格飞涨，为维持收支平衡起见。闻于明年元旦起，本城电灯再度加价，由每度公用增至1元正。(经济社)

1940年12月28日《民生日报》

丽水电费又将加价

【丽水县讯】浙东电力厂丽水分厂近因燃料来源缺乏，向各地设法收购，辗转运输，需费浩大。为谋维持成本计，拟增加电费每度1元5角。闻已呈请案，定4月10日起实行云。(剑)

1941年3月22日《民生日报》

白色恐怖袭击龙泉

【本报龙泉讯】本县近来物价飞涨，尤以食米更甚。半月来曾涨价数度，由千元3斤涨至千元2斤14两而2斤10两。近日，已售到2斤12两，尚且有市无货。升寸小民，惶恐万分。（秋）

1946年11月20日《正报》

金融·财税

市商会电请免征青田石出口税

上海市商会昨电财政部云。南京财政部钧鉴：案于本月6日，据青田石雕刻业代表周怀萱函称，窃青田山多田少，地瘠民贫，乡间妇孺，多赖青田石雕刻工艺为活。欧战以前，倾销外国，每年可获数十万元。自后税率加重，销路渐减，年来收益不及10万元。仰屋兴嗟，穷□饮泣者，正苦维持乏术。不料财政部本年3月1日起，又有增加是项雕刻品出口税之举，非特平民生计绝望，实足影响国家收入。查土产出口，如温州之纸伞、草席、绣织品均在免税之列。青田石本质原系顽硋，开凿不易，几经苦力琢磨，雕刻始可成器，劳工费时，成本之重，不在纸伞等之下。照例乞免税，以免向隅，而昭公允，况青田迭遭匪患，十室十空，农失其时，商闭于市，仅此为贫苦残喘所系之手工艺业。亦将因加税而断绝生机，如不设法筹维，善良之民为饥馑所迫，行见填身沟壑，不遑之徒，铤而走险，治安尤属堪虞。为此具呈，务祈贵会顾全敝邑贫民生计，俯赐援助，一致主张，请求转呈豁免是项出口税，以维工商，实为万宰等语。查国家现当走私猖獗，税收短绌之际，再议减免出口关税，势属难能，即属会亦未敢率然代请。惟据称该项青田石，年销外国不及10万元之数。此项出口税，即照值百抽7.5计算，每年税收亦尚不及千元。如果豁免征收，于公帑尚无妨碍，而该地手工业，则所裨甚巨。理合据情电呈钧部鉴核，俯准施行，实为公便，上海市商会叩！（鱼）。

1936年6月9日《申报》

青合作室与金库举行联席会议联络工作讨论放款问题

合作金库编《青田合库》

【青田通讯】本县合作金库与合作事业室，为联络工作，以利进行合作事业起见。于本月10日下午，举行联席会议，讨论放款及其他诸问题甚详。又闻该合作金库为流通合金消息，使各社员了解合库意义与借款手续等等，特编《青田合库》分寄各社云。

1940年4月13日《民生日报》

遂合作室发动举办简易农仓

【遂昌通讯】查新谷登场之际，谷价每较平时低贱，一般农民，因急须应用，多将所有新谷低价出售，待至青黄不接之时，谷价飞涨，农民多感有钱亦难购买之苦。本县合作事业室有鉴于此，特发动各乡镇合作社，举办简易农仓，进行抵押放款。兹悉各乡镇农仓之向县府登记者已有崇圣乡〔等〕15乡；西岩村、车麻村等合作社，其中以云峰乡之规模为较大。闻该社现正声〈申〉请合作金库订立透支契约100元办理储押业务云。

1940年9月16日《民生日报》

赈济委会在丽设小本贷款分处基金汇到开始贷款　按期还本不收利息

【丽水县讯】赈济委员会近派员来丽设立小本贷款分处。兹闻该处已在城内周孝童巷36号设办公处。一俟基金汇到，即开始贷款。凡无不良嗜好之贫灾难民，志愿自力谋生，缺乏资本者，均得申请贷款，按期还本，概不收取利息及其他一切费用云。

1940年9月25日《民生日报》

丽本年度8个月赋税征收统计

【丽水县讯】本县地方赋税，自近年1月划分省县财政后，改由税务局统一征收。县地方预算全年度计列收田赋附税各项捐税及营业税拨款共为129648元，平均每月应收数为10804元。闻自1月份起至8月份止，杨前局长任内已征起地方税捐连同营业税、补助款共为86777元9角8分，核与8个月应收预算分配数比较，计已盈收345元9角8分。至征起之积谷款783841元及消防经费133845元尚未计算在内云。

1940年10月6日《民生日报》

丽小本贷款分处招待各界谈话

业已开始贷款申请

【丽水县讯】中央振〈赈〉委会丽水小本贷款分处，于隔昨下午2时，在该会举行座谈会，招待各界人士，到县赈济会、救济院，运配难民丽水分站等十数机关代表。首由金华丽处主任范奔公说明中央振〈赈〉委会组织及其用意，并希望丽地人士予以切实协助救济事业之推进等语。继由丽水分处毛□干事补充未尽之意，及详述关于贷款规则各点词毕。旋由各界人士分别报告本县贫民生活环境，并加补充甲种贷款保证困难及改善方法等问题，席间交换意见，情谊至挚。并悉，该贷款处业于前（15）日正式开始贷款申请云。（经济社）

1940年10月17日《民生日报》

丽水中国银行昨日开幕

共收存款40余万元

【丽水县讯】丽水中国银行经陈主任浩然筹备以来，业于昨日正式开幕。虽在警报频传声中，各界来宾仍颇拥挤，业务尚称起色。昨日，共收各乡存款达40余万元之多云。（记者按：昨日警报3传，该行仅营业半天，能收存款40余万元，均系城区存户，乡区尚不在内，可见丽水游资之一斑。现值提倡节约建国储蓄之秋，希望丽水金融当局对吸收存款应尽量提倡，尽量予以便利。）（经济社）

1940年12月13日《民生日报》

庆元要求免征菰〈菇〉税

【庆元讯】庆元县参议会，顷以建瓯税局奉令征收香菰〈菇〉营业税。过去，因菰〈菇〉农、菰〈菇〉商分辨不清，经征困难。兹已调查清楚，嗣后对于菰〈菇〉农自制、自产、自焙、自售之香菰〈菇〉，关所利业各税应予全部豁免，而菰〈菇〉行、菰〈菇〉栈仍应照章课征甲种营业税云云。该会鉴于菰〈菇〉行收入，仅抽佣金，系牙行性质，辄不敷开支，至每有向菰〈菇〉农扣收营业税之事，纠纷滋多。菰〈菇〉行本身因无力负担，而加诸菰〈菇〉农，无形中又加重菰〈菇〉农负担，影响生产力量。昨特电省请求省府转咨闽、赣等省政府，转令税务机关。嗣后对于课征香菇营业税，应照牙行税章办理，藉以澈〈彻〉底减轻菰〈菇〉农负担，增加生产云。（越声社）

1946年11月20日《正报》

科教文卫

科学技术

龙泉黄茅尖为全省最高山

浙江全省各大名山，近由陆军测量局根据极精密之测验所得结果，以龙泉县黄茅尖(在粗川村大田坪附近)为最高，其次为庆元县百山祖。

1928 年 5 月 26 日《民国日报》

丽义民王朝佐发明新式打稻机 正呈农业改进所试验中

【丽水县讯】本县义民收容所义民温州人王朝佐，据云在台湾为“请负业”(大陆称投标)十有余年。时与农业技术人员为伍，渠对于我国农具改良一道，颇具心得。近来潜心研究，发明新式“打稻机”(旧称稻桶)。我国农民普通所用之稻桶，系用手打稻，既费人力，又耗时间。王所发明之新式打稻机，乃用 1 人或 2 人脚蹈，另以 1 人或 2 人输送稻把。记者观察该机之主要作用，即系稻桶中横置之齿输也，一经足蹈旋转不已，稻穗被齿轧落，其速度超过旧法 6 倍以上。兹悉，王君已做成模型，并拟就该机构造原理之说明书，不日备文呈送浙省建设厅农业改进所，请求予以试验。俾各种农具俱得改进之机会云。

1940 年 4 月 9 日《民生日报》

王朝佐发明打稻机已制成模型
昨呈送建厅试用推广

【丽水县讯】本县振〈赈〉济会管理员王朝佐，新近由台湾归大陆，发明新式打稻机一种。并制成模型及说明书，业于日前是送浙建厅，请予试用，以期推广。（经济社）

1940年4月26日《民生日报》

周氏重力发动机初步试验成功

伍厅长莅临参观 专家详加评隲 今日继续在原地试验 欢迎参观

【本报特讯】昨日，整天没有警报，通惠里5号（建厅潘视察一尘的寓所）相当热闹，有不少的男女老少在参观周元强君试验重力发动机，一批去了，又一批来了。建厅伍厅长独自跑到通惠里，余专员偕同侯秘书潘科长也仔细研究了一番。建设厅视察室何、张、金、张、包、戴诸先生也集体的去批评。县党部方书记长率领了许多工作同志详细参观。晚上7时，公用事业管理处伍副长陪着两位研究机械的专家徐技真、震池，陈主任奎，多方面的详校结果，认为这是手工业上的创制，农家副业的最好工具。倘能再加以改进，如重力加重，时间加长，速率可以调节，效力加强，那么在抗战时期确是一件有价值的贡献。

周元强君是丽水人，年纪不过25岁，毕业于上海大夏大学高工。抗战以来，除了从事于抗卫事业以外，专心一致研究重力发动机，起念于民国24年(1935)，去年才动手创制，化〈花〉了将近一年的功夫，初步试验完成。本年，已向当局请求专利若干年。恰巧本月21日，建设厅潘视察一尘下乡视察，途遇方书记长，由于方书记长之介绍，在战时中学与周元强君相识；因此，邀来城区试验，请各方面参观、批评，藉以改进。

纵观全部机械，极为简单运用地心引力，钟表内齿输机构发生动力，不需汽油、柴油、煤炭等任何原料，仅仅用200斤重的石块来做原动力，平常可以不费一文。全部模型细木质，若改成木铁盒子，成本最多不会超过100元，机械寿命至少十年，平均每天只花费两分七厘。目前事业成就可以抵得四个半人之力，已有把握发动电扇、电灯、手摇纺织机，戽水、弹棉花、吊水、打稻、打麦、摇袜等十余项用处。

今天还是陈列在通惠里。如果有人欢喜研究这类手工业工具的，可以去参观一下，倘有什么意见，周君是乐意接受。我们希望不久能在政府当局援助之下，完成这个有力的创造。

1940年5月23日《民生日报》

英大工院同学设工程学会

欢迎外界通讯讨论

【丽水县讯】本省省立英士大学工学院学生，为研讨学术起见，于日前成立英士大学工程学会，并请该院院长赵曾珏氏为名誉会长。现闻，一切工作均已在积极计议进行中。又闻，该会为谋获得与各界共同研讨机会起见，特将通讯研讨学术问题一项，列为该会重要工作之一。此后，各界人士如有对工程上问题有兴趣者，尽可以通讯方式与该会研讨也云。通讯处：丽水邮政信箱14号转

1940年10月22日《民生日报》

龙泉李师颐又一新发明

植物界淀粉代替食粮　全区产量可供两个月

【本报特讯】在切迫需要之情境下往往可以促进人类发明之意志，龙泉李师颐君研究农学颇有心得，常喜以废物为研究对象，期有所利用。曾发明以药剂菌丝播种段木，以及繁殖银耳、香菰〈菇〉等。年来，各地粮食问题相当严重，李君乃潜心研究食粮之替品。闻已获有成果，在某种不知名之植物果

中提出淀粉，滋养丰富且味美。玉蜀〈薯〉黍等尤能耐饥，且此种植物，到处皆有，估计其总量足供全县两个月之消费。兹已将采制方法编述□□公诸社会，并一面呈请省府通令推广云。

1940 年 10 月 24 日《民生日报》

英大工程学会举行科学演讲

欢迎各界人士听讲

【丽水县讯】本埠英士大学工学院同学组织之工程学会，定今晚 6 时举行第一次科学讲演。主讲系省电话局主任工程师林海明氏，林氏早岁留美，归国后，历任工程界要职。学识俱优，而于电学之研究，造诣尤深。此次讲题为《电网律理及其应用》，预料届时必有一番详尽精辟之阐述。闻地点在英士大学，并欢迎各界人士前往听讲云。

1940 年 12 月 30 日《民生日报》

丽工程师学会开成立会

【本报 7 日丽水电】中国工程师学会丽水分会，于 8 日下午 2 时，在万象山该会会所举行正式成立大会。除党部派员指导外，出席会员有中国工程师学会会员张敬忠、盛任吾、张功焕、郁寅启、赵曾珏、郭立茂、朱正明、林海明、陆尊周、戴绍曾等 20 余人。当经通过该会简章，选举赵曾珏为会长，朱重光为副会长，并议决以研究总理实业计划为中心工作，及分期公开演讲。又指定张功焕等为动力工程研究委员会委员；张敬忠、林海明等为电讯工程研究委员会委员，即着手分别同时研究。该会在本省其他分会未成立前，欢迎各地工程师参加入会。

1941 年 1 月 9 日《东南日报》

学校·教育

处郡试期

温州访事人云，处州府赵太守亮熙示期二月二十日，取齐各属文童，二十三日举行府试，约历二旬可以竣事。陈六舟宗师定于三月初十日，按临俟月杪试竣回杭，而新任徐季和宗师致详，亦可抵省矣。

1894 年 4 月 11 日《申报》

准予设立初级师范

【杭州】处州府萧叔衡太守，拟设初级师范学堂，业与士绅商议妥洽，即以货厘串捐为经费。日前，其禀来省浙抚张筱师，以事关学务，当即批准。惟货厘两捐年入若干，应与串捐 3000 元，撙节开支，无任丝毫虚糜云。(士)

1907 年 3 月 13 日《申报》

批准青田县兴办劝学所

【杭州】浙江提学司批青田县开办劝学所云：该县地方僻陋，开通风气，端赖官绅提倡。王观澜品学资格，据称堪胜劝学所总董之任。仰即随时督率，将划区兴学各事宜，实力举办，俟有成效，再由本司加札委派可也。(乙)

1907 年 8 月 9 日《申报》

批令认真举办学堂

【浙江】松阳县留学日本警务毕业生赖汝嘉具禀省台，谓赖祠所设初等小学奉准抽拨。赖×亚霸管学田公产作为经费，乃为赖×亚贿赂门丁煽惑县主，以致学务日形破坏。叩请截断，以重学务等情。奉署藩俞方伯批云：兴学乃有□职任，小学为教育基础。赖姓族中助产自办学堂，该县不为维持，转因赖×亚一人之私败坏公益，殊属荒谬。门丁江二另案被控，已饬府提讯；陈二又被指控，仰处州府遵照一并行提人证，分别澈〈彻〉讯究办。一面严饬该县，迅将已成未立公私各学堂认真举办调查，明确列表通禀核夺。

1907年11月25日《申报》

请奖办学绅士

【浙江】处州府丽水、景宁二县前照会邑绅谭献、严品端等创办劝学分所。即延二绅为总董，办理颇有成效，学区亦渐推广。日前，特由该二县令请奖，给二绅正七品职衔，以示鼓励。具禀到府，经萧太守据情通禀省台，请予照准。（手）

1907年12月11日《申报》

批饬停办处州体育会及警察学堂

【杭州】前处州府萧太守具禀浙抚，郡城体育会及私立警察学堂已尊饬勒令停止等情。奉批云：体育会业经前部院札司通饬禁止，自应遵办。至警察学堂具有陆军部性质，不准民间私设。前准民政部咨行，已通饬遵照在案。张登朝等请设警察学堂，无谕〈论〉有无招摇敛钱情事，应即勒令停止，以杜流弊。惟警察为地方要政，亟须官为设立，以资保卫，希提学使会同警察局转饬遵照。（白）

1907年12月14日《申报》

留县考费议拨师范学堂

【处州】全浙师范学堂常年经费前经司道会议，通饬各属在于地方公款内每年提拨洋40元，以资凑补。兹闻处州府萧文昭太守，据丽、景等10县会禀，谓地方艰苦，无款可筹。拟将奉留各本邑办学之五成考试经费，暂拨省城

师范学费以植人材，而免缺累业，已据情转禀省台核示遵办。(还)

1907年12月24日《申报》

整饬学界攻讦之积习

【杭州】日前，有处州青田县学界包志成等，联名多人具呈提学司，指讦该邑高等小学种种腐败，并有引妓入校等事。本日，经袁文宗严饬查办谓禀。如果确，殊属不成事体，惟夏熙枚系由阖邑学界公举县详，并有留学东洋字样。来禀仅云：在沪学习理化3月情节，殊属不符。又称上年8月，经省视学范君面斥其非，何以本衙门未据报告，亦属支离难信。该邑习尚素好，攻击有案在卷，今日公举，明日又复排挤，习尚如此，教育安有进步。究竟所禀情节若何，仰青田县迅即确查。如该校长果有种种不规则行为，应予撤退追款。若系无端攻讦，即以诬告坐罪。俾正学风而维教育，并将查办情形速复，毋得玩延搪塞。

1910年4月22日《申报》

批饬县令重案未结之严厉

景宁附生柳桥鸿等具禀抚宪，以沙溪小学校被毁一案蹉跎延宕，至今未结算等情，奉曾中丞批示：此案叠经批饬府委查，并饬严等滋事首要讯究，迄今一匪未获，一字未复。该员虽经调署，此案未结不准交替，仰布、学二司即饬该府县遵照办理，并饬该委作速查明禀复，如再延宕，即将该委详候惩处云。

1910年7月18日《四明日报》

推广实业教育

【丽水】丽水河西地方离城较远，风气尚称开通。普通学校次第设立，而实业尚在萌芽。自去岁费竹笙君纠集同志，筹款创设实业。学校延聘各科教员担任教授，并购置缝衣、手工各机实地试验，未及数月，成效卓著，莘莘学子纷至沓来。现闻春假后特推广学额20名，以便就学者不致向隅云。

1915年4月26日《时事新报》

浙十一中又起风潮

沈省长、夏教育厅长昨接丽水来电云：(其一)杭州省长、教育厅长钧鉴：本校因膳厅事，青田同学陈志超等遽起暴动，幸生等避匿未伤。四级主任不能办，校长回校又不能办，本晨竟突然假归，各主任告辞，各校员亦将离校。生等呼吁无门，伏乞省长、厅长速示办法，曷胜迫切待命之至。浙江十一中学生周棠等142人叩。(其二)杭州省长、教厅长钧鉴：复支午假归歌，晚校生因东膳厅座位滋事。麻闻报即回，查膳厅坐位，由各主任分级编定。吴瑶等生擅自划改，陈忭超等不服，致有粗浮举动。经主任调解无效，吴生等罢课。旋开教职员会议，吴生等应申斥，陈生等应记过，惟事关团体，中间或有误会，暂从免议，以全感情等语。牌示讵吴生等仍率党多人欺辱，无法办法，恳准辞职委替，王复叩庚。

1922年3月12日《民国日报》

十一师校风潮扩大

【杭州】省立第十一师范学校，因经济公开问题发生风潮，曾由夏教育厅长派委许视学前往查办。顷接，该校学生于5月11日自丽水来电云："许委员未查即返，有意袒护。前校长祝宏修，5教员(孙如怡等5人系经济审查员)出校。余教职员不平辞职，学生激愤散学，十一师校学生叩真"等语。而新任校长钱秣陵亦自丽水来电云："省长、教育厅长钧鉴：今日校长到校视事，惟学生除四年级外，均已于昨晚自散，谨电请示办法。十一师校长钱秣陵叩真。"

1922年5月15日《民国日报》

处州十一师校罢学电

上海《申报》转全国教育联合会鉴：祝校长宏猶侵吞校款883元，反对经济公开，弃职逃省。教厅长夏敬观偏听祝言，派许宝驹偕祝来括，勒令教职员叶庆崇、刘廷煊、孙如怡、项士元、林家松等出校。捏词构陷，全体公愤罢学，乞主持公论，以维教育，浙江十一师校会。

1922年5月19日《申报》

丽水学潮近况

省立第十一师校风潮，由钱校长晋省面陈，拟即提前放暑假。其第四年级生，已于30日举行毕业。校内秩序，由丽水县李知事与王统带、姚所长临时调护。

1922年6月2日《时事新报》

视学反对取缔私塾

【丽水】本月1日，丽水县知事召集县教育行政会议，教育人员济济一堂，县视学刘忾亦在焉。议案多件，内有学务委员黄某提议取缔私塾。讨论时，县视学刘忾竟起立反对。其主张之理由，谓我视察各区国民学校，办理诚有不如私塾。私塾塾师，到晚一日能坐，学校教员，不能如此之勤，私塾不必取缔云云。哓哓置办，闻者异之，但讨论终结，仍照原案通过。查取缔私塾，教育部早有明令，惟因视察教育者，不肯认真指导，以致学校不能刷新，私塾遂林立。县视学不思整顿学校，而斤斤以保存私塾为事，实为奇闻。

1923年4月18日《时事新报》

松阳平民教育第一声

松阳教育会会员吴彭等，倡设平民夜校，以补助一般平民幼年失学之缺陷。此议当经该会全体赞成，现已筹办成立。业于去岁 11 月 15 日正式开学，计入学者已有 200 余人之多。一切教务，由城区各校教职员担任，并推叶铭君为正主任，校址即借设陈巷何祠。其经费大半由该会补助。每夜自 7 时起至 9 时止，排定值课教员 3 人，教授 2 小时。每星期日且有专门演讲，校内并辟阅书处，置备书籍多种，以供众览云云。（平）

1926 年 2 期《括苍》杂志

松阳平民教育之发达

松阳自县教育会倡设平民夜校以后，不到几日，城区教育会亦接踵兴办。计入学者有六七十人，分为甲、乙二组教授。校址在城东仓颉庙。办法与县教育会大致相同，闻本年县立第一小学校亦要踵办，以图推广云。（培）

1926 年 5 期《括苍》杂志

各小学国语改用国文

丽水教育当局某君，最近痛诋白话文为不切实用，力主各小学非一律改用文言文不可。惟各小学职教员中，多系新进青年，头脑颇新，未致尽为其所动。多数主张惟于初级三四年级暨高级一二年级中国语一科，改用国文；其余各科，仍用白话文，以为缓冲之计云。（高）

1926 年 6 期《括苍》杂志

处属女中更换大批教员

处属女师自去年下学期改组为处属县立女子中学校以来，内部稍有刷新之处。惟初中师部所聘教员，多数系中师两校之毕业生，教授固不无称职之人，而前经王省视学视察时，当即斥以不合资格，自宜更换，以符定章。继经教厅指令，有谓：查得该校中师部所聘教员，颇多不合资格，学生成绩幼稚，于此可见一斑。果因困于经费，未能聘请合格教员，亦应改由该地男子中师两部专科教员兼任等语。该校何校长巧秋女士，奉令之后，决意遵照。因于本学期对于杜某、金某、叶某、胡某、刘某等5教员同行辞聘，以免彼此有所藉口。所遗各科功课，已改请男子中师两部教员兼任矣。(高)

1926年6期《括苍》杂志

处属农校校长之交替

处属农校校长蓝文秀君，自民〔国〕9〔年〕(1920)接办以来，迄今时阅6载，校务方面，尚著成绩，升级运动之成功，即其一端。惟惜该校学生尚未发达，办理困难，因之时萌退志。兹以受浙江省立蚕业学校之聘，已于日前亲向丽水县署辞去该职。李知事钟岳当即改委该校前任校长金鼎黄君接办。现已移交清楚，金校长到校亲事矣。校中一切照常进行，惟于校舍方面，再加以修理与支配而已。(高)

1926年6期《括苍》杂志

来函照登

迳启者：前本社月刊第三四期合订本新闻栏内，登载省立十一中校小学部之奇闻一则，称家叔有种种恫吓学生之行为等语；顷接家叔来书，声明此事全系他人捏造，并无其事云云。事关个人名誉，应即函请更正。兹特抄奉家叔原函，请赐刊登，俾明真相。

此致！编辑股鉴！

张璇启

5月13日

旋侄：

顷阅《括苍》月刊第三四期合刊本新闻栏内，载余有种种恫吓学生之行为，不胜诧异。事关余之名誉，不得不有所申辩。刊载学生8名，适修业期满，循章举行毕业礼式，发给证书，并各赠学生字典一本云云。既云已行毕业礼式，发给证书，则毕业生之上课，须待来年。何又云翌日该部有张生者，退课后,其案间所置受赠之字典,忽尔不见之足言也?按之吾国学制,究先行毕业礼式,发给证书,而后再行上课教授?抑先行教授完毕,再行毕业礼式,发给证书乎?此足证为他人所捏造者一也。又载余拍案大骂,吓得全班儿童面色苍白,魂不附体,后复开列名单,诉之城隍等种种恫吓儿童云云。不知该访员何所根据?未察事之真否,遽加人不誉,实失记者之道。余自任本校教员已10余年;余虽不才,然粗知教育之道;余何致如是惛愚,而竟出此行为乎?况余系学校出身,迷信一层早已破除,非崇拜鬼神者比。此足证为他人捏造者二也。余现住住分部,并未更调,不过今年分部学生更形增多,添一林教员耳。且林所兼女师功课,自去年已行辞去。何又云只将余调至本部,遣本部教员林清泉与之互易,而与女师校址较近,稍免荒废时间之可言乎?此足证为他人所捏造者三也。总之,此事全为他人捏造,而欲陷余于不誉者也。吾侄可请编辑股赐予更正为荷。特此告知,并询近佳。

愚叔国维字

5月3日

1926年6期《括苍》杂志

松阳县对教费下不负责任之指令

松阳教费,自3月份起,从未发给一文,计积欠已达7个足月了。所有教员,虽能努力从公,然无米之炊,终难久持;因此,A君等曾呈请朱县长予以救济。奉令内开"呈悉,仰自行向教育局请求核办可也"等语。呀!我们忍饥管教,已有7月之久,确因呼吁无门,立即断炊,才呈请救济。兹竟连稍稍安慰的言语也得不到,岂不痛乎?如果请教育局设法,而局方又援例县府的令文,给以:"呈悉,仰自行向教款会设法可也。"试问又将如之何?再去求救于教款会,教款会岂不会说"仰自行向该校校长设法"吗?至校长即本身之款,非但尚未领到,并且已先赔垫巨数,当然无所谓设法。然则弄来弄去,仍是自己向自己设法,则何必要请求救济。苟以"良心"二字来说,最底〈低〉限度,饭总要给我们吃饱吧!

县长乃一县之首，无论大小事件，全凭其调度有方。兹在这种严重之局势中，毅然出此毫不负责之指令，则我们可否答以“令悉，仰贵县长自行管教”呢？（闲人）

1934年10月12日《东南日报》

丽水修建孔子庙宇

【丽水通讯】处州府孔庙与省立处州中学校舍毗连，该庙年久失修，势将倾倒。现处中校长赵仲苏，拟将该庙重加修葺，并改建大礼堂一座，以壮观。瞻〈但〉修理费约需万元，现除罗卓英军长、陈诚总指挥拨助2000元，暨教厅允拨2000元外，其余不敷之数，将由丽水区专员公署转知处州十县共同筹拨。

1936年9月25日《东南日报》

浙江省立处州初级中学全体教职员启事

敝校自赵校长莅任以来，秉其办学方针，夙夜将事，同人等皆勉力以赴，始能革除积习，著有进步。本学期，为求学生冬季制服在经济原则下整齐起见，经服装设计委员会决议“旧生一律添制呢大衣1件（新生已制），计大号每件价银7元5角、中号7元、小号6元5角，均以驼绒为里”。至本月初二，少数学生受外界唆使，藉此偶起风波始末，仅历数小时即告平息，且未因此而停课1小时。而瓯、杭、沪各地报纸所载“处中发生风潮”之消息内云“呢大衣每件价10余元”“校长强迫学生离校”“春秋三两班学生全体离校”“事态又告扩大，地方当局调解颇为困难”等语，殊与事实不符。查该项新闻系丽水某通讯员发出，事态早告平复，犹再恶意渲染，散布瓯、杭、沪报端。该通讯员近咫尺，岂有未明真相之理，司马氏之心路人皆知，明眼人当能洞烛其奸际〈计〉。兹国事奇艰，同人等懔于职责之重深，自惕励设〈惕励自省〉[1]，复有人丧尽天良，蓄意破坏，其关于学校声誉者小，其关于民族

① 惕厉自省：指人心中有危险忧惧的感觉，不断进行自我反省。

前途者大。同人等为校为国，均难缄默，特此声明。祈各界人士一赐察焉。

1936 年 10 月 18 日《东南日报》

省立处州初级中学全体职教员为结束对丽水括苍通讯社讼案启事

敬启者，敝校上学期为添制呢大衣，少数学生受外界唆使，致肇事端。经校方妥为处理，数小时内，即告平息。乃丽水括苍通讯社利用时机，分投通讯于金、瓯、杭、沪各地报纸，渲染烘托不一而足。经员生等向杭、沪各报分别声明事实真相后，该社复散发启事，肆意诽谤并将该项启事分寄全体学生家属，意图引起彼等对学校之非难而快其私愤。同人等为正当防卫计，乃具状丽水地方法院，以妨害名誉罪对该社提起刑事自诉。嗣奉移转龙泉地方法院审理，蒙法院金院长暨县党部周委员、杨同志出面调解，经三面议定和解条件三项。甲、括苍通讯社在杭州《东南日报》、上海《大公报》第 1 张第 2 版登载启事 3 天，声明前次通讯与事实欠符。乙、向温州《浙瓯日报》发登更正新闻。丙、处中教职员撤回诉讼。后该社对于上项和解条件延不履行，经调解人一再催促后，又未全部履行。除《大公报》依照规定登载外，《东南日报》则仅在第 3 版、第 12 版登载两天；《浙瓯日报》更正新闻，是否登出尚待明查。与原议不符之点，尚多同人等自念训迪无方，诚信未孚，对学生事前既未纳之正轨，对外界事后又遭意外轇轕中。心殊惭重以公庭对簿于正义，则伸于精神，则损今事已大白，自可毋庸再事苛求，徒负调解诸公之苦心。忆兹事自发生以来，厅方未加谴责，各界又多关注，现告结束，爰将始末谨陈如右，伏希垂察。

1937 年 3 月 6 日《东南日报》

处中在警报中部仍镇静上课

【丽水通讯】省立处州初级中学开学上课，已逾 1 月。丽水虽遭七度轰炸，而该校学生仍踊跃赶校。上月自 6 日起至月底止，丽水全日均有警报。

该校师生则在新建防空壕内，继续上课。又闻该校本学期为继续实施战时青年训练，每周一、三、五下午课后举行体格技能等活动，如军训大会操、马术、电信、行军、爬山、早晨野外集合等。（国民社）

1938 年 3 月 12 日《东南日报》

救济沦陷区学生　浙省设联合中学

校址在碧湖借用空庙荒祠　学生已有千人不能再容纳

【碧湖通讯】浙教厅以杭嘉湖 3 属沦陷后，各该地公私立中等学校均已停顿，原有学生无从求学。为救济各该校失学学生，虽于本学期察酌情形，令饬照常开学之各省立学校酌添班级收容。惟仍未能尽数容纳，长此任令失学旷业，影响青年前途至巨。爰于本学期暂设联合中学一所，先将省立杭州高中、杭州女中、杭州师范、民教实校、嘉兴中学、湖州中学、杭州初中等 7 校原有学生悉数收容。庶于救济失学之中，仍可节省经费，校名简称浙江省立临时联合中学。至其他公私立中学失学登记合格学生，于可能范围内，亦量予容纳。校址借用丽水碧湖之战时工作人员训练团全部建筑场地及一切设备，并将该 7 校迁出之各项器具、仪器、标本、图书等用具，集中应用。并借用代办高工、高农、蚕丝等 3 校校具、仪器，故开办设备等费，无须另再筹措。经常费用，除以 26 年度（1937）中等教育部分经费余款拨充外，再就 27 年度（1938）中等教育部分经费通盘匀支，并合支配，已足敷用。据教育厅长许绍棣谈，浙省立联合中学，系沦陷区域内各省立学校联合而成。除医药专校，业已迁至临海续办，蚕丝科职校因性质特殊，未能与其他普通学校联合办理，现暂行停顿。及浙大代办之高工、初农，因浙大西迁，因是停办，其一部分学生，业已分别收容于宁波高工及金华农校外，其余浙西各省立学校，现均在碧湖联合继续办理。联中学生以收足 800 名为限，一则因教费困难，只能在原有教育文化费内移排匀支，未能另立预算；二则因校舍无着，只就空庙荒祠借用，所能容纳之数有限。不意投考人数之拥挤，逮非始料所及，如欲招收 2000 人，亦属易〈难〉事。现临时添设两处茅棚，各宿舍均改用叠铺，亦仅能容纳1000人左右。目前，名额已满，开始上课，万难再收。最近尚有由莫干山等地前来请求者，余力薄，实感无法可想，心至不安。刻本学期试行导师制，由各教师自由轮流主持，凡关于导师制如何实施，童军管理、军事管理如何予以改进，及如何提高自己之服务情绪等问题，均拟于集训讨论会中求得一结论。在校诸同仁，无分老幼男女，一律参加，其皆苦淬励情状，殊足令人感奋云。（11月1日）

1938年11月10日《申报》

浙战时大学勘定松阳农学院址
现正开始测丈地皮

【金华通讯】浙江省立战时大学筹备委员会，自经积极进行筹备以来，内部准备事宜，大致均已确定。办理失学登记业已竣事，理工农学等各系学校，决定六七两月分期招收新生。8月起，开始集中训练。兹悉，农学院院址，业已勘定松阳南门外龙圳地方，现正开始测丈地皮，并向各业主照价收买，即行兴工建筑。

1939年5月24日《申报》

浙省英士大学昨日开始报名

【丽水通讯】浙江战时大学改为浙江省立英士大学，已志本报。兹悉，该会筹备委员会，于本月8日下午2时，在丽水筹备处开第五次常务委员谈话会。出席者主任委员许绍棣，常务委员黄祖培、莫定森，列席者胡庆荣、李时敏、陈济元、徐崇义等，闻决议关于该大学进行要案多起。又该校招生简章等，亦均已印就，开始分发。欲报名者，可自本月16日起，向丽水三岩寺该大学筹备处索取。并于本月15日下午，在该处举行第四次全体筹备委员会议，讨论一切。

1939年6月17日《申报》

战大改英士大学计划并无改变

招生日期、地点均已决定 登记学生1800余人

【丽水通讯】本省之战时大学，自改称浙江省立英士大学以后，其进行状况如何，各方极为关切。记者特于日昨走访该校筹备委员会主任委员许绍棣氏，即以各项问题，承许氏亲自延见，并分答如后。

问：报载战时大学改为英士大学，不知在计划上有无变更？

答：没有。仍照原来的计划进行，省府当初决定要创办这个大学，原是为应抗战建国的需要，没有这回抗战，就不会有这个决议，所以当时定名为战时大学。自从抗战军兴，不但省内没有大学，就是邻省亦没有大学，上海虽然有大学，但在特殊的情况之下，不独不适于办学，而且有血性的青年，多不愿意在那边求学，至于迁移到后方的大学，万里迢迢，因为交通经济的关系，亦决非一般人所能够去的，本省同邻省有几千的青年，想升学而不能升学，这自然不是国家作育人才的本意。(此处略)

问：各院院址有无变更？校舍建筑有否动工？

答：院址没有变更，因为收买民田，颇费周折，所以直到现在，农学院在松阳所收买的田地，理工学院在丽水所收买的田地，手续上才大致就绪。本来政府有必要时，是可以用征收办法的，这次全用情商的办法，由两县政府召集各业主来共同评定价格，其中麻烦周折颇多，所以比较缓慢。各院的实验室、教室、宿舍等，已经由顾技士等在设计打样，不久可招标，建筑校舍办事处，设在万象山陈部长新宅中。

问：几时招生？

答：招生简章已在呈核中，等核定付印后即可登报，招生委员会决定，日期定为8月8日至8月10日，连考三天。

问：在何处招考，何处报告？

答：考试地点分宁波、金华、丽水、永嘉、临海等处，报名处定在丽水本大学招生委员会。因为考卷要编号，做弥封，分几处报名办理上有困

难，所以定在一处，不能亲自来报名的，可用通信报名，在上海的亦可托人代为报名。

问：考试课〈科〉目有那〈哪〉几种？

答：①体格检查，不及格者不收。②笔试分公民、国文、英文（考医学院可用德文）、中国史地、化学、物理、生物学（考理工学院者免考）及数学（理工学院考平面三角、高等代数、解析几何；农学院、医学院考普通代数、平面几何、平面三角）等。③口试。

问：录取名额定多少？

答：理工学院理化系60名、机电工程系90名、土木工程系90名；农学院农艺系80名、畜牧兽医系40名，医学院医学系50名、药学系30名。

问：同等学力者可否投考？

答：可以，但不得超过录取总额5%。

问：登记过的学生，以何处为最多？

答：上海市，有400多人，金属的次之，宁、绍、温、台、处又次之；外省的以在江西者为最多，计170余人，安徽次之，至以省籍论，在1800余人中，外省籍占700余人，其中江苏籍占总数20%余；本省籍共1000余人，占总数58%余，本省以绍属籍贯为最多，占10%，严属最少，仅占1%强，湖属因交通关系，人数亦较少。

1939年5月31日《东南日报》

国立浙江大学浙东分校招生

本大学于28年度（1939）在浙江龙泉成立浙东分校。奉准于7月内在浙单独招生一次，除招生简章另订备索外，兹特公布要点如次：

院系：文、理、工、农四院国文、外文、史地、数学、物理、化学、生物、土木、机工、电工、化工、农艺、园艺、农化、蚕桑、病虫害、农经等17学系一年级新生，本校不收师范学院新生。**名额**：四院合计120名，每院各30名。浙省教厅保送名额8名，闽、皖、赣三省各保送4名。**资格**：中等学校毕业得有证书或证明书者，同等学历不收。**地点**：报名地点永康县商会内，本分校筹备处。**考试地点:**临时公布。**日期:**7月20日至24日报名,25日、26日检查体格,27日至29日考试。**考试科目:**以投考志愿分文、理工、农三组,各组应试科目见简章。**免费及公费:**照本大学该项规程之规定,在新生总额中设免费名额10%,公费名额5%。招生简章详订投考及入学手续,需阅者可向永康县商会内本分校筹备处函索或面索(需快邮阅者附邮票1角3分)。为便利各地索阅起见,丽水民众教育馆、金华中华书局、永嘉县政府教育科、鄞县县政府教育科并备有招生简章备索。

1939年7月16日《东南日报》

处中改期开学

【本报27日丽水电】省立处州中学21日为敌机袭击,一部被毁。经傅校长积极在乡区布置校舍,高初中及简师,经呈准教育厅改至9月10日在乡开学上课,缴费则在城内中学部会计室。

1939年8月28日《东南日报》

国立浙江大学设研究院

陈训慈主持浙东分校

【龙泉通讯】国立浙江大学自本学期起,创立研究院,内分文理两研究所。县设史地数学两部,每部各招新生5名,定11月1日,在宜山、重庆、昆明及龙泉四处,同时考试。该大学浙东分校,原聘邵子裴为主任,嗣邵因体弱不就,改请郑晓沧出任,郑亦因病坚辞,现主任一席,由陈训慈充任。陈因负责浙大分校校务,以致原任省立图书馆长职,无暇兼顾,业向教育厅许厅长面请辞职。

1939年9月20日《东南日报》

丽水实行提高小学教师待遇

【丽水通讯】丽水教育经费,向甚支绌;文化水准,亦甚低落。自抗战以来，人口日众，百物昂贵，生活程度日益增高。而教育经费，教师待遇，比之战前反而减少。县府为推进战时教育，竭力设法，从事整理教育款产，增筹教育经费。现已筹得的款，自9月份起，县区立小学经费增加，教师待遇亦同时提高，每月每员可增5元，一俟呈厅核准，即可施行。（国民社）

1939年9月22日《东南日报》

丽水华雨小学校董会启事

本校在城内上真殿，由僧常融一人负责兴办，定名丽水三岩寺私立华雨小学。同人无任纫佩用，特披露报端。本校董端木彧、太虚、胡庆荣、端木彰、郑楚臣、毛管封、林季襄、寿达卿、周召〈昭〉德、汪觉非、常融同启。

1939年10月7日《东南日报》

浙省英士大学之创设及其使命

【浙江国民社丽水通讯】浙江省立英士大学于10月22日开学，是晨即举行第一次纪念周，由许兼主任委员于报告后介绍职教员相见，并由兼工学院院长赵委员曾珏致词。23日，开始注册。26日开课，并于开课时先举行一简单之始业式，同时行师生相见及同学相见礼。到〔场〕许兼主任委员及农学院院长莫定森，工学院院长赵曾珏，系主任张功焕、薛济明，暨教授陈荩民、黄本立、张廷玉、夏之时、魏福嘉、章梅先等；职员陈济元、杨朗垣等，连同学生约200人，由许兼主任委员主席致词，兹录其大意如下：

各位师长、同事、同学，本大学于本月22日开学，23日开始注册，今天26日开课。上午，行始业式；下午，正式上课。开学典礼，俟主席返省时再定期补行，今天趁此机会，先把本大学创设的动机以及筹备的经过，和大学的组织与使命几点，分别作简单的报告。

创设动机　去年秋间，本省各中等学校已次第恢复，而专科以上学校，唯有省立医专一个学校照常开课。当时，东南各省的中等学校毕业生及曾在各大学肄业的青年苦于无学可升，无学可就，问题相当严重。国立各学院虽有联合招生之举，但从浙江到桂、黔、滇均极不易，因交通经济的困难，去年已经考取的人无法到校的颇多。为救济东南战地失学青年，同时为国家作育人才计，为适应国家当前需要计，故有本省省立大学之创设。当初原定招收中学毕业及各大学失学学生，分发本省现有各工厂、农场，一面读书，一面做工，大学就是工厂、农场，工厂、农场就是大学，这样既得救济失学青年，而且藉此可以培养专门人才，为国家社会服务用，〔适〕应目前国家的需要，省府于1025次会议决议，派定筹备委员负责筹备进行。

筹备经过　省府派定筹备委员后，命名大学为战时大学，以示为抗战培植专才之意。于去年12月7日，召开第一次筹备会议，当经决议，设置文法商及理工医农四学院，计分13系。同时决议，各年级学生，除医药院外，于28年(1939)春季开学，先招收省内外之公私立各院校肄业生，编入二、三、四各年级下学期肄业。自28年(1939)秋季起，招收一年级新生，因是先奉令调查登记各地失学学生，以为开班设系之根据。经调查登记结果，各院校失学学生同系插班者人数不多，遂决定将文、法、商学院及理工、农、医各院二、三、四年缓办，先办理工、农、医三院，于本年秋季招收一年级新生。理工学院分设理化、机电、土木三系，农学院分设农艺、牧畜兽医二系，医学院就原有省立医药专科学校改组，分设医学、药学二系，各院系肄业年限，除医学院为5年(连实习6年)余均4年。

本大学初决定名为战时大学，但有一部分人误会，以为战时大学是临时性质，将来战时结束，战时大学也随之结束，这是一种错觉。省府要办这个大学，原是为应抗战建国的需要，没有这回抗战，就不会创设这个大学，这是本省在抗战建国的工作一个永久的纪念，嗣遵教育部指示，为纪念革命先烈陈英士先生，遂将战时大学改名为英士大学。英士先生是本省革命的先烈，毕生从事革命，其为国牺牲精神，实值后起青年之效法，本大学以“英士”二字命名。一所以尊崇先烈，藉重永久的纪念，一所以昭示青年，秉着为国牺牲的决心，以期对社会国家有所贡献。

当省府决议筹设本大学时候，对于这个大学因为需要迫切，盼望立刻办好，一二个月就要办成功，然而大学是研究高深学术的机关，同时是战时东南的最高学府，不是其他短期训练机关可比，事实上非有相当时日，决难咄嗟办成的。

本大学筹备迄今，经过无数的辛苦艰难，由于全省父老兄弟姐妹的热望督促，由于各方热忱赞助，在中央及省府指导督促之下，今日才得诞生。在这战时，万□失轨，百事难办，例如工农学院校舍，招商招标，几次没有结果，又因时局不靖，几次比账订立合同，终于因承包人时时悔约不成功，其所提条件，不但异常苛刻，而且有些过分不近情理。其他，如图书、仪器及化学用品的购置，无一不发生困难，甚至汇款，几家大银行都加拒绝。所以现在设备不能齐备，无可讳言，但物质条件的缺乏，总不难设法补救。在抗战时期，这原是无可奈何的事，我们现在需要拿精神来补充物质的不足。

英大组织　本大学现设三院七系，因药学系及畜牧兽医系录取人数过少，未能成班，本学期暂不开办，故共只5系，以前之理工学院，奉部令改为工学院，该院原有之理化系，亦随之改为应用化学系。至在组织方面，由省府聘派教务委员9人组织校务委员会负责办理，再就校务委员中指定一人兼主任委员。自下学期起，决定改为校长制，已由省府委员会议通过。现在三院院长，均由校务委员兼任，工学院院长系赵曾珏先生，农学院院长系莫定森先生，医学院院长系王吉人先生。（下略）

1939年11月3日《东南日报》

省立英士大学组参观团

【省讯】省立英士大学为利用假期，增高员生见闻起见，特组织参观团，路线分丽青路与丽松路，日内即将出发，凡学校工厂及名胜区域，均将前往参观云。

1940 年 1 月 27 日《东南日报》

遂昌兴筑战中校舍

【遂昌通讯】本县县长翁柽，自到任以来，颇努力于教育之推进，并能得力于地方士绅之积极协助，一切教育事业之建设，颇获良好成绩。近又会同地方士绅叶启煌等，筹备在县妙高山上旧妙高书院遗址，建筑战时中学校舍。闻已计划就绪，鸠工开始建筑云。

1940 年 4 月 9 日《民生日报》

庆筹设保校举办师资训练班 明日二次招考学员

【庆元通讯】本县县政府为筹设保国民学校 100 所，以期普及国民基础教育起见。经呈准教育厅先行设立保国民学校师资训练班，招考学生 100 名，予以 3 个月之严格训练。训练期满后，即行分发任用。兹第一次考试，已于本月 8 日举行，计录取学员 32 人。第二次定 19 日举行，一俟考取足额后，即行开始训练云。

1940 年 4 月 18 日《民生日报》

第二儿童保育院补行创院典礼

地点：云和河上　日期：6 月 5 日

【本报特讯】战时儿童保育会浙江分会第二儿童保育院，自去年 12 月在云和筹备成立以来，已收育儿童 500 余名。兹悉，该院定于 6 月 5 日，在云和河上村院址补行创院典礼云。

1940 年 5 月 23 日《民生日报》

丽县联合社筹创小学

【丽水县讯】本县合作社联合社，为发展合作教育建立合作事业基础起见，特于昨日（26日）举行首次教育委员会会议。当经决定，计划训练各合作社职员、社员及筹创合作小学，并拟于下学期成立开学云。

1940年5月28日《民生日报》

浙大龙泉分校增设高级班

【永康通讯】浙省临时参议会，前以浙江大学龙泉分校仅设一年级学生，升学为难，曾经电请教育部请令该校增设高级班次，以利东南学子。现已得教部复电，觅录如下：浙江省临时参议会，真电敬悉，浙大分校增设高级事，已令浙大拟具办法，呈部核办。教育部辰勘印。

1940年6月3日《东南日报》

浙大龙泉分校郑宗海任主任

郑晓沧代理主任

【龙泉通讯】浙江大学龙泉分校主任陈训慈，调回浙大本校，遗缺聘郑宗海继任，陈氏已于一日到校视事。

1940年8月5日《东南日报》

浙大分校续办二年级

郑晓沧代理主任

【龙泉通迅】国立浙江大学西迁后，因鉴于东南一带青年失学者之众多。因去秋起，设分校于龙泉，设有文理工农各系一年级。现教育部拟办二年级，已令拟具计划。又原兼主任陈训慈现因病请假休养，改由郑晓沧代理，该分校招生亦归教育部统一招生委员会办理。闻下学期新教授已在接洽者有孟宪承等数人云。

1940 年 6 月 8 日《民生日报》

丽高中生办暑期补修班

【丽水县讯】丽水高中以上学生莫君华等为增进小学生对中学生活的初步认识，解除初中一年级第一学期所遭受的困难。特利用暑期，假中山公园区立梅山小学校址，举办青年暑期补修班。招收高小毕业或同等学历之学生 50 名，已于本月 26 日假社会服务处开始报名。7 月 9 日截止，10 日上课，闻报名补修者甚为踊跃。

1940 年 6 月 30 日《民生日报》

庆县府积极推进国民教育 筹设中心学校 10 所 国民学校 34 所

【庆元通讯】县府自奉令实施国民教育以来，即悉心规划，闻第一年实施计划，业经订定，呈省核示，其内容关于中心学校部分，由原校改设者，有城厢、荷地、举水、淤上、安仁、竹口、黄新、三济等八乡镇中心学校。本学期新设者有曹田镇、双竹乡 2〔所〕中心学校。关于国民学校部分，除由原有初级小学改设外，并增设 34〔所〕学校。上星期教育科职员及保国民学校师资训练班结业学生，全体动员下乡，积极筹办，闻乔竹、濛石、石湖、溁东、双竹、淤上、桃宫、关张、庆集、四源、高垟等乡镇所属保国民学校，均已筹足基金及开办费，总数达 2 万余元，现正修理校舍，购置设备，准备于 9 月初旬开学云。

1940 年 8 月 28 日《民生日报》

景合训班期满结束

【景宁通讯】本县县政府，为充实各级合作组织，特举办合作人员训练班，于7月22日起开始训练。会志本报，兹悉该班训练，现已期满，18日举行结业典礼，受训学员原定30名，其间因体弱自动退学者4名，正式结业者计26名。建设厅派九区合作督导员陈肇坤及省合作金库簿记组长秦源本来县授课，学员成绩尚称优良，现已由县政府依照成绩，分别派充合作金库县联合社及各乡合作社担任工作云。

1940年8月29日《民生日报》

景县府积极推行国民教育

增中心国民学校51〔所〕　教师暑期讲习会已结束

【景宁通讯】本县县政府，自奉令推行国民教育后，早经策划设施，29年度(1940)国民教育实施计划及经费预算。遵照中央及省颁各项教育法令拟订编造，全县学校数量大为扩展，除□原有各小学改设外，并添立中心学校6所，国民学校45所，经费增至7万余元云。

【又讯】该县为增强原有各小学教职员暨代用教员甄别试验及格人员之教育知能计，经于7月15日起，集合上述人员百余人，于城内鹤溪小学举办暑期进修讲习会。以各种讲师及主办人员之均极认真教导，与学员之皆能自觉自治，经于8月8日测验完竣。成绩全部及格，现已分别派任各校校长或教员，然以学校增设人员不敷分配，因特此次总登记合格之非现任教员分别派充职务云。

1940年8月30日《民生日报》

丽城郊新创设白云山小学

【丽水县讯】丽城区自抗战军兴后，人口激增，是以就学儿童日益增多。兹悉本学期在距城3里许之白云山地带，创设白云山小学一所。内分高初二级，业已招得学生七八十名，分编班次，已于上星期开学。(经济社)

1940年9月02日《民生日报》

本年度各小学仍用28年度学历

【丽水县讯】29年度(1940),第一学期业已开始,各小学均已按期开学,惟本学期学历当局迄未颁布。记者特走访本县教育科负责人,据称省方已有训令,仍用28年度(1939)学历,惟星期日以及各纪念日教科亦经着手改编,不日当可颁发各小学云。

1940年9月3日《民生日报》

教师与学生数之比例*

据本邑青林村来客云:"灵山乡镇国民中心小学,教师有5人,每日实到学生则仅二三十人"。而城内育婴仓前小学教师仅一二人,学生倒有百人左右。

1940年9月5日《民生日报》

丽水县政府启事
奉令招考选送省立联师湘湖简易师范科新生

名额:8名。资格:初中毕业。考试科目:国文、算术、史地、理化、口试,体格检查。报名:即日起在县府教育科并缴验证件。考试日期:9月7日上午6时,假座专员公署图书室举行。手续:选送学生取具本府函件,于10日至松阳古市该校报道听后复试。录取后,由校分发肄业,各生往返川旅由本府酌予津贴。

1940年9月6日《民生日报》

丽县府举办第三届小教检定

同时举行代用教员甄别

【丽水县讯】丽水县政府兹定于9月15日上午6时起至9月17日下

午5时止，借座城内囿山脚县立囿山中心小学，奉令举办第三届小学教员试验检定。并于9月15日上午6时起至同日下午5时止，在同校举行本县代用教员第三次甄别试验。凡前向本县登记教员具有试验检定资格，合于检定规程第六条各款：一、曾在旧制中学或高级中学毕业者。二、曾在师范学校或者高级中学修业一年以上者。三、曾在师范讲习科毕业者。四、曾任小学教员3年以上者。五、学有专长并充小学教员1年以上者。之一或现充本县各小学教职，资格未符检定试验各款规定尚未履行代用教员登记者，自即日起先行向本府教育科通函报名，届时携带毛笔、墨汁（专科美术、劳作教员另带仪器、铅笔），迳往该校应试，逾期决不补考云。

1940年9月9日《民生日报》

遂昌县府积极推行国民教育

本年设中心小学9所

【遂昌通讯】本县县政府自奉令推行国民教育后，早经策划设施，29年（1940）决设中心学校9所。除妙高、大柘两校校舍足以适用外，其余各校，或因狭隘不堪或因房屋窳陋，均不适用。当经县政府与各地民众捐资建筑新校舍，计已落成者有北界中心小学1所，其余各所于今年年底亦可分别落成云。（坚）

1940年9月11日《民生日报》

龙县立简师迁移校舍

【龙泉通讯】本县县立简易师范学校，自开办以来，原有校址设在本县安仁区常乐寺，筹〔办〕迄今，已届二学期之久，现因原有校舍狭窄，教室不够分配，曾经该校徐校长在暑假期内积极筹备新校舍，闻现已筹妥，已于8月25日迁入城区东升镇东大寺内，正式上课云。

1940年9月11日《民生日报》

龙民教馆设补习夜校

【龙泉通讯】本县县立民教馆为帮助失学青年起见，特设立英、国、算补习夜校，教授日用知识。定10月1日起，正式开学。程度以高小毕业及同等学力者为限，闻日内即将开始报名云。（坎）

1940年9月16日《民生日报》

省行政干训团昨举行开学典礼

黄主席亲临致训

【丽水县讯】本省地方行政干部人员训练团第二期，于9月1日开学一节，曾志本报。兹闻该团于昨"九一八"纪念日举行开学典礼，到会各机关团体代表等300余人。团主任、党主席亲临致训，详述"九一八"之经验教训与今后使命，语多精辟，全场空气紧张热烈。

1940年9月19日《民生日报》

省立处州民教馆注意畲民教育
拟订计划开展工作

【碧湖通讯】本省处属各地，畲民散居甚多，此种特殊部族之教育急待开展。省立处州民众教育馆有鉴及于斯，爰于本月18日，派员前往大济区调查。并决定于20日前往该区放映教育电影，俾能运用娱乐方式接近畲民，并多方设法灌输抗建知识，使能负起抗战建国之大业。又闻该馆拟于日内草拟特种部族教育工作计划，积极开展工作云。

1940年9月21日《民生日报》

省立湘湖师范推行民众教育普遍设立民教馆

【松阳通讯】省立湘湖师范，素以推行民众教育为职志，曾于近年5月间先在本县古市镇设立民众教育馆1所，现又在古市区之大岭根、朱坑、徐郑3村，分别成立民教馆各1所，统于9月18日开幕。按以上3处，山岭崎岖，峰峦重叠，文化落伍，民智闭塞，今择为施教对象，甚为相宜。

1940年9月22日《民生日报》

宣县积极筹设民校

【宣平通讯】本县为积极筹设民众学校，以提高民众知识水平，发扬民众力量起见。特在城内、曳岭、桃溪、俞源等重要市镇设立高级民众学校各一所。闻该部业经拟订进行计划，并委派胡文华、叶焕然、陶详琦、俞泽群等为筹备员，分头前往筹备云。（焱）

1940年9月26日《民生日报》

叶高捐资兴学获教厅荣誉奖状

【云和通讯】本县局村叶高先生，系前任局村小学校校长。办理教育尤为热心，在任期内承捐资办学，致该校成绩斐然。其功实不可埋没，经县政府呈报教厅，现已颁发奖状一纸以昭激励云。

1940年9月26日《民生日报》

宣平青田推行国民教育

各增设学校数十所

【宣平通讯】本县县政府自29年度（1940）第一学期开始，奉令实施国民教育，积极推行、不遗余力。第一期实施计划早经呈厅鉴核。全县共19〔个〕乡镇，而中心学校所设及改设已有10所，超过半数以上。其余194保，亦就地方实际情形，将原初小分别改设国民学校云。

【青田通讯】本县奉令实施国民教育，29年度应设校设〈涉〉及补助费，业奉教育厅依据乡镇保数之多寡分配确定。计中心小学新设9所，改设10

所，中央及省拨补费为4808元；国民学校新设46所改设47所，现正根据各校就地自筹经费及县教育经费数积极筹划分配中。并闻中心学校教员每人每月津贴4元，国民学校教员每月津贴2元。遵令以总登记合格者为限，一矣确定，即可通令各校遵照办理云。（从）

1940年9月30日《民生日报》

教部电令英大补招医农新生

【丽水县讯】本年公立各院校统一招生，业经教育部汇集，各考区试验成绩，定评完竣。录取新生均照分发标准，分发全国各院校肄业。除一部分分发未足额之大学理学院及师范学院理化组，已有部令准予补招外，现闻教育部以本省英士大学农医两学院一年级新生分发亦未足额，特电该大学自行补招一次。该大学奉到电令后，正在考虑补招名额及报名考试等日期，有决定即将登报通告云。

1940年10月4日《民生日报》

中小学举行绘抗战地图竞赛 龙教文会召开筹备会

【龙泉通讯】本县战时教育文化事业委员会，奉令举办中小学绘制抗战地图竞赛会。业于本月卅(30)日召集有关机关、学校开筹备会议，计到各界代表多人，由徐正学主席讨论要案多起。兹探悉如下：一、筹备会共分总务、宣传、征集、布置4股，公推教文会李岱云担任总务股事宜，简易师范黄平倩担任宣传股事宜，树范中学担任布置股事宜，中心小学担任征集股事宜。二、竞赛单位计中学一组（树范与简师），小学分高年级、中年级两组，每组各取10人。三、初赛由各校自行举行，竞赛展览借教文会举行，日期定10月18日至20日，公开展览3天。四、聘请唐县长、林书记长、郑主任晓沧等为评判员。五、城区、乡区各小学由教文会分函通知，限于10月17日

以前送会参加竞赛，公开展览。（岱）

1940年10月4日《民生日报》

英大续招医农新生

【丽水县讯】本省英士大学，奉教育部电令，扩招农学院农艺、农业经济、畜牧兽医三系，及医学院医学、药学两系一年级新生，已志本报。兹闻，该大学定于本月21日至23日办理报名，25日起举行考试，其考试科目为公民、国文、英文（或德文）、数学、物理、化学、生物、中外史地等门。考试地点分天台英大驻台办事处及丽水该大学两处同时举行。其余一切手续，均遵照本年统一招生办法所规定云。

1940年10月8日《民生日报》

龙树范中学举行野营*

【龙泉讯】本县树范中学分部，自赵载梁先生担任主任以来，办理该校教育事业，日进月增，招收学生至本学期计有370余名之多。顷该校为适应战时环境及锻炼学生体格起见，定于本月8日起，全校师生举行野外露营，地点在下湾，时间定为一周云。

龙联合小学校长易人*

【龙泉讯】本县域区东升、西平两镇联合中心小学，自季大培充任校长以来，对于该校事业，颇多建树，近以另有他就，呈请辞职，已蒙照准。闻遗缺县府另委季贤康接充，定于“双十节”以前接收亲事。按季君师范学校毕业，在本县教育界及该校服务有年，学经俱优，此番继长该校，定有一番改进云。（岱）

1940年10月8日《民生日报》

实施国民教育 缙筹设中心学、保学230所

【缙云讯】本县对于国民教育业经积极进行，兹悉县政府在本年度内计划筹设乡中心学校28所，委朱昭等为校长。保学230所，委李翰禄等为各校长，现秋收已过，均已纷纷开学云。

1940年10月8日《民生日报》

丽华雨小学注重战时训练

【丽水县讯】丽水县立华雨小学，自本学起，关于课外活动，特别注重战时及国防训练，如防空练习，避灾练习及爬山比赛等，均极注意。于前日举行童军露宿，原定是晚举行营火会，因值天雨，改为歌咏比赛及故事会。又悉该校定于本星期六，举行秋季远足会，并有各种野外活动云。（经济社）

1940年10月17日《民生日报》

教厅直属区分部筹设妇女补习班

定下月初旬开学

【丽水县讯】浙江教育厅直属第27区分部，为策动党员办理战时民众教育，及使一般民众学校高级毕业之妇女得以继续进修起见，特举办妇女补习班一班，定学额40名。闻该班已在积极筹备中，即日起开始报名，地点为教育厅内。报名时应缴民校结业证明书，初旬开学，希有志求学妇女勿失良机。（斌）

1940年10月20日《民生日报》

龙浙大分校正式上课

【龙泉通讯】浙江大学龙泉分校，自设立以来，倏将一载。该校因各种

设备关系，暂不设二年级，故去年一年级之学生，均于本年暑假去黔本校就课。本年度大学招生，由教育部统一办理，查该分校分配新生90余名，先修班50余名，现大部抵龙，闻定于下周正式上课。至于该分校主任陈训慈先生，因调本校服务，现由郑晓沧先生主持云。

1940年10月22日《民生日报》

英士大学成立周年纪念

【丽水县讯】昨(26)日，为浙江省立英士大学成立周年纪念。该校特于下午举行纪念大会，到会者计全体师生及来宾数百人济济一堂，殊形热闹。仪式完毕后，举行游艺会，该校师生颇多精彩节目，省巡回剧咏团演出《代用品》等独幕剧，情况甚为热烈云。

1940年10月27日《民生日报》

遂昌简师组学生会

遂昌县党部鉴于县立简易师范学校为遂县唯一学府，学生人数较多，特策动依法组织学生自治会，以使发展青年运动。兹闻，该校学生蓝崇等已经具备发起手续，呈奉县党部许可，定名为遂昌县立简易师范学生自治会。并悉由县党部俞书记长亲任组织指导员，即日筹备进行云。

1940年10月28日《民生日报》

丽县商会筹办商业夜校
会计簿记为主要科目

【丽水县讯】丽水县商会鉴于丽水商业渐趋繁荣，惟市上各商店行号，仍都沿用旧式记账法，致使各税收机关查核簿据困难，易于发生误会。时有被罚可能，兹特根据第三届会员大会通过之《创办丽水商业补习学校以增进商业知识俾利业务》案，经前日召开全体执监委员暨各同业公会主席委员联席会议决定在本(12)月底以前，收回南明医院租借之房屋，推动着手筹备商业补习夜校。先开初级班，3 个月为一期，以聘请名会计师及税收机关主管人员，轮流兼任讲授。以会计、簿记、各项税收章则重要课〈科〉目，闻不日时开始报名云。(经济社)

1940 年 12 月 20 日《民生日报》

缙云发生学潮

卢寅等擅粜学谷被押　壶镇区教员全体请愿

【缙云通讯】本县财委会本年在壶镇区收起学谷，存放于壶镇中心学校、松岩胡柏坚家、金竹宋松昌家等处。突于本月 11 日及 13 日，有卢寅、王仙纵、王一盛等，纠集学校少数人员，带领米贩，擅自前往将学谷悉数粜卖。闻本县财务委员会，以保管有责，当即于本月 14 日下午 1 时召开紧急会议。除呈请追缴外，闻县府据报后，以该卢寅等不依正当手续，已下令撤职，并将王一盛带县发押。而壶镇区全体教职员百余人，已散发宣言，于 31 日整批到县请愿云。(达)

1940 年 12 月 24 日《民生日报》

浙教厅令温处各县举办畲民短期学校

丽民教馆已拟定计划着手进行

【丽水县讯】查旧温处属各县散居畲民为数甚众，此等畲民大都以生活环境较苦更少受过教育之机会。因之文化程度，向较落后。浙教厅有鉴及此，为补此项缺，积极提高畲民教育简度起见。曾令饬各县民众教育馆普遍举办畲民短期学校，4 个月为一期，分期施以教育。兹悉本县民众教育馆奉令后，业已着手进行勘定设校地点，并拟就畲民教育实施计划，一俟呈厅核准后，将于明年 1 月间开始办理云。(经济社)

1940 年 12 月 18 日《民生日报》

英大代办农特专修科

【丽水县讯】本省为培养农业专门干部人才，以期农业特产之改进与推广起见。特委讬〈托〉省立英士大学即在松阳代办农业特产专科。在肄业期内免收学费外，并酌予膳食津贴。期满后，依其成绩分派各有关事业机关服务。闻该校将于本年2月23日起，在丽水、金华、天台3处同时招考新生云。

1941年1月16日《民生日报》

省立湘师设社教委会

【古市通讯】省立湘师本学期对社教事业加以调整，原推广教育部取消，另设一社会教育推广委员会。附设之上源乡民教馆取消，分别并入古市、佳石乡两民教馆云。

【又讯】建厅特约湘师代办古市经济农场四大重要业务已志本报。兹悉，该场雪茄菸烟制造部分，拟将原湘师推广部之雪茄烟职工训练班搬入。农场加工制造部分，拟将原古市镇农产加工制造合作社搬入云。

1941年3月3日《民生日报》

英士大学设工读生名额

【省讯】英士大学为补助家境清寒学生，完成学业起见，特设工读服务学生名额，自本学期起，凡属家境清寒，而愿工读服务者，均可申请登记云。

1941年3月6日《东南日报》

英士大学招生

【金华讯】浙江省立英士大学，定 7 日起，在丽水、天台、金华 3 处，同时招考农工商 3 学院一年级新生；二年级插班生，代办农业特产专修科插班生及代办合作专修科新生。金华报名处，借设中国旅行社内，3 日开始报名，志愿投考学生，可至该处面索招生简章，试场地点临时公布。

1941 年 7 月 3 日《东南日报》

英大各学院开学有期

【丽水通讯】浙江省立英士大学近因添招新生，原有校舍，不敷容纳，决定将各学院分别迁设于适当地点。农学院设松阳，工学院及医学院设丽水，所有各学院二年级以上学生，均分别在上述新址开学上课。又以该 3 处房屋，尚须修理建筑，未能同时竣工，故决定农医两学院及代办农产专修科，于 9 月 20 日开学，25 日开始上课；工学院于 10 月 1 日开始开学，6 日开始上课，已由该校分别通告各旧生知照。至各学院及代办合作专修科一年级新生，则仍在丽水该大学原址开课，并一律定 9 月 15 日开学，22日上课。新生入学时，且须先受新生入学训练。至于新旧各生所需食米，前经该校通告各生，一律于开学注册时，自带干谷缴纳。近因鉴于交通困难，除丽水、松阳及交通较便各县学生，仍须缴纳食谷外，其余远道各生，暂先折纳国币 150 元（日后视粮价涨落盈还亏补），亦已一律通告各生知照。

1941 年 9 月 16 日《东南日报》

中文速记发明人杨炳勋落水身故

发明中文速记之杨炳勋君，近在浙省英士大学执教，讵于上月杪，竟跌落丽水城外夏〈厦〉河内溺毙。

1942年4月18日《中山日报》

青田县乡民反对简师　拆毁中山纪念厅

起因于骷髅骨拾作标本

【本报杭州讯】浙省青田县立简师，日前与该县忠义乡民众发生冲突，该校中山纪念厅被民众拆毁。兹探得详情于次，据该校向以县城天妃宫为校舍。校内学生前由郊外拾得骷髅骨，以作卫生科标本之用，被就地乡民知悉，以为玷污佛地，欲与校方为难。适值该县属忠义乡千余民众，于3月23日送回佛像回天妃宫时，即将该校之中山纪念厅拆毁，并捣毁厅内一切陈设，勒逼该校周校长，将该天妃宫恢复原状，并做清醮佛事3夜。周校长在群众威胁之下，无法抗拒，经允做清醮1夜。现在该校学生自治会，以学校为造就师资之场所，学生乃启迪民众之师资，在此科学昌明时代，对于神道迷信之愚民政策，正宜悉力破除。何可由学校出面，在校中原设纪念厅之场所，还请道士，大做清醮，被迫荒谬之举，何可再忍，故全体反对，任何牺牲，在所不惜。除向周校长要求，对于暴力下所接受之条件拒绝履行外，一面已向该县府呈请防制发生乡民暴力威胁，同时分呈浙省政府暨教厅，迅即电县予以维护，以重教育。昨又声叙事实，函致杭州报界，予以披露，请各方贤达，主持公道云。（蝶）

1946年5月16日《申报》

武德职校下期迁杭

【市讯】浙省私立武德农工业职业学校，原设丽水碧湖，收容浙省抗战阵亡将士遗族，免费就学。去秋，蒋主席手令该校董事会扩大收容数量，以恤遗孤，并特发基金1亿元；另由教育部加拨1000万元，作为充实设备之需。顷该校校董会，以碧湖僻处浙南，不足以言开展，决定迁校杭州。昨(27)日，在杭召开该校校董会临时会议，出席该校主席校董宣铁吾、校董王云沛、张咸宜等，列席校长章乃焕。当场决议，本年下半年迁杭开学，校址内定在杭州市区，并改办完全中学，原设农工两科，照常附设，亟须办理。其他关于添置仪器等项，均经议有成策，准备即日开始分头进行云。(中央)

1947年4月28日《大同日报》

文化活动

大画家留沪

彭叔彝君浙东龙泉人也，工于画，尤长芦雁。见者无不称善，今来，海上结翰墨，因缘代定润资如左。

中堂每幅2元，大小不计；屏条每幅1元，大小不计；扇面每件5角；册页每幅5角；帐额每幅1元；横幅每幅1元。润资先惠，约期不误，专画六吉单宣，劣纸不应。张中民、魏兰、张之杰代定。收件处三立堂药房，法租界大马路郑家木桥街口西首门牌274号，名利栈法租界大马路。

1917年9月26日《民国日报》

博物馆新到飞鼯①

身长3尺尾达尺许毛色深红颇为美丽　可惜死了

【杭州市讯】省立西湖博物馆，昨日曾由龙泉县政府备文转来奇兽飞鼯1只，长约3尺，毛作深红色，尾长尺余，颇为美丽。系本月15日，省保安处

① 飞鼯又名鼯鼠、飞鼠或飞虎。外形像松鼠，生活在高山树林中。尾长，背部褐色或灰黑色，前后肢之间有宽大的薄膜，能借此在树间滑翔，吃植物的皮、果实和昆虫等。

第4团第3营机关枪连，在龙泉县属豫章口山中树上所击毙者。惜该兽于寄出时，未将内脏取出，致四五天来，腐烂特甚，毛亦脱落，难以剥制标本，仅头骨完全，可资研究。查飞鼯一兽，体侧与四肢之间，张有皮膜，能在树间，滑溜至四五丈之远，活泼异常，不易获得，且在本省内已属罕见。该馆虽于过去亦猎得1只，然采自广西猺山，非本省产也，且其毛羽色泽，形体大小，亦与此次不同。致不能剥制一完全标本，公开展览，深为可惜云。

1935年9月21日《东南日报》

九区工艺品举行预展会

【丽水通讯】九区行政督查专员公署，于5日上午9时，假座文庙民教馆，举行手工艺品预展会。计各县送到陈列品，共130余件，前往参观者络绎于途。6日，继续展览一天。

1937年3月8日《东南日报》

浙广播电台迁丽水播音

【丽水通讯】浙省广播电台于1月20日迁至丽水，开始播音。兹将每日固定节目，探录如下：下午3时至4时，宣传讲演；4时至5时，音乐（唱片）、警策语。7时至7时20分，首次简明新闻；7时20分至7时40分，歌咏（唱片）；7时40分至8时，防卫知识。8时30分至8时50分，二次简明新闻；8时50分至9时30分，音乐（唱片）、警策语；9时30分至10时，记录新闻。

1938年1月26日《东南日报》

文抗会近讯

浙江省文化界抗敌协会期成会，系本省文化界先辈诸辅成、骆耕漠等先生与"战时生活周刊"等文化团体所发起，目的在号召并团结全浙江文化界人士，担负起现阶段文化人应有的任务。筹备以来，工作不遗余力，现由总会推动，结果各县已纷纷成立分会，计现已正式成立者有丽水、遂昌、宁波、青田、金华等5县；即将成立者有永康、兰溪等7县；已进行筹备者有平阳等3县，总计会员人数，已在1000人以上。工作方面，大致均为参加当地宣传或政训工作，闻该会拟于本月下旬召开成立大会云。

1938年3月20日《动员周刊》(第1卷第9期)

教文会画展会在丽水展览

【丽水通讯】浙省抗日自卫委会战时教育文化事业委会之流动抗战绘画展览会，本月16日由支持人朱苴莨随带出品150余件。先后在岭下朱、方岩、永康、麻车头等处举行。各地参观者，甚为踊跃，颇得观众好评。闻该会已于27日抵丽，28日起，假民众教育馆公开展览。又省战时美术工作者协会丽水分会，因该会之邀，亦出品多件，参加展览云。(国民社)

1938年10月28日《东南日报》

民教馆举办画展*

【丽水】名画家邵逸轩之男女公子少逸、幼轩及其友人林文蔚，为欲慰劳受伤将士，特携其杰作百余件，来丽假民教馆公开展览。日期自本月23日起至28日止。

1939年5月28日《东南日报》

全国木刻协会主办
纪念鲁迅木刻展览会不日来丽公开展览

【丽水县讯】全国木刻协会主持之纪念鲁迅木刻展览会，共分两组，一组在大后方各省流动展览。另一组于日前来浙，刻在青田展览，不日即将来丽公开展览云。

1940年4月4日《民生日报》

业余读书会创办木刻研究会

【龙泉通讯】本县民教馆附设之业余读书会，自成立以来，参加者甚为踊跃。最近除积极进行时事讨论、篮球赛、乒乓赛等各项活动外，复得木刻家沈先君之助，创办木刻研究会。于本月7日晚，在民教馆开第一次谈话会，爱好木刻者参加达八九人，陈馆长、沈光君均出席指导。闻谈话会中除讨论学习上之各项问题外，并决定：一、征求全城爱好木刻同志参加研究，尤其是各学校学生。二、向外间采购各项工具，及订购刀与《木刻半月刊》等参考材料。三、函请野夫、万湜思等先生各指导员等案。9日晚，并在民众剧场赓续讲授木刻会各项技术问题云。

1940年4月11日《民生日报》

浙大龙分校演剧劳军

【龙泉通讯】浙大龙泉分校战时服务团，为招待本县出征军人家属及慰劳前线抗敌将士，特举行游艺大会，并将所售票款悉作劳军。兹定于5月25、26两日晚，假座城内民众剧场，公演《抗战声》《血洒晴空》等名剧。

1940年5月26日《民生日报》

闽巡回工作队赴龙泉工作

【龙泉通迅】福建军管区巡回工作队第一队一行23人，由翁队长率领，自浦城启程来龙，于本月5日抵达县城。国民兵团并于6日上午，在该团团部召开欢迎会。巡回队全体出席，各机关亦派代表参加，由张副团长主席致欢迎词后，巡回队队长翁启等报告此次由闽来浙之情形，及巡回队成立经过与闽省戏剧工作。继由本县先锋剧团、民众剧场、孩子剧团等戏剧团体报告本县戏剧工作。当晚，该队在中心小学校场放映电影，今明日并将在民众剧场公演话剧，及与本县各剧团联合公演详请容续志。（仁）

1940 年 6 月 10 日《民生日报》

丽教界联合各机关昨举行
孔诞教师节纪念会　许厅长亲临致慰劳辞

【丽水县讯】昨日为先圣孔子诞辰纪年暨教师节。本县各机关学校均例假一天，并在早晨 6 时假英士大学合并举行纪念大会，出席各机关代表各大中小学教师、学生代表 300 余人，推教育厅、建设厅、专员公署、县政府、县党部、青年团、英大、处中、处中附小等机关为主席团。主席余专员领导行礼如仪后，首由主席报告纪念孔诞暨教师节意义（辞略），继由许厅长代表教育行政机关致慰劳辞（辞略），建厅潘视察一尘代表学生家长致谢辞（辞略），各机关代表相继演说后，学生代表起立向教师及导师致敬，最后由省巡回歌咏戏剧团领导唱孔子纪念歌及教师节纪念歌，会场空气庄严肃穆，历两小时始散会云。

【又讯】本县各界昨日纪念孔诞教师节，除早晨举行纪念大会外，复于下午 3 时（因警报延迟至 3 时 30 分），假文化建设协会举行教师交谊会，出席各校教师 100 余人，首由教厅何秘书演讲孔子及历代师儒之言行（讲辞从略），继即自由讨论，会场情绪热烈，空气活泼，至五时许始散会，并闻交谊会茶点，系由各机关集资购办，藉以聊表对教师之敬意云。又晚上 6 时，在县府门前放映教育电影，民众前往观看者 500 余人，情况亦甚良好云。

1940 年 8 月 28 日《民生日报》

龙民众剧场将演《黑地狱》

【龙泉通讯】本县民众剧场自“八一三”三周年纪念日，扩大招待全县各界公演三天后，现该场又拟在9月10日前演出4幕抗战名剧《黑地狱》。刻正积极排演中，决于9月7、8两日演出云。

1940年9月1日《民生日报》

遂青年剧社演剧筹款响应剧人号献机
9月5、6两日公演《绯色网》

【遂昌快讯】三民主义青年团遂昌青年服务社青年剧社，自本年7月间筹组以来，已在遂昌公演数次，演出成绩甚佳，获得观众好评。兹闻该剧社为响应空委员会神鹰剧团发起之“剧人号”献机以促进航空建设，加强空军实力，特定于9月5、6两日，假遂昌民众剧场公演陈光先生杰作三幕名剧《绯色网》（该剧系描写我航空员人格的伟大，敌人间谍的失败，蓄意结构甚是精彩），票价分2元、1元、5角3种，而更有爱国荣誉券一种，票价在5元以上，使热心爱国之士，可得更大之报国机会，以示爱国之热忱。该款所得除演出开支外，悉数汇解航空委员会，希爱国同胞踊跃捐款，以加强我空军之实力，助长航空建设。

1940年9月2日《民生日报》

省巡回剧咏团公演《中国男儿》
响应“剧人号”献机运动

浙江省巡回戏剧歌咏团，成立以来，已于丽水、云和、龙泉等县公演多次。成绩甚佳，颇得好评。各情曾志本报，兹采得该团□响应航空委员会政治部神鹰剧团发起之“剧人号”募款献机运动。决定于“九一八”起，假丽水鲁班司庙民众剧场公演胡春冰杰作《中国男儿》三天，票价分 1 元、5 角 2 种，并有 5 元以上荣誉券数种，使热心人士得有更大报效之机会。该款所得，悉数汇解航空委员会充作购置飞机之用。闻该团甚盼爱国同胞踊跃捐款，以促进空军建设，加强空军实力云。

1940 年 9 月 3 日《民生日报》

文建分会园游会改期

【丽水县讯】中国文化建设协会浙江分会，原定上月 30 日晚举行园游会，因值天雨不果。兹悉该分会决再定期举行一俟日期确定，仍在本报通告欢迎会员暨眷属友好前往参加云。

1940 年 9 月 4 日《民生日报》

寒衣演戏筹款 11 日开始

【丽水县讯】丽慰劳会演戏此次继续 14 天，将于 9 日期满，10 日休息 1 天，办理结束事宜。寒衣会演戏募捐定于 11 日开始，至本月底前仍由原班续演，以改订合同或另聘现尚未决定云。（经济社）

1940 年 9 月 7 日《民生日报》

遂昌剧讯：民众剧场将公演《前线》青年剧社演出《绯色网》

【遂昌通讯】遂昌县立民众剧场，自创设以来，将及二载。对于遂昌剧运之展开，颇具成绩。兹探悉该场定于 9 月 18 日起，公演杨翰笙所著四幕名剧《前夜》。现以演出在即，该场为增加宣传效果，期有优良收获，日来正漏晚赶排，紧张工作，届时当有一番可观也。（坚）

【遂昌快讯】青年团遂昌青年剧社，为响应“剧人号”献机，公演陈先生名著三幕剧《绯色网》，已志本报。兹探悉该社已于 5 日正式演出，计售票价国币约 180 元。次日，为优待观众，继续演出，一律免票入场两日，观众甚为拥挤，台上演出成绩甚佳，台下秩序井然，为遂昌空前未有之盛况云。

1940 年 9 月 13 日《民生日报》

遂农工用具展览馆定期开幕 徐君画展亦附会举行

【遂昌通讯】本县农具及手工业用具展览会，自筹备以来，历时已久。县动员会特约优良工匠制造大批模型，各方送来实物，亦甚繁多。闻是项展览会，已定于本月 15 日在本城社会服务处开幕，继续展览 4 天，并闻本县少年画家徐步峰君个人画展亦附在会内举行。届时，所有陈列出品，琳琅满目，观众定为踊跃云。

1940 年 9 月 14 日《民生日报》

省立处州民教馆巡回讲映电影 “九一八”映最新影片

【碧湖通讯】省立处州民众教育馆为普及电化教育提高处属民众抗敌情绪起见，特派该馆巡回教育电影讲映队于本月 14 日、17 日分赴大港头镇、九龙乡等处讲映抗战电影。同时携带大批幻灯片并分发说明书，说明剧情务使观众一一明了。并闻该馆拟于“九一八”纪念日，在碧湖大行基固定电影场讲映最新抗战影片多部云。(冠)

1940 年 9 月 16 日《民生日报》

龙民众剧场将公演《恪痕》

【龙泉通讯】龙泉民众剧场将于“九一八”10 周年纪念演出《恪痕》及《寒衣曲》二独幕剧。《恪痕》为东北同胞在敌人铁蹄下作英勇斗争之真实描写，而《寒衣曲》亦应筹募寒衣运动而演出，届时必有一番盛况云。

【又讯】本月9日，国父广州首次起义纪念，民众剧场于9日、10日两天演出四幕名剧《黑地狱》，演出成绩甚佳，观众拥挤异常。第二天，系招待各训练班及各中等学校。前《民生日报》载龙泉演出《黑地狱》系响应"剧人号"献机运动，实系误传。响应"剧人号"献机运动将在"双十节"第三届戏剧节作更大规模之演出云。（龙政）

1940年9月16日《民生日报》

省剧咏团今晚预演《中国男儿》

【丽水县讯】省剧咏团为响应"剧人号"献机公演，经过情形会迭志本报。兹闻，该为慎重起见，特定于今晚举行预演，并邀请戏剧界同人莅场参观。自明日正式公演，以该团克〈刻〉苦训练之精神，经长时间之揣摩，表演成绩当可令爱好戏剧者满意云。

1940年9月17日《民生日报》

云和民教馆工作动态

【云和通讯】本县民教馆为积极推行社教实施起见，一切锐意改进，兹探悉该馆最近举办事业如下：一、收音机为传达消息之至上工具，该馆自本年6月间，因电池缺乏，停止收音。现已向教育厅领取大量电池，不日将于每晚继续收音，并为民众明了战事计，特设实时讲座。二、漫画为通俗宣传之武器，对不识字之民众，尤为需要，该馆特予审视，设漫画代笔处，为全县民众学校及各小学绘制抗战漫画，以应布置环境，需画者，纸张自备，颜料由该馆供给，3日后取件。三、机动为锻炼国民团体最好方法，亦即武装民众之重要一环。

1940年9月18日《民生日报》

今本市各界纪念“九一八”9周年

各街头壁报出纪念特刊 业余歌咏队等举行晨呼

【丽水县讯】今天为“九一八”9周年纪念日，中央规定并入“七七”举行，不必另行集会。惟以意义重大，应由报纸刊物发表文字以示不忘。本市各界遵照故未有集会，而各机关团体与原有壁报，如妇女会、合作促进会、县政工室、印刷业工会等均出纪念特刊。县政工室、妇女会、业余歌咏队等组晨呼队，又处中同学于今晨举行晨呼，并张贴标语以志纪念云。

1940年9月18日《民生日报》

省巡回剧咏团昨日开始公演 观众异常拥挤情况热烈

【丽水县讯】省巡回戏剧歌咏团，此次为响应“剧人号”献机运动，公演《中国男儿》，业于昨日假丽阳门外逸园开始公演。全城市民为之轰动，观众异常拥挤，但以逸园场地过小，致许多观众因到场稍迟，至于向隅。该团同仁深觉抱歉，幸此次公演，尚有今明两天，当等满足各界之观众也。按该团成立以来，为时不满半载，此次公演成绩，多方面故有长足之进步，深为社会人士所赞许云。

1940年9月19日《民生日报》

剧讯一束

【龙泉通讯】本县民众剧场，日昨为“九一八”9周年纪念，与县立简易师范演出《团圆节》暨《寒衣曲》二幕。内容极为精彩，尤以民众剧场多数演员演来十分纯熟，简师学生虽素少训练，但成绩亦不差。此次观众之拥挤为历来所未有，盛况可说空前云。（行）

1940年9月22日《民生日报》

巡回剧咏团公演结束
《烟苇巷》改期公演

【丽水县讯】日前省巡回剧咏团以响应“剧人号”献机运动公演，业已结束，计得献金500余元，详细账目不日公布。又该团原应业余歌咏协会之请，定今日起公演《烟苇巷》筹款劳军。兹闻该团以前次公演，三团因过劳染疾，且经费上亦感难以应付，故决改期公演云。

1940年9月24日《民生日报》

处州民教馆配备播音机

【碧湖通讯】省立处州民教馆为吸引民众推行战时教育。俾资激发民众抗战情绪起见，特借置直流播音机一座。收取中央广播无线电台及省市公立电台之教育节目，如名人讲演，救亡歌曲与抗战消息等。尽量向民众广播外，并拟收录当天大事，并随时印发简报一种云。

1940年10月13日《民生日报》

龙举行中小学生绘地图展览会

【龙泉通讯】本县战时教育文化事业委员会奉令举办中小学学生绘制抗战地图展览会，原定本月18日起公开展览3天。嗣因各方筹备不及，延期于20日开幕，地点假动员会举行。参加展览者计有树范中学、简易师范、中心小学、养真小学等校学生所绘地图，形形式式，布置一堂。各界人士及当地民众，前往参观者，均极踊跃，自开幕起观众达3000余人，情绪热烈，已可想见。足知本县人士对于抗战形式，颇为关心。闻该会将各组评定优胜前3名于11月上旬，送省教文会复赛云。(岱)

1940年10月28日《民生日报》

丽金石书画家组金石书画会

【丽水通讯】丽水金石书画家沈石渊、曹玄宇、韩士淑、陈浩然、汪堃、钟石禅、俞几玄、黄敦良等，于15日开会讨论组织一金石书画会，定名为莲社。经推定黄敦良为总干事，每月至少开常会一次，每次各社员出品至少一件，以供赏鉴。该社通讯〔地〕址暂由丽水陈诚街3号黄敦良收转。

1942年3月21日《东南日报》

丽水戏运

定　扬

【本报丽水通讯】丽水的剧坛是寂寞的。去年下半年，只业于〈余〉剧团有过一次公演，演出三个独幕剧《醉生梦死》，即契可夫的《可怜的裴迦》《禁止小便》及《校园》。然而成绩不好，不论表演、化妆都须更求进步。继后处中也为欢送毕业同学演出两个独幕剧《半斤八两》与《未婚夫妻》，成绩亦不足道，唯因是学生演出的，也很难能可贵了。

今岁以来，丽水剧坛一无动静，虽在清明时，民教馆《时事简报》曾一度记载说“丽水爱好戏剧人士曾借春游赴南明山聚餐”，讨论演剧云。然而以后一无消息，大概商讨无结果，可能性很少。又处中为欢迎〈送〉本届毕业同学，将在6月演出3幕剧《这不过是春天》李健吾著，由高初中联合演出，闻正在加速准备。又高中部欲作一次公演，然以人手少，颇感困难云。

除话剧外，丽水最盛行的是越剧，越剧班子常来丽水演一二月，颇能吸引一般人士。今岁三月初三(阴历)，丽水为迎太保，搭台演戏，扮神游街，种种情形，都显示丽水的剧运堕落，迷信深重，急须加以改良。

1947年5月19日《大同日报》

图书·出版

新知书店在丽水开设浙江省总分店

新知书店[①]原设上海，该店为避免遭受敌军蹂躏并维护文化事业起见，即设法移往汉口，近来鉴于吾浙文化食粮甚感缺乏。乃不避艰险，派员来浙设立分店及各地分销处。据该店负责人谈，现在一切分设手续已经计划就绪，浙江省总分店设在丽水，此外并在丽水城内三坊口，金华石牌坊87号，及碧湖、遂昌、青田、松阳、温州、庆元等处设立分销处。目前，业已运到之本外版书籍，约有400种之多。近日，各地向该店批发及购买者异常踊跃，且大部分书籍已在二三日内完全售完，现正在向书店继续配运中。今后吾浙人士，当不复有文化食粮缺乏之感矣。

1938年3月27日《动员周刊》

新知书店启事

本店丽水分店于5月26日遭敌机轰炸，店屋大部被毁，现已迁入城内三坊口(会文图书社隔壁)继续营业，赐顾请驾新址为荷！

1938年5月30日《动员周刊》第12期

文抗会丽水分会近讯

文抗会丽水分会成立已久，最近会员增至百余名，工作甚为紧张，如设立战时民众夜校，出版《抗敌阵线》旬刊及《大家看》等通俗刊物。现在，该会

① 新知书店成立于1935年，创办人是钱俊瑞、徐雪寒、华应申等，前身是《中国农村》月刊。1945年抗日战争胜利后，重庆的生活、读书、新知三店合并。1948年10月，为了迎接新中国的诞生，读书出版社、生活书店、新知书店三店在香港合并，成立生活·读书·新知三联书店。

为扩大组织及开展工作起见，仍在继续征求会员云。

1938年5月30日《动员周刊》第12期

省手工业指导所在丽水设立发行处

【丽水】省手工业指导所，近因出品增加，特在丽府前大街设立发行处。将所制出品陈列推销，并以内地需要印刷甚殷，复添办印刷厂。在丽水及碧湖开始接受铅石印营业，同时并编刊《浙江工业》月刊，指导民众。

1938年12月8日《东南日报》

浙省立图书馆在丽水设分馆定11月1日开放

【金华讯】浙江省立图书馆，为增加民间知识起见。特在交通中心点之丽水县天后宫为浙江省立图书馆分馆，其图书半由商务、中华两大书局捐助外，并有浙东名流捐资购置。同时，浙江省教育厅于教育经费项下，予以资助。现已筹备将竣，闻定于11月1日开放。因丽水非为浙东交通之中心，同时亦为教育之中心点，□大都学院，均设在丽水碧湖镇，非特于人民增长智识，而于青年学生对于其学识之借镜，实为便利不少。

1939年10月19日《申报》

英大出版青年节专号

【本市（丽水）特讯】省立英士大学学生自治会为纪念本届五四青年节，特由学术股于《英大周刊》编辑青年节纪念号。于日前出版，各地正中书局均有代售。

1940年6月2日《民生日报》

《碧湖》旬刊定期复刊

【丽水县讯】本省当局，前为训练战时政治工作干部起见，曾于丽水碧湖创设战时工作人员训练团。由黄主席自兼团长，教育厅许厅长兼任教育长。参加受训学员，不下四五千人。后该团期满结束，省政府方面为谋继续指导各地团友生活，特由政工指导室编印《碧湖》旬刊一种，经常分发各结业团员参阅。出版以来，因内容丰富，颇得各方好评。惟自本年1月，敌渡钱江以后，该刊因受印刷困难影响，出至第39期，即告暂停出版，以致各地团员深感不便。曾由战工团团友会理事俞其浩、刘先沛、秘书朱仰会等再据情转请复刊。顷悉，已获省府政工室允准。第40期预定本月中旬出版，但因该刊停出已久，各地团员动态，不免隔阂。故团友方面，特于日前分函各地分会，负责转知当地团友，应将生活近况及各项著述，随时尽量报送省政工室，核转该刊发表，俾资联系云。

1940年6月11日《民生日报》

合作促进会发刊《经济战线》

9月中旬可出版

【丽水县讯】合作事业促进会原编行《合作前锋》杂志一种，内容充实，向为社会人士所爱好，尤为从事合作事业者所爱不释手。兹悉为适应一般读者之要求计，决将内容改为一般化，并改名为《经济战线》，约于本月中旬即可出版。

1940年9月3日《民生日报》

李师颐氏研究改进杂木殖银耳香菰〈菇〉编著成书公诸于世

【奉化通讯】银耳产于四川，素为社会人士所知。而香菰〈菇〉繁殖之技术，向由吾浙龙泉、庆元、景宁三县菰〈菇〉农专利，严秘其术，外人无从效种。兹有李君师颐性喜研究繁殖银耳、香菰〈菇〉技术。渠初，服务于浙江省林场，继服务于农业改进所，力事改进研究，已获段树产生银耳、香菰〈菇〉

两种成功。较之旧法繁殖，时速而产量多，期长而品质美，为我农林界辟一新富源。其现任本县三石银耳、香菰〈菇〉繁殖场教授，尽量灌输技术并将其所得经验，著成《改良段木种菰〈菇〉术》一书。除由上海中国农业书局出版，以资提倡外，又将近年进步研究所获经验，编就《银耳、香菰〈菇〉繁殖律》一书，业已付印，本月底准可出版云。（经济社）

1940年9月15日《民生日报》

缙云民教馆举行战时刊物展览会

【缙云通讯】缙云县立民众教育馆为倡导读书运动，改造读书风气起见，特筹备战时报纸杂志展览会。该馆所集刊物报纸为沪、杭、川、鄂、华北及东南各地，不下数百种。现该馆正在筹备，闻已定于9月27日起在该馆展览3天云。（达）

1940年9月26日《民生日报》

处州民教馆刊发《处州民众》

【碧湖通讯】省立处州民教馆为报道处属十县民教动态，及提供民众实际问题起见，特编刊《处州民众》半月刊一种。内容分小言论、半月时事、民众教育、实际问题、民教动态、常识讲座、民众园地等六栏。兹探悉，该刊已于10月10日出版云。

1940年10月16日《民生日报》

赵曾珏氏近著《基始集》出版

本报昨承赵曾珏氏惠赐其新著《基始集》一册，其内容系赵曾珏先生10年来所发表关于政治、经济、科学等问题论文集，全书计分3部。一、经济建设与工业问题。二、电机工程。三、科学及其他。全集凡47篇，30万言。赵先生蜚声全国工程界，本集论文均系本其学识经验所得，作精审之探讨，立论精辟，内容完美，洵挽近国内学术界之佳作，特为之介绍。查该书用白报纸精印，每册售价国币 2 元 5 角。金华国民出版社、商务书馆、中华书局及丽水正中书局均有出售。

1940 年 10 月 21 日《民生日报》

徐正学编著《民校教学法》

【龙泉讯】本县教育科长徐正学，前以各地民校教学参考用书异常缺乏，致担任民校或民教部之教师，觅取参考材料，颇感不易，应付教学，殊感困难。徐氏有见及此，特将教育部编发之民校乙种课本，辑成教学法上下两册，呈送本省教育厅审核采用。兹悉，已奉到教学法内补充资料，内容适切，颇有可取，准作民校参考用书等语。闻该书即将委讬〈托〉本地印刷所付印发行云。（龙政）

1940 年 12 月 24 日《民生日报》

省立图书馆今起照常开放

【丽水县讯】浙江省立图书馆馆长，自陈训慈辞职后，省政府已派孙延钊接充。顷悉孙氏于 2 月 20 日到任，分赴永康、丽水次第接收，并遵教育厅令将原设永康之流通部，委托该县民教馆代办，原留永康之职员及一部分图书，集中丽水。今日起照常开放阅借，每日阅览时间，为上午 7 时至 11时，下午 12 时至 4 时。又悉，该馆自本年度起，经费人员略有增加，将徐图充实，恢复旧观云。

1941 年 3 月 1 日《民生日报》

浙省立图书馆总馆迁丽水

【丽水通讯】浙江省立图书馆奉令设总馆于丽水，永康流通部交由永康县立民教馆代办。永康方面原有职员，及一部分图书，即行移并丽水总馆，集中工作。至该馆30年度（1941）工作计划，正在拟定，呈厅核定施行。大旨在于推广全省读书风气，协进文化建设事业，以期适应战时环境云。

1941年3月6日《东南日报》

宁波天一阁藏书已迁往浙南 日方查询无着

据确息，宁波范氏天一阁所藏全部图书，当29年（1940）10月间，已由浙省教育厅将全部迁藏浙南某安全地带。此次日军进犯宁波后，即有日方文化工作人员牧田谛良，赴天一阁欲查询是项藏书，幸经早迁，否则难免劫运。

1941年7月7日《申报》

忆丽水分社①

蔡力行

我是去年4月中旬到本报服务的，至今不满15个月，而和同事旦夕相处的时间只有两个月。在这短短的时间，使我深深的感到友情的可贵。在最初一个月中，是在金华总社工作。那时初进社中，一切都很生疏，而且又担任评论工作，不像其他编辑业务各部门的同事时时需要和别人接触，所以和一般同事很少往来，甚至还有许多人不认识。及至浙赣战役开始，奉派到丽水分社工作之后，因家眷疏散到龙泉，自己住在宿舍中，整天和同事一起工作，一起住宿，一起休息，接触机会逐渐增加。何况那时战事紧张，暴敌迫境，大家安危相同，患难与共，感情自然更为融洽。丽水分社编辑部同事，没有家眷的恐怕只有遂今、曛岚和我三个人，我们后来另外租了两间小房子，颇为清净。每天工作之后，在一起读书、谈天、散步；虽然丽水离敌人占领的永康武义只不过一百多华里，而我们却感到很安静很快乐。在我个人来说，可以说是抗战以来所未有的清福。一个一向须受母子之爱夫妇之爱的人，

① 东南日报社丽水分社。

一旦有机会来领略到朋友之爱，其滋味是无穷的。

我们在丽水分社工作刚刚一个月，敌人又追踪而至了。因为敌人匆促来犯，报社没有交通工具，不能向龙泉方面撤退，暂时准备潜伏青田乡间。我和遂今、曛岚两兄则打算另取道龙泉，俾与总社取得联络。我们三个人都很羸弱，徒步已成问题，行李更无法搬运。幸喜两浙盐务局帮办黄爵臣兄答应我们乘该局疏散专车赴龙泉，不过汽车停在水南，必须经过括苍渡。当军事紧张的时候，要渡一道河谈何容易，南京广州汉口失陷的时候，有很多人为了抢渡溺毙在河里。所以虽然有车可搭，也只好望洋兴叹。幸喜又遇现任云和县长潘一尘兄，他答应我们乘其渡船过河。爵臣、一尘两兄，过去都是一面之交。在那种交通困难情势危急的情形之下，他们更能尽力帮助我们，更使人感到友情之伟大。

离开丽水分社已一年了，从丽水同时撤退的曛岚兄，也已天各一方，其他的同事亦很难见面。要想和丽水那样的旦夕相处，恐怕只有等待将来打回杭州的时候了。

1943年8月21日《东南日报》(南平版)

天一阁藏书　程督学主张搬回保存

教育部督学程宽正日前来甬，曾视察天一阁，觉天一阁藏书闻名全国，拟于返部后，呈请教育部长拨发该阁经常费及修理费，并主张该阁在抗战期间移藏于龙泉之书籍，设法搬回，俾便继续保存云。

1946年4月11日《宁波日报》

天一阁藏书由龙运杭 *

驰名国内之范氏天一阁藏书前因战事移藏龙泉，胜利后，鄞县府曾早请运回，十四日奉教育厅指令，已饬省立图书馆与该馆所藏书籍并运回杭。

1946年9月17日《宁波日报》

丽水创办《工农大众报》①

【本报丽水讯】丽水专署为提高工农文化程度，供给工农阶级精神粮食，特创办《工农大众报》，内容通俗。社长为张之清同志，闻为5日刊，并定于11月1日出版云。（风熊）

1949年10月13日《当代日报》

医疗卫生

编者按：日本侵略军曾长期在中国发动生物细菌战争，给中国军民造成大量伤亡。浙江是遭受日军细菌战时间最早、受害地域最广、人员伤亡和财产损失最重的省份之一。地域涉及杭州、宁波、绍兴、金华、衢州、丽水、台州、温州8个市，约30个县。据丽水市侵华日军细菌战受害者史料研究会调查，抗战时期，日军在丽水撒布了鼠疫细菌，给当地居民带来了极大的危害，历史上从未发生过鼠疫的丽水县也从此成为鼠疫疫区，丽水县的鼠疫还传播到松阳、青田、云和、庆元等县，仅丽水县因鼠疫伤亡人数就达1926人。本书“医疗卫生”类别内收录了部分当时报刊上关于丽水各地暴发鼠疫的新闻，是记录侵华日军暴行的重要史料。

① 《工农大众报》为中共浙江省第七（丽水）地委机关报。

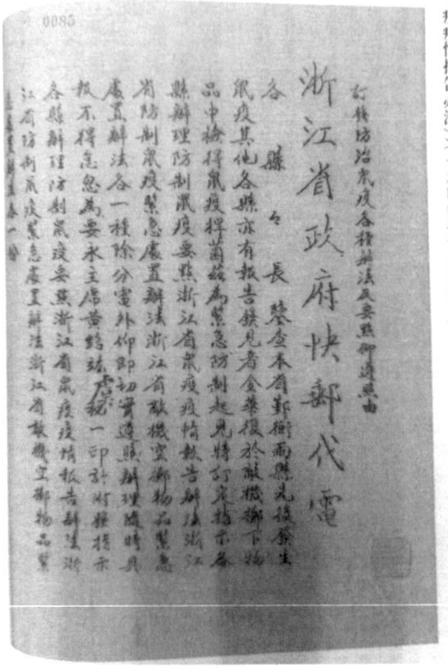

浙江省政府关于订发防治鼠疫各种办法及要点的电（附：《浙江省敌机空掷物品紧急处置办法》《浙江省防制鼠疫紧急处置办法》《指示各县办理防制鼠疫要点》《浙江省鼠疫疫情报告办法》）（一九四〇年十二月七日）

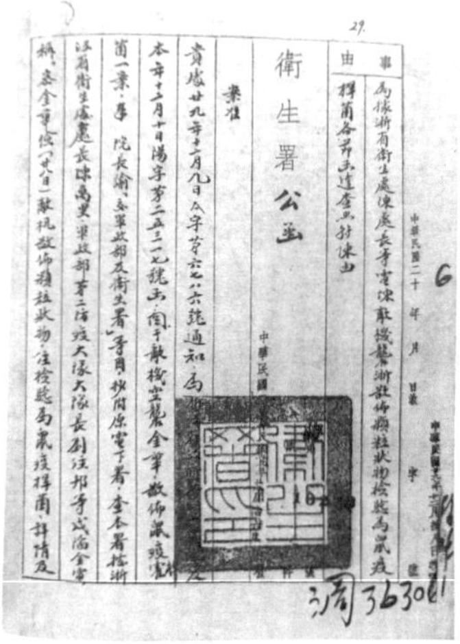

卫生署关于敌机袭浙散布颗粒状物检验为鼠疫杆菌致行政院秘书处的函（附：《本年浙闽两省鼠疫情形》）（一九四〇年十二月十六日）

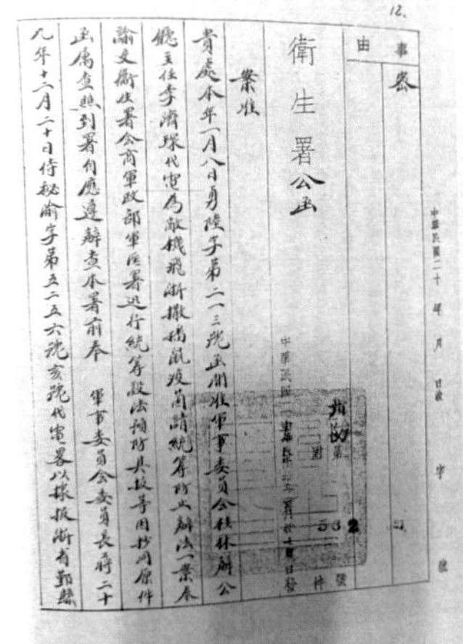

卫生署关于浙江发现日机撒播细菌，采取紧急防治措施的函（附：李济深关于要求防范日军进行细菌战致蒋介石电）（一九四一年二月十七日）

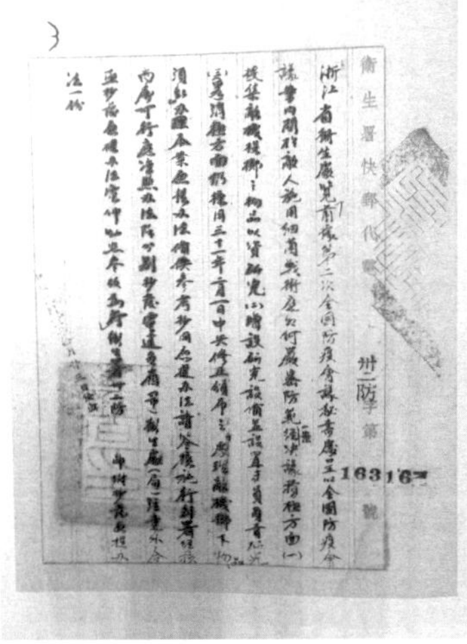

卫生署抄发《敌人施用细菌战术应如何严密防范》等办法的电（一九四三年十月二十三日）

档案来源：中共浙江省委党史研究室、浙江省档案馆馆藏资料

龙泉县设立红十字分会

中国红十字会在浙东龙泉县设立分会，举奔德为会长。已呈请省长转令瓯海道尹，出示保护。

1924 年 5 月 1 日《时事新报》

丽水举行清洁运动

【丽水通讯】省保安处第四分处，特于日前令该处训练班千余学员士兵，全体出动，分队在丽水作大规模之清洁运动。所有街坊弄巷，于半日之间清扫完竣，丽城气象为之焕然一新。陈式正处长当责成各商店、住户，嗣后务须常加打扫，不准将污秽废物垃圾，抛置门口，违者处罚。并闻该处特组巡视队，按日出发检查，以资督促云。

1934年7月14日《东南日报》

丽佛教会成立救护队开始训练队员

【丽水县讯】本县中国佛教会丽水分会，近积极筹备成立救护队一分队。推定南明山仁寿寺住持恒道法师任队长，并请奉化雪宝寺佛学院教师尚贤法师任副队长。于前日(1日)上午8时，开成立大会，并举行受训典礼。由常务理事汪觉非领导行礼，仪式严肃隆重，精神充足，待训练期满后，即实施救护工作，以符菩萨慈悲救人救世之教旨云。

1940年4月3日《民生日报》

庆元后田鼠疫预兆　发现死鼠甚多

县府电省派医防队驻防

【庆元通讯】鼠疫为害，甚于洪水，本县去年患鼠疫而告死亡者，数达百人以上。最近距城3里许之后田，又发现死鼠甚多，识者咸认为鼠疫之预兆。县府为预防计，除普遍督责清洁宣传，策动住民尽去住宅地板，畜养家猫，力净疫源外，并派员前赴龙泉，与中央驻龙医防队接洽设法救济。闻张氏此去，已为第二次，预料定有相当成果云。

【又讯】庆元县政府以为鼠疫蔓延，至为迅速。本县力量有限，为未雨绸缪计，特电省方，请派医防队来县驻防云。(楼)

1940年5月16日《民生日报》

浙民厅令严防庆元鼠疫

【方岩通讯】前年庆元发生鼠疫，旋经民政厅卫生处派遣医疗防疫队防治，随即消灭。顷闻该县附廓后田地方，发现死鼠，幸居民尚无染疫。民政厅为防患未然计，已电饬该县卫生机关积极搜集死鼠，随时焚毁。并饬该县迅将县立诊疗所改组卫生院，使能担负一部分防疫工作，免致疫病蔓延。（国民社）

1940 年 5 月 25 日《东南日报》

碧湖发现白喉

【碧湖迅】本区最近发现白喉症，闻有干训团学员周某等先后罹疾，已送卫生诊疗所隔离医治云。

1940 年 6 月 13 日《民生日报》

丽卫生所增设产科免费检查接生

【丽水县讯】浙江省民政厅卫生处丽水卫生院城区卫生所，鉴于接生工作，关系母儿健康，至重且大。兹为提倡妇婴卫生起见，近已添加人员，即日起开始产前、产后检查及接生，一律免费。惟须于分娩前至该所挂号，分娩时无论日间或夜间，均可通知该所派员前来接生，实妇女界之福音也。

1940 年 6 月 26 日《民生日报》

庆元鼠疫炽盛

每日死六七人　后田几成死市

【庆元通讯】本县城厢镇后田村自今春鼠疫复发以来，因未能加以有效之预防迅予扑灭，遂日益蔓延。近日，更形炽盛，计自 8 月 20 日以来，每日患疫病而死者达六七人之多。该村居民与商店俱纷纷关门迁避，整个后田几成死市。按：后田原为本县之惟一市肆，平时商贾云集，商店栉比，每日市况，甚称热闹。自鼠疫复发后，顿形减色，记者前日亲往查看，见后田自吴宅门街起直至街头止，两旁商店大多闭上店门，不事营业，门上多贴“本店暂停营业，如有要事，请至某处与本人接洽”等字样。内中虽有少数店家勉强开门应市，然亦顾客寥寥，街路上，仅有少数小贩肩挑食盐等杂货上门兜售。市况萧条，人心惶惶，盖鼠疫非其他时疫可比，若不积极设法预防，消极扑灭，恐将蔓延益广。

1940 年 9 月 2 日《民生日报》

丽水城区发现牛瘟

【丽水县讯】丽城区燧昌路赵和荣保长家中，畜有耕牛数头，便利农耕。突于昨晨，有黄牛一头，在一二小时之间，患病身死。记者经过目睹，该牛牛腹膨胀如鼓，据云中毒致死。据卫生〔所〕请兽医常识者断，系牛瘟。闻赵某已报请警局派员督视掩埋牛尸，以免传染。（经济社）

1940 年 9 月 4 日《民生日报》

庆元鼠疫仍甚猖獗

【丽水县讯】庆元后田村一带，此次发生鼠疫，势甚凶险。详请已志本报，顷据该县来客谈，日来疫势仍未消减。后田一带住民，因逃避鼠疫，致十室九空，市面无法维持。罹疫而死者，竟无人敢往收敛。省卫生院派员前往查勘或救护者，视为畏途，不敢身入疫区。情势之严重，为历来所未有。该来客复称，吮吸病死者之跳蚤，为最厉害之传染媒介，健全者一经毒蚤叮咬，即起脓疱溃烂，数小时内即可殒命云。

1940 年 9 月 7 日《民生日报》

丽隔离病院明日开始收容病人

患传染病者强迫入院　本城患疟疾流行

【本报专访】丽水各界前因城区时疫流行，为预防传染及施行急救起见，曾于8月23日召开防疫会议。决议筹设隔离病院1所，嗣即积极筹备，拟于本月1日成立。因种种条件之限制，不能如期成立。记者为明了近情起见，昨特走访该院医务主任蒋如潘医师。据告，该院地址已觅定城郊1里外之黄泥山，一切设备亦经部署完竣，9日起开始收容病人。因住此种病院均系急病，不需久住，五六日即可出院，故当可应付本城所需。至该院医药品悉由丽水卫生院供给，又本城宋衙基一带，前曾发现霍乱。据蒋医师称，本城患真正霍乱病者甚少，恶性疟疾与痢疾却甚流行，年老体弱者死亡甚多云。最后蒋医师称五、六两月卫生院会致力于防疫工作，至机关团体住户强迫注射防疫针，故霍乱无法猖獗。于此，足见积极的预防，才是避去一切病灾的办法，深望一般民众今后改正就有的错误观念，日常注意卫生，把预防看的最重要才是。

1940年9月8日《民生日报》

专署令庆元县长查报鼠疫实情

【丽水县讯】日前，本报载有庆元后田鼠疫猖獗，卫生机关所派人员不敢深入疫区新闻一则。专署阅悉后，以该县发生鼠疫一案，前据该县县长呈报时奉民政厅指令，以据中央医防队叶队长实地调查报告，该县城区一带所有患者症状及病死者，死因多系疟疾及呼吸器病，并无确实鼠疫患者发现等语。转饬知照等因，究竟该县有无鼠疫或其他疫病发生，事关群众生命，已令饬庆元县长从速查报，如确有发生，应呈请省处办理，以重民命云。

1940年9月11日《民生日报》

龙各合作社踊跃输捐充卫生院基金

【龙泉通讯】本县地处偏僻，卫生事业落后。唐县长有鉴于此，自本年度即依新县制条例，着手筹备成立县卫生院，除中央、省款拨补外，自筹基金须万余元，经发动向民间捐募，各方均乐于解囊，各合作社尤多踊跃捐输。闻至日前止，已缴款到县计有溪头合作社150元，八都区联合社300元，梅溪镇合作社200余元及查川镇等合作社，共数已达千余元云。

1940年9月15日《民生日报》

庆元鼠疫防委会筹设卫生院

本月内即可成立

【庆元通讯】本县鼠疫防治委员会推派代表张振镛赴省接洽筹设县卫生院事宜，业已返县。据云本县卫生院，于9月内成立，主任一职，民政厅调派云和县卫生院主任黄稻充任。经常费已列入县地方概算中，业经核定。又本县所筹开办费1500元，除500元留作该院修理设备等费外，其中1000元此次由张代表缴省卫生处陈处长转交县卫生院主任购办药品，连同省方拨补药品一箱，不日均有黄主任携带来县，并闻县府已去电敦促云。

1940年9月20日《民生日报》

景卫生院注射防疫针

【景宁通讯】本县地僻山多，民众文化低落。对于卫生常识素感缺乏，遇有疾病往往求神问卜。自县卫生院成立后，一般众颇感便利。最近，由县政府、政工室、县卫生院会同举行防疫宣传，为民众免费注射霍乱、伤寒防疫针云。（景政）

1940年9月22日《民生日报》

丽临时时疫医院业已结束

【丽水县讯】本城时疫医院自开办以来，因患病入院者数甚寥寥，当局本预定一个月时间(9月1日至10月1日止)。兹为节省经费起见，已于前日办理结束，闻嗣后如有求送者可往天后宫卫生院请求就诊云。(经济社)

1940年9月29日《民生日报》

龙卫生院积极预防鼠疫

小梅镇设卫生分院

【龙泉通讯】本县南乡小梅镇前日发现死鼠，县卫生院为严密预防起见，前经调派医师前往调查。已志本报，兹悉据报系类似鼠疫。该院已指派人员驻小梅区，按名注射鼠疫预防针，共达2000余人，并发动清洁运动。至于本城住民，为防范未来计，亦纷纷前往卫生院要求注射预防针，连各机关学校亦共达数千人。该院顾院长为指示防治方法起见，曾于日前亲往小梅镇实地视察，以期根本扑灭。据谈，小梅自发现鼠疫迄今，共死28人，其中大多数并非因传染鼠疫而死。最近，决积极筹备成立卫生分院，专司防范事宜云。

1940年12月15日《民生日报》

庆元鼠疫趋逾激烈　各处死者近500人

处州中学迁回高溪

【县讯】据庆元来客谈，庆元鼠疫近蔓延甚烈，庆元城厢、八都、黄坛、竹口、小梅等地均有发现，尤以小梅、八都两地最烈，小梅死者已近300人，八都亦死百余人。疫□□未□□，至庆元城厢，自月初以来，陆续发现死鼠，迄近日疫病亦已开始，死者已有七八人，附郭大济亦有死鼠发现，原迁该处之省立处州中学，为防范起见，业于本月20日迁回丽水高溪。

1942年11月30日《正报》

龙泉遵令成立防疫委会

元旦举行扩大防疫运动

【龙泉讯】本县自小梅发现鼠疫后,县府及卫生院均加以防治,以防蔓延。兹为加强防疫力量起见,特遵省令于17日下午,在县府召开第一次防疫委员会议,计划县政府、国民兵团等20余机关、学校、医院等代表,由崔县长主席,议决案件甚多。兹录重要数点如下:一、推定县政府、县党部、卫生院、县商会、国民兵团、青年团、警察所、地方法院、天主堂等9机关为常务委员,县政府为主任委员,并定每周开常委会一次。二、筹募防疫基金8000元。三、定30年(1941)元旦举行扩大卫生运动及防疫运动大会。四、集资收买活鼠,每只给价1角,并每户应备鼠笼一只云云。(龙政)

【又讯】本县卫生院16日据民众报告,谓济川大桥下发现死鼠6头。该院顾院长保罗据报后即派员前往调查属实,当即将死鼠全数带回,予以检验。惟查该项鼠尸经时已久,无法探知其死亡地点及如何漂流入溪中,故亦无从施行消毒办法。顷悉该院顾院长除将鼠尸予以合法焚毁外,并发表谈话称,此后本城各住户及机关团体,如有发现鼠尸,深望即行报告该院或警察所,请勿自行抛弃,以便随时调查,施行合法之消毒及处置云云。(龙政)

1940年12月24日《民生日报》

英大医学院教授汤寿先 自书遗嘱志愿解剖

【丽水县讯】英大医学院解刨学教授兼导师汤寿先氏,现年43岁,原籍嘉兴。因鉴于解剖于医学之进步,关系密切,认为解剖尸体之来源愈广,则医学之进步亦愈速。是以立志躬身提倡,造成风气,特遵照民国22年(1933)5月9日内政部修正公布解剖尸体规则第三条第二款之规定,自书遗嘱,志愿解剖。兹闻,汤氏已立就遗嘱,嘱家人以其遗体,于死后24小时内送英大医学院解剖室,作彻底之解剖,或制标本,或供实习。并备文呈请浙江丽水地方法院备案。兹悉，该院已经准予备案云。

1940年12月31日《民生日报》

浙省用“铁手腕”根绝云和鼠疫

仿“壮士断腕”忍痛牺牲如“斩钉截铁”焚毁疫区

【云和通讯】鼠疫加于浙闽两省的威胁，实在不亚于万恶的敌人。几年来，不知断送了多少无辜生命。起初，仅仅限于浙南与闽北的一角，现在却逐渐地蔓延到乡村角落了。

浙省境内本年只有庆元不时的闹着鼠疫，因为地处于偏僻，也没有人去注意。至曾经一度发生鼠疫的宁波与衢州，都赖当局处置得迅速与澈〈彻〉底，总算很快的扑灭了。去年“浙赣事变”，由于人的流动太厉害，这骇人的黑色恐怖，也就从庆元带到小梅，后来又从小梅带到龙泉城区，这惊人的消息，振动了隔壁的临时省会——云和。于是，除急急地加强环境卫生外，一方面就强迫人民注射防疫针。

谁知大家正在聚精会神，严防这黑色恐怖流窜云和的时候，不幸在离城5里路的河上村第一保育院里不时的发现死鼠。更不幸的，这些死鼠经省卫生院检验的结果，确有鼠疫杆菌。这非同小可的消息传出后，正好像上半年谣传敌人流窜时一样的人心惶惶！省当局除电防疫队星夜来省防治外，并令保育院全体人员连夜搬上狮山。同时，在保育院房子的四周掘了一条又深又阔的水沟，杜绝鼠类外窜。并派了大批卫生人员及省警大队，管制交通及强迫注射。一方面又派战地服务队下乡宣传，以促起人民注意环境卫生和注射防疫针。时间一天一天的过去，人口清健无恙！

为了要根绝后患，有人提议焚毁保育院房子。关于这个问题，经过省方多次考虑，又经省卫生当局几次催促，终于在8月30日的下午，将整座房屋完全焚毁，把千千万万黑色恐怖分子，都葬身到火窟里去。这种澈〈彻〉底的“壮士断腕”伟举，很可作今日防治鼠疫者的效法。毁了一所好好的房屋，也许为眼光浅短的人们所可惜；其实，如果把将来蔓延后人口和医药的损失去设想，也就无所谓了！

8月30日上午，云和城里已传遍了焚毁保育院的消息。这消息带给了民间以后，除一部分不了解鼠疫厉害的外，其余大多数人都赞成这根绝后患的伟举。

下午，一阵暴风雨之后，在云和城西南角的上空，冲起一缕浓而黑的火烟，好像一条乌龙竖立在天空。因为刚巧在一阵大雨之后，所以火力一时不能旺盛。后来，加上煤油及稻草，于是火势熊熊，火舌四窜，渐渐地吞下了整座房子。当整个保育院被火舌舐得不能支持而倒下去的时候，千万敌人——鼠疫杆菌就在这一刹那葬身火窟了。

省府为慎重起见，当焚烧房子的时候，特派员监视。云和县长潘一尘和省警大队俞大队长，均亲临主持。至于院中所有重要器具，也经省卫生事务所派员消毒。

侵袭云和的黑色恐怖总算用“大刀阔斧”的手段把他扑灭了。但是，其他各处目下依然在遭受着黑色恐怖侵袭的，不知尚有多少！所以，希望各地政府，都应该仿效这种“壮士断腕”的壮举，忍痛牺牲，来扑灭这人类的大患！（劳汉）

1943年9月13日《东南日报》

云和城区鼠疫蔓延

【云和通讯】云和城区鼠疫截至本月18日午止，已检验死鼠217只，经验明属于阳性者176只。患鼠疫病正在隔离院治疗者中5人，已治愈出院者4人，送隔离院身亡者4人，不及送隔离院而死亡者2人，检验尸首9具。经验明确患鼠疫者3人，发现疫鼠地点已报告防疫队者，共计169处。近来，云和有一特种现象，即街头巷尾穿素带孝者触目可见。闻尚有其他疫疠流行，驱鬼除邪之迷信举动，夜必数起。

1943年11月27日《东南日报》

星星之火可以燎原　云和鼠疫蔓延

金　岂

【浙南通讯】浙江临时省会的云和，自从10月4日在司前巷省府某秘书住宅内发现死鼠，经检验认定确系鼠疫后，接着即有杨姓妇人1名染疾而亡。当时各机关公务人员及民众，鉴于龙泉鼠疫蔓延的可怕，早危危乎恐惧着，唯恐传至云和，事先已有防疫委员会的组织，及至司前巷的消息传播后，更是全城为惊，惶恐万分。可是司前巷的宅主，却是有地位有面子的某××，平日门庭若市趋访者络绎不绝。因此，防疫的必要措置—封锁，在执行上似颇为困难。

蔓延经过　不久，省党部、民政厅、教育厅办事处等各机关及建国路、中正街、县仓口、保育巷一带人口密集地区，统统发现死鼠，检验结果的确有鼠疫杆菌，也有不是疫鼠。到了现在，满城发现死鼠，露天的水沟旁，住户的天花板上，地板下都有，触目皆是，死鼠的疫菌和跳蚤，就开始向人们作无情的袭击了。

死亡骇人　11月12日，浙东染织厂的职员染鼠疫死亡。17、19日，民政厅职员金光甫、□来襄又先后染疫不治，其他死者9人。至11月26日止，每日死亡者必有十四五人，继续死亡连无法统计在内者至少已达百人左右。农民银行的行员张某，云和县政府主任秘书黄涌芬都因染疫而很迅速的死于非命。现在建国路14号至34号一带，几乎无屋不死人，无人不染疫。碧湖死者亦有10余人，可怕的黑死病，罩住了云和10余万民众的心灵。

疏散办法　云和成为临时省会后，机关林立。昔日荒僻人迹不到之地，都成为了车水马龙之处，人口骤增。一旦发现此骇人听闻的黑死病，恐怖情绪，不言可喻。省级机关□经党政联席会议通过疏散办法，除高等法院和民政厅一部分附属机关外，其余尚在寻找去处。有办法的，假公带私，多半携带太太、小姐、公子，分向各县出发逃疫去了。留在云和的一半上不顶天，下不着地的中下级公务员，因限于经济与地位，只好眼巴巴望着生龙活虎似的同事们，日坐愁城，听天由命。

防疫工作 最初发现死鼠后，防疫委员会算是有一个封锁疫区的举动，有几个隔离病院的设立；不过碍于情面，有几个特殊人物“突围”而出的，以致封锁的功效无法获得。注射防疫针，也仅限于知识阶级，像云龙公路上的防疫检查站，只向坐汽车、黄包车者检查有否经过防疫注射的注射证，对于挑担步行的行人，似乎它们没有检查的必要。云和城区的消毒，也要看看房屋的大小，宅主的身份，消毒的防疫队员穿着防蚤裤，带着防毒口罩，确很像煞有介事，可是跟在后面的工程队民夫，却赤脚的赤脚，穿草鞋的穿草鞋，前者和后者相较，是乎传染鼠疫也有身份的规定。卫生当局虽在各方督促之下，但仍有难以应付之感，除了纸面上的报告，实际的功效，我们还看不出来。

专家抵云 中央第六巡回医疗防疫、中央第四路防疫队和鼠疫专家西人伯力士博士，已于11月杪先后到达云和，开始检验注射各工作。据伯力士博士[①]谈，对云和现在疫势的严重，很少有扑灭的把握，又因浙江缺乏药品，已电南平急速输送来浙。伯力士身穿防疫衣，足履橡衣靴，曾作公开讲演一次，并赴疫区、隔离病院等地视察，拟在云和勾留两星期，再赴碧湖、丽水视察。

黄主席对此鼠疫颇为重视，曾亲订防疫办法，省党部也自动组织防疫队。能够自行警戒，究竟好得多，省部党的工作同志们，都是个个的安然无恙，即是明证。

捕鼠奖券 预防鼠疫的治本方面，首先是扑灭老鼠。浙南一带是山地，老鼠特别多，特别大，在白天会公然在马路上散步，在晚上更是砰砰碰碰，完全是它的天下。珍贵似珠的食米，他会给你吃个精光。可是浙南的猫，竟然多数不会捕老鼠的，因而老鼠更加无法无天了。在过去一般人对老鼠的憎恶，是因为它具有巨大的破坏能力。现在发觉老鼠竟会致人死命，对老鼠的憎恨，简直相等于敌人了。在碧湖，有防疫委会以3元1只收购老鼠，不论死活，1只鼠换3块钱，并给以1张奖券，待号子额满当众开彩，头奖3000元，第一次奖已开过，丽水也如此，但仅值1块钱1只。温州虽然尚没

---

① 伯力士（1885—1968），奥地利人，毕业于维也纳大学医学院，著名鼠疫专家。

有发现鼠疫，却也未雨绸缪的以3元1只在收购老鼠了。不过老鼠纵然是值钱，但那〈哪〉里抵得过一二万元1支的鼠疫血清啊！

星星之火可以燎原，云和可怕的黑死病，说不定会传播遍整个浙南。丽水、宣平已经发现过鼠疫，温州方面也可能由瓯江船只的媒介而波及。若再任它扩展，则湘桂来浙办货的商贾，也可能把这个杀人的凶手带回去了。云和鼠疫在燎原中，须要群策群力来扑灭它。

1943年12月10日《东南日报》

永嘉丽水发现鼠疫

【中央社杭州5日电】永嘉、丽水一带发现鼠疫，行总浙闽分署即派员前往疫区调查。俾采有效防治，闻有大量防疫药品，如DD及鼠疫疫苗等，开始陆续运送，交疫区应用。

1946年5月7日《新湖北日报》

一屋倒毙7人　丽水鼠疫益严重

专家伯力士已抵丽访察

【本报丽水讯】本县中秋后，鼠疫日厉，死亡率渐高，尤以太平坊一带最烈，竟有一屋内死亡7人之惨剧，卫生当局正在紧急防治中。鼠疫专家伯力士，亦于本月19日，由杭抵丽，访察疫情，设法施救云。（丁）

1946年9月26日《正报》

丽水发现败血型鼠疫

【丽水讯】本月上旬，本县宋衙基、华[祠]岭等处发现类近败血型鼠疫，起病3日内即行毙命。防疫当局正在设法防治，并分赴消毒，以免蔓延云。（越□社）

1946年12月19日《正报》

体育赛事

丽水举行全县运动会

【丽水通讯】本县第三届全县运动会，于12日上午8时，在公共体育场开幕。出席者有党政军警机关团体代表，及各级学校师生与参观民众，共2000余人。由孙庆禧主席行礼后，由丘会长致开会词，旋由黄司令、许专员等相继演说。演说毕，开始运动，节目共140种。各乡镇青年参加者，有刘楚年等数十人，于13日下午行闭幕礼。

1936年11月15日《东南日报》

云简易师范全校运动会

【云和通迅】本县简易师范于本月10、11两日举行全校运动会。该校童军表演搭瞭望台、战地救护、叠罗汉等，各种田径赛成绩均甚优良云。

1940年5月14日《民生日报》

老爷队重整旗鼓发动廷飑排球杯

昨排球赛"混合"胜"老爷"

【丽水县讯】建设厅同仁体育会以时值秋凉，为体育活动之良机，兹为健全内部组织以应付本市各项球赛起见。特于昨日下午4时，在会议室召开全体会员大会，出席者30余人。推潘一尘为主席，戴之吾为纪录。由干事会提出成立后，各项会务进展及经费收支情形，次即改选潘一尘、石础、汪鸿鼎、王华贞、丘汉雄、杨克勤、钱钟纬等7人为干事；毕昌佑、陈妙根2人为候补干事，并讨论积极发动举行廷飑排球锦标赛云。

【又讯】建厅署府之排球赛，于昨日下午4时，在专署门前大操场举行。

比赛结果，署府混合队以3比1胜建厅老爷队。

1940年8月28日《民生日报》

少林国术团在丽演技

【丽水县讯】少林国术团一行9人，日前由金华来丽，于27日起假丽阳门外逸园娱乐场表演3天。技艺精彩，颇为观众所称许。近日为最后一天，表演“汽车过身”尤为惊人。并悉该团前昨两日所售得之票款计国币160余元，除开支外，悉数捐助征人家属慰劳金云。（经济社）

1940年8月29日《民生日报》

白云万象二度交锋　万象获最后胜利

战局51:42

【本报特讯】万象篮球队昨应公路局白云队之约，在万象山批发部球场作第二次友谊比赛，观众300余人。于4时开始比赛，裁判龙杰。比赛以51与42之比，万象队小胜。

1940年9月4日《民生日报》

丽水县改善运动场*

【丽水县讯】本县民众运动场，过去所有设备，均甚简陋，县动员会为发展体育前途。兹于第六次常会决议，函请余兼县长提取第一次丽水县各界游艺会积存款项，悉数拨充民众运动场改善设备之需云。（经济社）

1940年9月4日《民生日报》

电话局与邮管局友谊排球赛

时间：8日下午3时　地点：专员公署球场　裁判：祝家声先生

【丽水县讯】查本市各机关排球队当推电话局首屈一指，其后邮管队异军突起，曾以直落三击败署府混合队。当时一般观众，颇望该两队定期角逐，一决雌雄。兹者果不负吾人所望，已约定于本月8日下午3时，假专署球场作友谊比赛。双方实力平衡，攻守俱长，定有一番精彩表演也。闻裁判一席，聘定祝家声先生担任云。

1940年9月7日《民生日报》

庆县新运会建筑大操场

【庆元通讯】本县县政府新运会，为改进公务员生活，锻炼公务员魂魄起见，曾于本年三四间计划将县长室前面空地辟为大操场，以后因人力、材料关系，未臻全功。兹悉，韩县长以运动之重要，决定成继续修筑。闻已于日前开始，一俟完成。除设置篮球场外，并计划为升旗及早操之所云。（庆政）

1940年10月16日《民生日报》

女篮球新纪录 结果零比零

【丽水通讯】“三八”妇女节，妇女会举办篮球赛，参与者皆体力衰弱，技术不精的球员。直至终场，比分为“0”分。本县《浙南时报》记以“捉鸡赛”，致得罪小姐们，群向该社质询，应予道歉，否则将决采取一致行动，刻正调解中。

1949年3月20日《东南日报》

其 他

南宋古碑参政郑正书字

【丽水通讯】本县第五区凤山前地方，有古庙一座，内置南宋嘉定八年（1215）枢密院参知政事右丞相郑正手书碑字。碑约高五六尺许，阔约四五尺，题额字约2寸见方，内容文字，因为泥土沾染，不易辨认，现有地方

公民魏某等，已从事研讨云。（7.4）

1935 年 7 月 8 日《东南日报》

谈处州剧

林达夫

本省之地方剧班，已于前几日言其梗概矣。但处属亦有所谓处州班者，性质与温、台剧班稍同。按处州地濒闽赣，与衢州同属本省最偏僻之区。山脉纵横，交通阻塞（现因本省公路网完成，缙丽、丽青温等路通车后，始成为浙闽之孔道），仅一水道名大溪，出小梅溪经龙泉、云和、丽水等县至青田。以及小溪由南洋溪越景宁至青田河流出瓯江可通永嘉。惟时淤潴，舟行迂缓，若欲溯江而上，须经一星期之久。因此，地瘠民贫，文化低落，其较远如龙泉、庆元等县，教育尤属落伍。故该属虽拥有十县之多，其人民智识水准，均不若他县之高也。同时，因交通之不便，风气未开，缠足之风尚炽，惟佞神拜佛与教育落后适成一反比例。因此，该地之剧班，亦能深入民间，极受人民之欢迎。若逢大村落举行盛大庙会时，必远至温州延聘温州班以及金华之金华班。余如普通之酬神，则必舍远就近而定本地剧班矣。该地剧班，全处属亦有十数班，各县亦有焉。非若温州之戏班均集中于首县之永嘉，如龙泉之东乡班，丽水之碧湖班，松阳之小人班等是。唱调有处州乱弹，颇为出名，今温州乱弹班亦采用之，余均采金华班之金华调。服装虽不十分完备，较之台州剧班胜多矣。过去出名者，有同福堂班、同禄堂班、同庆堂班均曾轰动一时。但各该班之伶人，大多均来自田间，若台州剧班之伶人之另采副业者相同。出而演剧亦有定时，大概每年仅正月、三、四、五等月，余则放班而就其副业矣。又该地若欲定戏，如雇工然，每日除付给戏资外（本地剧班戏金低廉，最大不过 10 元左右。余则数元、数十角不等）并须供给伙食。上至班主，下至杂脚、跑龙套等，待遇相同，一律每日须款待之酒肉一餐；夜戏毕，又复分发点心。该地民众，因智识较浅，故极欢迎本地剧班，因其剧情浅俗，较易明了。对温州班之昆乱，虽亦欢迎，惟戏金昂贵，运转不便，反不如

觉得本地之戏班能合口胃也。(后略)

1935 年 9 月 29 日《东南日报》

修南明山公路发现一宋墓

23 年(1934),丽水修筑一条公路到南明山。曾发见一古圹,有龙泉宝盅、铜镜各一,均已碎;白釉小罐一面完好,龙泉小碗二,一作茶灰色,有纹片;一为粉青色,血底足,极规则。圹里并有一墓志,其文字如次:“有宋汝南六乙孺人祝氏墓志:孺人祝氏,讳善安。世为括之丽水人,曾祖奕,故修职郎;祖天瑞,潜德弗仕;父表祖,业儒。孺人天姿贤淑,姆训素闲。暨甲辰冬始归于余,衽席四载,忽感微恙弗救,时年二十有五,实在于嘉定癸未九月二十有八,卒于淳祐丁未五月十有一日也。归余家,敬舅姑睦,内外始终如一,生一女信娘尚幼。以庚戌腊月庚申葬于城南双塘坞附前室林氏茔。痛哉!□憾者不能偕老共理家事耳。叙岁月纳诸圹云天。周沣志。”查淳祝〈祐〉十年庚戌为西历 1250 年,距出土之年,实有 684 年。

1937 年 4 月 1 日《东南日报》

丽水文化巡礼

【本报丽水通讯】丽水在战时是有过一段辉煌的时日的,可是自胜利后,各机关先后复了员,丽水也显得日益衰落了。这里有 3 家书店,虽说有 3 家,其实只能称两家半。比较最好的一家是新生书店,但到的新书并不多,即使有,亦大都是一些无聊的小说。还有两家,一家专供给学校教科书,以及一些古老的旧书;另一家虽有新书,但大都是处在顾问一类的修养书。至于街头的书摊,完全充满了越剧戏考与剑侠小说,令人不愿问津。

丽水的文化机关,最大的当然是省立处州中学、省立民教馆了。处州中学的牌子很老,校舍也还不错,虽然战时遭过敌机的轰炸,但现正慢慢地在设法修筑。自去年因换了个校长,各方面都有了一些更动。到现在为止,处中已刷新了全部校舍,并已另建图书室,添造新桌椅与新床架,今后或将有一番新的气象。

民教馆坐落在一个比较僻静的地方，在那儿听不到市上的闹声，唯感遗憾者，禁书很多，如鲁迅译的《文艺政策》，俄国作品《铁流》《钢铁是怎样炼成的》，都在被禁之例。馆内尚有一架较好的钢琴与几架小提琴。但惜钢琴大都为一些不懂琴的人来乱弹，小提琴也因无知音者，而让它锁在窗厨里了。民教馆每日编有《国民知识与实事简报》，由负责人编就送往各街头挂去，近来又办小学，提倡国民教育，然亦仅此而已。

总之，丽水的文化，是呈现着荒漠冷落的气象。（定扬）

1947 年 3 月 17 日《大同日报》

司法案件

治安案件

严办诬控寺僧通匪

【浙江】处州府通禀各宪文云：案奉前抚宪张密电内开，据青田竹溪学堂金铭等禀，净觉寺租僧一乘通匪，纠抢酿祸，是否属实，即查明办理等因。奉经饬县查办，旋据该县禀称，廪贡生金铭等，欲将净觉寺租全数提充学费，尚未议定，该生即往收租。该寺僧一乘函请永邑主持僧，邀人前来理论，因见金铭等已先收租，遂互相抢收。僧一乘查无通匪情事，禀乞核办等情。据此，通匪一事查明非实。该生金铭辄敢张大其词，电禀抚宪派兵解散，居心实为险恶。且闻该生尚有藉学渔利情事，被控有案，尤属藐玩。既经卑府提案查讯，该生供甚游移难保，不恃符狡，展若不褫革严究，何以端士习而靖地方。除将该生饬发丽水县看管，并饬青田县勒提僧一乘及各人证送府质讯，明确另行禀办外，理合禀请察核府准，将该生金铭衣顶暂行斥革，俾便讯明禀办。(武)

1907 年 11 月 10 日《申报》

处属松阳乡民械斗之警告

处属松阳县古市溪地方为商船荟集之所。该处乡民因与船夫争夺船埠，互相殴打，两造邀集数十人，各执利器大肆恶斗，势甚汹汹。经该处绅士闻警，飞报松阳县派兵弹压，乃县主闻报置若罔闻，并不设法解散，又不临场弹压，以致次日两造，又添邀百余人各执枪械，尽势殴斗。两造毙命者计有10余人，无辜被毙者5人。近来人心惶惑，行旅戒严。昨经地方绅士电请省宪主持，以安人心而保商旅。闻抚宪增中丞已密饬处州府常太守，确切查明电复云。

1910年9月3日《四明日报》

处属遂昌匪徒毁学劫狱案

遂昌匪徒毁学劫狱案已志本报。兹悉，该邑朱大令通禀上宪云："南乡乡民纠结松匪毁学。至初四日，人众愈加，西乡不法莠民，持械沿街抢物。知县督同弹压，竟敢抗拒，甚至打毁警局，劫去监犯7名，又将押犯逼放。事务、劝学两所同时打毁，是时学界各绅均已潜避。知县对乡民切实开导，凡有要挟，权许照办。于是，始有散去。遂谕铺户各出壮丁2名，会绅召集民团百余名甫行就绪。适探差回禀，有松衢匪党数百人，踵至。遂即齐出抵御，当场拿获张×根、邱×才2名。现在该匪虽退，城内民团无多，谣诼纷纷，禀祈立派大兵，星夜抵遂震慑云云。"

1910年10月23日《四明日报》

龙泉花会[1]猖獗详记

龙泉县风气闭塞，自光复后一二不肖者，遂勾结会匪，恃势妄为，或开设花会以为渔利之资，故龙泉之花会耗财甚盛也。去年春，前任知事李为蛟任内，城内痞棍耸动，西乡锦旦等庄民借算积谷为名，聚千数百人，抢毁殷户蔡起澜家。嗣经李知事杀1人，拘办数人，事始平去。年夏间，前知事陈蔚任内，八都地方会党李×华等聚众数千人，抗纳钱粮，并抢劫殷户吴绍唐家。经陈知事率兵拿获，李×华就地正法，该党等始稍敛迹。去年11月，各会党联合反抗禁烟、禁赌各事，又聚众数千人凶殴法警，逼勒商民罢市。经知事朱光奎电请都督准令，将蔡×眉正法，余党始逃窜四散（现闻均来省垣潜匿某地）。

① 花会：民间流行的一种赌博游戏。

去年12月，岭跟〈根〉、岭上、锦旦等庄又聚众数千，禁谷出村，凡租户之谷，均不令挑回。各业主具控，朱知事派兵三棚弹压。各会党竟耸动地痞持械反抗，并杀各殷户猪羊，任意烹食，并用石击毙李哨官乘马。其发电攻击朱知事之故，因花会犯蔡×龄及章×荣均于11月13日获案。14日，卖烟土店汤×荣（即彰×）又获案。布店伙〔计〕张×乐就获讯明口供后，饬警往封花会场，而章、蔡、汤三党痞徒遂结连党羽凶殴法警4人奄奄垂毙，内有2人并被投入河滨，幸遇救得生。该党等自知有罪，12月15日遂鼓众逼勒罢市，以为抵制，定要释放各犯。朱知事不允，后又假县议会开会以调停为名，请禁烟委员会曾学诚、执法员金蕴、狱警署长夏涛等到会。朱知事以有病未到，该党汤×承等复偕千余人闯入会场，强迫执法员亲书条示，开释烟赌徒蔡×龄、章×荣、汤×勋、店伙张×乐及为首凶殴之蔡×眉等。执法员不从，几遭不测。16日，经朱知事会同警协长及县议会议长外出劝导，始一律开市。俟朱知事回署，该党等又率无赖儿童数十百人，各怀石头、污物招摇过市，声言若有不复闭其店门者，即以此饷之店，遂一律复闭。夜，复要求各县议员发电助讦，议员不允，遂逼议长钤记。议长又不允，竟被迫至次日，议长遂数日不敢出门。该党等无计，乃借年幼并不在家之朱师麟出名，又故改其名曰李己麟，故其发电在16日也。现李师麟已向县署及都督各司检举矣。至汤德清、汤德荣堂兄弟且死已久，至用商会董出名则因汤×勋、章×荣、蔡×龄之父皆系商会业董故也。故表面上则系业董，实则皆被告章、汤、蔡三党之代表也。

1913年1月29日《时事新报》

学生与兵大起冲突

【丽水函】本月16〔日〕夜，丽水城内文昌阁地方演戏。红男绿女，人山人海。内有十一师校①、十一中校②学生，与警备队兵士同在台前看戏。10点钟时，学生与兵士因拥挤冲突，有学生某某竟被兵士打得鼻血涌流。学生大哗，

① 十一师校：位于丽水的省立第十一师范学校，后并入处州中学。
② 十一中校：位于丽水的省立第十一中学，后更名处州中学。

不肯干休。即纠集同学多人，大兴问罪之师，斯时兵士尚少，学生警笛一吹，大声打叫。该兵士见势不佳，拼命奔逃。有一兵士，竟被学生用哑铃打破头部，而学生中亦有受伤着〈者〉。该兵士回营后，即集同伴二三十人，负枪者10余人，手持柴棍、刺刀者10余人，蜂拥至师校门首，打毁校门，希图报复。一时人声鼎沸，看戏男女，群起逃避，危急情形，不堪言状。幸李知事闻警赶至，即向前将兵拦住。谓你如要打，请先将我打死，百般晓谕，几至声泪俱下。旋王统带及副官等相继莅至，竭力苦劝，始将兵士押解回营。此16〔日〕夜十一二点钟事也。查学生与兵士之冲突，已非一次，一见于大水门戏场，再见于南园庙戏场。即此次交斗，其机已伏于首夜。(闻学生与兵士先一夜在该戏场已稍有冲突。)

1922年11月30日《民国日报》

赌风愈炽之可虑

丽水碧湖地方，近年以来，实业、教育，俱无起色。惟赌界进步特速，殊足惊人。牌九、竹牌、大花会、小花会等，一应俱全，习以为常。输赢颇大，动辄数百元。一般习赌者，又多系新进之子，操术未精，嗜之特甚。而素精此术者，得以利用机会，常操胜算。闻去年阴历年关，因赌亏空而废产者，颇不乏人云。(高)

1926年第6期《括苍》杂志

手枪不慎肇祸

【丽水通讯】丽水城内白塔头木匠王明发，于日前在小水门外陈士娋店铺修理房屋，忽在瓦檐间发现白郎林手枪一枝〈支〉。昨晨，将所拾手枪检视，邻右陈昌熙一见手枪，喜出望外，乃大献身手，装弹射击。不料旁有女孩，仅12龄，手抱侄女，在场观看，被其流弹穿入腿部，当时血流如注。后由伊之家属雇车送至城内雁峰诊所医治，用尽手术，未能将子弹取出，即于下午3时许，乘船赴温医治。闻王明发已将拾得手枪投送丽水分院，免致肇祸，并与陈熙昌2人分担出资，作女孩医药费。查该小女系温州人邓贤岩之女，平素十分爱惜，遭此惨剧，痛不堪言。

1935年1月23日《东南日报》

惨无人道用私刑　夫妻虐待9岁养媳

拷打后以烧红铁器烫脚　两足肌肉全脱十趾皆断

伤者医治凶手押拘留所

【松阳通讯】松阳北乡七都源桃树坞山里，有名德荣荣者，种山为业。其妻周氏，性凶恶，惨无人道。日前，为家庭细故，竟将9龄童媳徐先弟与夫共同拷打，遍体鳞伤，又用烧红铁器烫其两脚，肌肉全脱，十趾皆断，惨酷之状，惨不忍睹。现闻第二分局已将荣荣夫妇押送县府，昨经审明属实，发押拘留所，并令其备出医费，送该童媳到院医治。有无性命危险，尚难预卜云。

1936年2月9日《东南日报》

丽水城区拿获花会犯11名

【丽水通讯】丽水县政府第三科科长兼城区公安局长朱肇焯，于本月26日，查悉有东乡秋塘坑地方，流氓聚赌，滋扰闾阎。朱局长当即令饬巡官率领长警，并会同自卫队〔员〕多名，驰往该处，当场拿获花会犯周贾氏、雷×才等11名，及赌具多件。当晚，由朱局长讯问一过，业经转送县府讯办云。(1.29)

1937年1月31日《东南日报》

丽警察局驱逐土娼

【丽水县讯】本城自抗战军兴以还，交通骤形发达，商旅往来，日见频繁。一班无知妇女，鉴于生活之艰难，竟操皮肉生涯，伤风败俗，莫此为甚。现经警局严予取缔，淫风因之稍戢。日昨，警局又拘获行迹不检妇女陈×花、田×仙等多名，均经派警押送出境云。

1940年5月5日《民生日报》

康×钦等工匠纠众殴伤警长

警局请法院严缉凶手

【丽水县讯】浙省巡回剧咏团，假丽阳门外逸园茶社剧台公演，关于招待观众一节，规定有券者方能入场。教厅派员会同丽阳门派出所担任验票及维持秩序。讵意前晚，有丽水站修车工匠康×钦、叶×德、冯×堂、陈×义等20余名，无券强行入场。警长叶汉章再三拦阻无效，若辈态度倔强，出言不逊等。继之动武，竟将该警长殴伤，制服亦撕破，自来水笔抢去。一俟军队大伙到来，彼等均各自逃逸无踪。警局因当时彼等姓名不详，无从拘捕，先将叶警长送法院验伤。兹悉，昨已查明上项凶手姓名，备文送请丽水地方法院，严行将该等凶手拘案法办云。

1940年5月29日《民生日报》

鲁班师庙滋事何多

【本报讯】本市寒衣支会，假鲁班师庙演剧筹募以来，常有一般无知之徒，无票入场，或因无故争执滋肇事端，破坏公众秩序。昨晚9时许，又有一不知名之军人与一假冒伤兵无赖，因稍有误会而致口角。该军人竟立刻动武，随手拿起场中茶壶乱掷至30余把之多，可谓蛮横已极。全场观众顿起骚乱，秩序全然为破坏，嗣由在场军警稽查处人员予以拘捕，始告恢复秩序。希各负责长官予以惩戒，严守军纪云。

1940年10月26日《民生日报》

丽阳门外轩然大波　捣毁车站殴伤站长

晨，丽水汽车站，有一军人未带符号，强欲无票乘车不遂，竟纠众10余人前往该站，将站内器具什物捣毁，站长蔡致被殴成伤。交通处丽水区办事处闻报，急电九区保安司令部派队弹压，并当场将肇事者扣留送部严办云。

1946年12月31日《大同日报》

盗抢案件

察吏甚明

浙江处州府属之丽水县，前饬承解饷银1200两至省。差以贪近取小路，所经地方亦不报县，讵至金华府属之义乌县界，竟遇盗。差仅以身免，遂报义乌县而回丽水。丽水令申详上宪，并愿照赔。经梅中丞批谕，俟获盗后再凭核办。乃义乌令以饷银在界内被劫，恐遭严议，遂详省宪，谓丽水县某并不郑重公事，饷银解省，辄任该差抄行僻路，绝不报知地方，殊觉疏忽。故本县未能先行保护，致被盗劫等语。梅中丞大加申饬，谓界内盗贼横行，捕务废弛已极。使必需报知方免意外之虑，则彼商贾行李往来，皆非报县署者而可听其抢劫，委咎于商贾之不报县乎?地方出此重案，不知赶紧缉捕引罪自责，反欲巧辩以伸己而陷人，何以为民上？次日即委员往署义乌县缺，饬原任该令调省察看，人以是服梅中丞之察吏甚明焉。

1877年8月2日《申报》

丰隆[1]击恶

处州龙泉县南乡有一蒙师，聚徒十余辈，居然南面作□猕王，天地元黄喊一年，亦觉津津有味。一日，闻该处某甲突遭官事，□其床头大洋七八十元，尚未用罄。因饬学生潜往窃取，得后瓜分所有。造孽钱既满腰缠，亦不自知良心为何物矣！四月初八日，忽阴云四合，□香车辘辘驰，顶上忽霹雳一声，将该师及学生11人尽行击毙，惟一生仅7龄，分洋时坚不肯受，故未罹是罚。噫！天道昭彰，报施不爽，孰谓继翕翕竟可欺罔哉。

1884年7月17日《申报》

① 丰隆：古代中国神话中的雷神。后多用作雷的代称。

丽水学堂禀浙提学电(为租米被抢事)

学宪钧鉴:处州丽水县南乡万福寺向月寺租米8000余石。本月,禀奉县主黄批准开办学堂,以充经费,董等遵谕收租开办在即。讵有廪生何士杰多方阻挠,于本月14日,纠众多人将此租米搬抢一空。董等奉公办事,劳怨勿辞,何士杰藐法横行,衣冠有玷。现值顾县主新旧交卸,公事冗忙,为此联名禀请批追,以重学务。附贡生胡绅,廪生胡绶,生员胡甲文等公叩。(交)

1907年10月28日《申报》

处州禀控地痞纠众抢物

缙云士商倪煌等前在新建购买本土700两,领有执照。该处地痞朱挺其等抢夺去后,禀县差提验讯,乃被朱光等出为包庇等情,具禀抚宪增中丞批云:"果如所禀,自应严拿。"仰巡警道即饬缙云县立提朱挺其等到案,勒令缴出原赃验明讯办,毋任拖延,致滋商累,并查明朱光有无分赃情事,详复核夺云。

1910年8月28日《四明日报》

丽水缉获大批窃贼

【丽水通讯】本县自入冬以来,窃贼特多,以致民不安枕。查本月15日,城内黄彩吉店号失窃香烟等货值洋100余元;又倪元大号失窃布料数匹。不数日后,被探警王凤祺得悉,该贼已乘船向温开走,即跟踪赶赴丽青路高坟岗,坐车至青田站大埠头守候。至晚间8时许,缉获著名大贼吴×美、郑×波、伍×仁、刘×西、田×思等5人,送至青田公安局质讯。该贼类直认不讳云:"谓在丽水行窃,并未在青田犯规。"昨日,由丽水公安局巡官陈顺安率警并会同青田警士押回丽水。经审问后,尚有同伙者任×金在逃,窃取赃物留在石帆云。

1935 年 1 月 26 日《东南日报》

丽水悟空寺被匪劫

【丽水通讯】离城 50 华里之西乡保定悟空寺，住有尼姑，积蓄尚丰，匪徒垂涎已久。突于 10 月 27 日上午 1 时许，匪徒结伙前往，实行劫掠，翻箱倒柜，被劫去现洋 100 余元，县府据报饬碧湖区署切实调查。

1936 年 11 月 1 日《东南日报》

温丽快船被劫

【丽水县讯】由温开丽之快船，于前晚（22 晚）驶行，内有辛姓客人，在温携有国币千余元。当有暴徒六七人预雇小船一双尾随其后，驶至梅岙地方，即行登船劫夺，计共被劫去款项约 2000 元。当时，旅客均惴惴不安，叫苦无从。旋该船公司为保全旅客安全起见，业已报请军警机关严行追缉归案，究办中云。（经济社）

1940 年 4 月 25 日《民生日报》

青田巨盗毛×清等昨日执行枪决

对劫掠情事供认不讳

【丽水县讯】昨日下午 4 时正，九区专员公署、保安司令部，将日前由青田解押来丽之著匪毛×清等3 人，在大水门外执行枪决。兹抄原布告如左：青田著匪毛×清、陈×松、林×九等，在青结合党羽，杀人越货，掳人勒赎，扰乱地方，无恶不作。迭据该县民众控告，并派员查明属实。兹经青田县政府缉获，转解到案。该犯等对于为匪情事，供认不讳，殊属罪大恶极，应依《惩治盗匪暂行办法》第三条处以死刑。业经签章浙江省政府主席兼全省保安司令黄批准，就地枪决，以遏乱萌在案。除将匪犯毛×清、陈×林、林×九等

3 名，验明正身，绑赴刑场，执行枪决外，合亟布告周知，以昭炯戒，此布。计开匪犯毛×清（即毛×清），年 37〔岁〕，青田人；陈×松，年 32〔岁〕，青田人；林×九，年40〔岁〕，青田人。

1940 年 4 月 27 日《民生日报》

丽浙地分行仓库发生 5000 元巨窃案

朱局长澈〈彻〉夜侦查破案神速　人赃并获即移解法院究办

【本报特讯】浙江地方银行分行，于前日（23 日）深夜发生巨窃案，失去法币 5000 元。幸次晨发觉尚早，即报告警局。朱局长肇焯闻讯，特偕同田督察长往赴该行仓库查勘。经查悉，贼系挖窗而进；同时看守仓库之勤工张×泉，花匠吴×邦及勤工之亲戚赵×根 3 人，朱氏认为有重大嫌疑。详加盘诘后，经供认同谋窃款不讳，4700 元藏于附近竹园内底下，余 300 元则为赵×根窃逃。依供追究，于当日下午将人赃拿获。该犯现已移交地方法院，5000 元之巨窃案，至此遂告一段落。记者以朱氏亲自破获此案，个中真象〈相〉，自较真详，昨往走访，朱氏特将此案经过，详述如次：

据朱氏称，当伊往赴该行仓库时，见仓库之四周墙壁坚固，且甚高，非外盗所能攀援。而仓库之门锁，亦为街坊所不易购，窃贼系用开汽车的钳子挖窗而入，因判断窃贼必非外人。而看守仓库之勤工张×泉 3 人，系住于仓库内之另一小房，失窃时门被反锁，以示若辈被禁锢房内，无法追贼，藉卸责任。朱氏复认为此中颇有蹊跷，因详加追问首先发现仓库失事及门被反锁者，时张×泉虽自认为首先发觉，惟语言龃龉，且现慌张之色。至此朱氏已成竹在胸，即着手调查彼辈之来踪去迹，即若辈之衣食注亦巨细不遗。经发现张×泉之衣服已换，因检视其换去之旧衣，见旧衣油渍斑斑，显系挖窗时所用之铁钳所污，朱氏厉色严加谴责，该犯始将窃款经过始末供认，云云。

1940 年 5 月 25 日《民生日报》

失窃悬赏追缉启事

鄙人因号中自申辩，有货物由温州进口，乃于5月29日自金华带法币2000元来丽水接运，下榻太平坊合作社28号房间。翌日(30日)，因事外出接洽除留身傍另〈零〉用外，尚余1900元均置放箱内。晚间，返社门窗板壁以及衣箱完好如常，故不拟〈疑〉有他。次日(31日)早晨8点钟，因需款应用，开箱之后该款竟不翼而飞，比即呈请警察局暨军警稽查处严为侦查外，特此登报；如有其他人等知风报信得将人赃并获，当即将所获之洋以三成酬谢，决不食言。

王经治启事　现寓合作社二部3号

通讯处：江西宁都中山路31号

1940年6月8日《民生日报》

珍记盗窃案人赃俱获

本城大水门珍记行，于4日下午3时许，收来钞洋900元。藏于账桌抽屉内，转瞬往取，不翼而飞。该行主汪庆生，当即密报警局侦查。结果认定借打电话之刘×琴，不无重大嫌疑，嗣经设法缉获。取出原赃洋400元，其余500元，据称藏于克美医院地下室内，不幸遗失。现闻警局仍在侦查中云。

1940年6月9日《民生日报》

丽军警稽查处破获一巨案 人赃并获移送司令部

【丽水县讯】本城燧昌路陈□氏家，于上月8日晚，被贼窃去皮箱一只，内藏法币、金戒首饰及被服等件。当报告军警稽查处等机关缉捕。兹闻，稽查处于前日在××场地方，将人赃并获，失物如数由失主领回。查该窃贼，系浦江人邵×荣，前曾充任某兵站上尉阶级职员，乃一无赖军人。当由军警稽查处，供录其窃盗原委，移送九区司令部法办。同时，另有朱玉红等4人，

前被误会捕去，亦由法院宣告无罪开释。（经济社）

1940 年 6 月 10 日《民生日报》

丽县警察局缉获著名毛贼

云警局破获大窃案

【丽水县讯】毛贼龚×福，系丽水著名窃贼。日前，又在□□□南岸俞章兴家挖墙行窃，被失主发觉。当报告大水门派出所，派警缉获，连同赃物贼刀一并带局讯究，该犯承认行窃多次不讳。兹闻，该局以该贼犯案累累，于日昨着令游街示众，并即日移送法院法办云。

【云和通讯】本县城区警察分驻所叶巡官，于本月 18 日早晨，亲率警长，在本城七保六甲五户陈豪家中查获外来窃犯冯×林、杨×玉、张×忠等 3 名。尚有苏×正、李×华 2 名，因已离云未获。并起获大批赃物，窃犯及陈×均已押候□究云。（云政）

1941 年 1 月 25 日《民生日报》

青田县境发生两大盗案

被劫 16000 余元

【青田通讯】本月 5 日上午，丽青路汽车抵达本县海口站时，旅客舍车就舟，有身着武装，类似军人操外路口音者 8 人，与赴温办货江西商人、金华商人等 6 人，同搭丽温联运快船之朱廷波航船。距船至静潭附近，四无人烟荒僻之际，该武装者 3 人，忽各出手枪，威胁乘客及船户不许声张，二人自守航船首尾，其他入舱中，将船户及乘客用绳绑缚，口中塞物，从容将两客所携带之大香烟匣打开，内藏法币及金戒约 22000 元。遂取一半，纳诸怀中，3 人目的已达，即弃舟登陆远逸。据船户朱廷波云，该匪徒似早侦知两商人身上挟有巨款，故由丽水尾随而来云。又本县合作金库于上月抄派职员叶枝荣、许明恒二人前往南田区，该库南田办事处提款，许叶二人，乃于

4日晨由南田返城，每人分藏2500元法币在身。讵启行至离南田约十余里许之地，忽有土匪拦路，各执手枪，将许、叶二人所带5000元法币洗劫而去。许、叶二人当急电城区金库报告，即呈请县府严为追缉云。

1940年9月13日《民生日报》

贪腐案件

电禀训导盗卖泮池遗石

【处州】浙处青田县训导沈×荣莅任年久，夙性贪鄙，被人列款上控。张筱师以沈罔守官箴，奏请革职。兹闻于交卸时，潜将文庙内泮池石栏及所遗之石版〈板〉石柱等，悉数售与富户张某为筑坟之用。该处士绅得悉，向之理谕，沈即遁逸。各士绅益形忿恨，联名电禀抚宪求请拘沈，勒令回青赎石，已奉饬司提究矣。（早）

1906年9月1日《申报》

处州县主私索陋规 严刑拷诈之骇闻

日前，庆元县□书、叶大章等具呈藩：愚以庆邑前县主卸篆，府委龙泉厘卡汪主兼理，乃汪主内用权丁，外倩劣绅，视为利数。近忽谕饬书等备送典规600元，书等答以典规早经革除。汪主大发雷霆，遽将书、大章押入班房封锁，严刑拷逼。书等不得已张罗洋400元，挽林绅等说项始得释放，恳请委员密查，以苏民困。（销）

1910年8月23日《四明日报》

县主挪移学款之奇闻

龙泉劝学所总董林绅鹗鸣具禀潘宪，以劝学所经费全赖宾兴息款、契税加捐留作津贴等。款之挹注,旋因借户拖欠洋200余元。经贡生张时中代认缴交与前县主陶令,敝所屡向领回,而县主日推月诿延措不付。现在陶令交卸,新任陈令又不肯列入交代,此款遂无着落。查从前宾兴立案时声明:“无论官绅概不准动挪与教育官报内载办学之款,不得挪移别用相同。”今则区区学款不能保全,仰恳主持云云。

1910年9月3日《四明日报》

处属丽水若无顾前令安有今日横行之书吏

丽水县学堂校董刘廷煊等,以库书吞没学款等情具控到院。奉增子帅批示云:“据呈库书舞弊毁匿卷宗,即经查有实迹,何以顾前县不为严究?”仅批示仍于16文之串票内提钱6文谕书尊办,似此含糊了事,已属左袒,乃该书等犹敢吞没,认缴款项饰词抵抗。呈果不虚,亟应提案究办,严行追缴。仰提学司转饬丽水县剋日查明,据实禀办,勿为库书分过,切切。

1910年10月2日《四明日报》

处属缙云禁烟调查员诬控典史之反坐

缙云县禁烟调查员前以该县方典史种种劣迹,具控抚宪,经即饬县查办在案。兹悉该县孙傅芳大令查明,所控各节尽实子虚,详复抚宪并请照例反坐。增帅批示如下:“据详姚英种种捏诬妄控,殊属刁狡。自应严行究惩,以儆将来。仰禁烟公所讯即从严,拟议详夺饬遵,余并悉缴。”

1910年10月11日《四明日报》

处属丽水猾胥殃民三志

丽邑胥吏久称败坏,自彭×昌谋充库书以来,更觉肆无忌惮为所欲为。最可异者,去年蒙恩赦免钱粮,彭×昌与胞弟×照及谊子李某均将钱粮串本留匿不缴,私带差役往各乡严追均入私囊。及待各花户纷纷上控,顾令始将粮串吊回，亦不饬令盘查。及至此例，上界征数价在5分以上，若辈以老饕手段，贿串经管蔡二丙外通同一气。顾令查询，书欠为数甚巨。询及账房林谋，解款尚需若干。据云，庄书欠相抵外亏短英洋8500余元。顾令因此奄奄成疾，遂于9月16日殁于衙署。噬猾胥凶恶，岂第乡民受其毒，即邑尊亦受其累，省宪与府尊未悉，何以清此毒源也。

1910年10月8日《四明日报》

松阳匪警之报告

杭垣光复以后各属匪警频闻，良以政治更新，百度改革之际，致有此等枝节。昨悉，属松阳县又因匪徒滋扰民间有电到省，谓“松邑民事长张衢新任用私人，破坏警察，解散民团，得贿纵匪，以致土匪蜂起，大局堪危。府兵力薄，势将糜烂，请撤调以安民心”等语。当经政事部电覆澈〈彻〉究。

1912年2月9日《时事新报》

丽水知事之惨无人道

丽水知事郎×麟逼毙商会总理何佩印一案，已由屈使派员澈〈彻〉查，并农商部饬究在案。兹悉，又有缙云孀妇邢洪氏携其子往丽水习业，路过小沙头地方，拔蔗止渴，为管蔗乡民殴毙。邢洪氏呼冤于郎知事，当饬法警传小沙头乡民到案。不知如何贿通，竟坐邢洪氏诬告之罪，判以监禁。孤子惨死孀妇重刑，闻者莫不惨然。

1914年7月30日《时事新报》

部饬严查吞款大控案

前任丽水县知事郎×麟与该邑绅董徐×，朋比为奸，胆敢吞没处郡仓谷贮款，尤敢串同清理积案委员王×蒙蔽销案，当经该处商会控省澈〈彻〉查。兹又闻，司法部现据处属十邑商会代表徐某等提出徐蕃等，占吞公款及官长舞弊各节，吁叩查办。以挪吞仓款，关系处属十邑命脉，情罪重大，爰将全牍抄发到浙澈〈彻〉查。务将办理情形详部高等法厅杨厅长，复将原案抄发新任丽水知事，并详请屈勋使遴派委员密往〔彻〕查，一俟详复到厅，再行按律处分云。

1914 年 12 月 7 日《时事新报》

咨请惩戒贪吏

前任丽水县知事郎×麟，前经丽邑各乡绅民禀控巡署，略谓知事前次在任时，所有豁免钱粮并不宣告各乡，仍私自征收，数逾巨万，请为查办等情。使署据禀后，随即密派委员前往丽邑清查。现经该委员复属实据情报告。闻吴巡按使，已咨请内务部请为惩戒矣。

1915 年 1 月 21 日《时事新报》

松阳靖居区警察分所串通盗劫案

2 月 4 日，松阳靖居口地方，约有 200〔名〕伪称湖南难民，行经该地歇宿。次日，由靖居口到象溪，即入居民高成土宅中，劫去洋 15 元，并以铜洋换去 8 元，后至南州五尺口歇宿。夜间，复到象溪，于高成土家墙壁穿凿 5 洞。只因墙壁内筑有木城，不能入内，该居民卒幸未遭重劫。当在靖居口时，盖由绅士包李对付有方(经收米洋，交付难民)，村得平安。而南州则由地保徐某等出而经理，均告无恙。惟在五尺口，经收人徐×玉、施×英品行素为鄙劣，5 日下午，徐、施两人曾到东田苏林旺家收去白米 10 斗，洋 1 元。次日上午，复同警察又带难民往林旺家冲门而入，殴打林氏老母，受伤甚重。卒劫去洋 350 元，又强行勒索洋 31 元。据实调查，确系徐、施两人及警察从中指使，串通难民，劫财分赃。此种妄动，实属执法作奸之大者。有守土之责者，若不澈〈彻〉底严惩，则遗患地方，将无已时也。(守)

1926 年第 5 期《括苍》杂志

青米商利令智昏侵吞公米千余斤

【青田通讯】本县粮管处购得之谷子，例交米店杜恒丰叶×茂代办舂碓发售。该米店即交由周×三碓舂，讵最近杜恒丰店主杜松林之弟向县府报告，谓杜恒丰叶×茂□户周×三串通舂米舞弊，侵吞食米有千余斤之巨。县府逮报即饬城区警察所查办，据探悉，此案关系之人颇多，不止上述几人，内情颇为复杂云。(从)

1940年10月21日《民生日报》

丽临溪镇13保长舞弊兵役查实

现已被拘送法院究办

【丽水县讯】本城临溪镇第13保保长苏×贤，平时办事不力，并有舞弊兵役，就地保民检举在案。此次奉令抽送后备队受训之壮丁时，将国民兵团颁发之召集令状，擅自涂改，据人民报经各有关机关派员彻查属实。顷闻，该保长已经本县国民兵团派兵拘案移送法院，依照涂改公文书罪，从严惩办云。(经济社)

1940年9月1日《民生日报》

丽水惊人案平粜大舞弊

【丽水通讯】丽水于3月间闹米风潮以后，地方法团为局部管制粮食出运，特设站检查，扣米充作平粜。惟经办人员账目不清，经人告发，地检处范检查官严密侦查后，认为案情重大，贪污有据。被告前莲城镇长，现参会秘书王×松于8日当场被扣，9日晨侦审。被告省参议员兼县党部书记长孙×禧，县参会议长周×，商会长董×生及副镇长熊×祥等；除董在逃，熊在外候审外，周×亦已发押，孙×禧以200万元保后，本案仍在侦查中。

1946年12月13日《时事新报》

松阳盗卖公物大肆挥霍

【松阳讯】本年2月间，县府派农进所叶×迳向救济总署配领面粉，中途盗卖，为数不下千万，尽入私囊。返县看戏，命台上加“跳加官”一次，立赏5万，小小松阳县为之轰动一时云。（革新）

1947年4月26日《大同日报》

松阳前县长贪污沪地院开审

【松阳讯】本县前县长徐×飞因贪污一案，前经最高法院检察署，特令移转上海地方法院检察处审办。月前一都票传原被告多人，于4月9日侦讯。嗣以被告畏惧罪责，企图延宕时日，请求改期。现闻沪地院检察处又复票传，定期本月10日开庭侦讯云。（革新）

1947年5月10日《大同日报》

教　案

民教相殴

处州府青田县所辖教民某甲，被比邻之某廪生[①]殴伤。当即赴县喊控，旋复上渎郡尊，验有四伤，发县审办，某大令不知因何将甲笞责。甲遂来瓯诉诸某教士，禀奉英领事馆照会，道宪将观察札饬青田县秉公讯理，善为调停。一面，谕令甲赴有司衙门具呈，究竟孰曲孰直，想大令必能鉴空横平也。

1894年11月4日《申报》

① 廪生：科举制度中生员名目之一。明清两代称由公家给以膳食的生员。又称廪膳生。

处州闹教

昨日，温州来信云：处州府属松阳县又有闹教之事，缘处州本有德国牧师2人在此传教。本年，至松阳赁屋宣讲福音，后欲觅地建堂以为久住之计。4月20日，夜膳已毕，忽闻门外大声哗噪，既而多人击毁门窗，一拥而入，将二牧师扭住攒殴，以致身上受伤，急奔至县署暂避。县主刘大令设法护送至处州，二牧师旋即府署历诉情形，继又赴温州诉之温处道宗太守。太守未及查办，遂由一人来沪向德领事禀陈，不知将来能免轇轕[1]否也。

1896年6月11日《申报》

教士避地

温州访事人致书本馆云：处州松阳县士民扬言，欲于〈与〉教民为难。邑宰恐偶一疏虞，酿成巨祸，因劝各教士暂谋乐郊之，适教士允之。本月某日，已有男女教士8人带一佣人至温郡，时适招商局普济轮船抵埠，县主查大令爰即会商王都□，送登普济载至甬江，免遭意外之祸。

1900年8月17日《申报》

处属龙泉发生教案 *

处州府龙泉县地方7月初，忽有闹教之事。顽民蜂起，戕害教士3人，教堂亦拆毁。经道府飞调防军弹压，省宪即委员赴龙会同核办。

1904年12月31日《东方杂志》

匪徒纠众抗官仇教

【处州】浙东处州府属之庆元县，俗尚强悍，动辄械斗。近更仇视西教，

① 轇轕：交错、杂乱。

适有天主教民与平民涉讼，诸多纠葛碍难讯结。匪徒遂乘机谣煽，声称县主汤葆臣大令赞清年轻，初任不谙公事，袒护教民，将执平民严加惩办。因之民皆愤惧，遽于月之某日，纠众与教民为难。汤大令立派兵役前往弹压，民复误为拘捕，拥至县前，势甚汹汹，当将大堂暖阁、二堂公座并门窗等，悉数捣毁。汤大令恐被所窘，避入内署，旋经绅耆等竭力排解，方始散去。闻已联集各村备御官军剿捕，刻由汤大令飞禀道府并通详大宪，迅即调兵震慑。而教士亦起而责问，大令未能职免酿成事变否？（一效）

1905 年 7 月 15 日《申报》

庆元县仇教毁署述闻

【浙江】处州府庆元县民，近因细故与教民互相涉讼，众以汤大令赞清袒教抑民大为不服。遂于上月某日，有悍民群起与教民寻[仇]，复又拥入衙门，肆意喧扰并将门窗器皿等掷毁甚多，闻如是，未知确否。（空）

1905 年 8 月 6 日《申报》

处郡教案赔偿了结

【处州】处郡丽水县碧湖坊天主教堂，于 6 月某夜突然火起，当由民间集众救熄，仅毁茅柴数担及头门后面略焦。旋经堂中指为匪徒纵火，而士绅则称火由内起。经沈、叶二绅据情电禀省宪，并致函主教力争。丽水县李建侯大令恐酿交涉，赶将该堂头门重行改建，亲向教士服礼了案，所需支用各款，闻须于粮赋项下摊派云。（目）

1906 年 10 月 18 日《申报》

其他案件

秋审人犯

温处二郡，离省较远，每年遇有解省秋审人犯，就近改由温处道过堂。本年三月初一日，温道宪悬牌提讯，两郡人犯共有10余起。惟玉环一女犯年约四旬，貌丑而身矮。闻系谋死亲夫者，今已2次秋审。似此尊容作此风流罪孽，人窃谓其不自量也。其中，有一处州人犯到堂极口称冤，当被差役呼喝，遂缄默不言，领葵扇、草席、手巾、馒头并钱数百而去。

1882年5月4日《申报》

双龙会党头目被抓

【浙江】双龙会党头目王金保〈宝〉，现由松阳郑绅在桐庐县境拿获，解往松阳。其党张小岩，亦在兰溪拿获，一并解县迅办。

1905年2月28日《东方杂志》

要犯约齐越狱

【处州】丽水县为处郡首邑，其监狱房屋年久失修，朽破不堪兼之县主李建侯大令树声裁减狱卒口粮，致疏防守。本月某夜，所禁要犯8名，悉数越墙遁逸。迨至翌日察觉，已查无踪迹。因即通详大宪，自请处分。现已移会邻封一体协缉矣。(杰)

1905年9月20日《申报》

保存庙产之迷信

【杭州】处州青田县木捐迭经商学两界互争，分拨缠讼经年，屡次委查,并经常太守会县调停和平分给,业于前月通详销案。日前,忽有耆民叶声振等贸然具呈抚院,仍请保全庙产。为言当奉增帅严词申斥,谓此案早经府县禀准有案断难中止,并据青田县禀,以商学两界互争此款,请拨归学堂并捐廉百元作为商会经费,其余拟在开会公议另筹。今据该耆绅禀称,此项捐款商学两界均不愿拨归,请速拨还三庙,只为传袭香火起见,于地方公益莫不关心,其迷信殊属可嗤,著不准特斥。

1910 年 3 月 23 日《申报》

查办青田木捐纠众闹署

【杭州】处属青田县三庙木捐学商两界,互争分拨缠讼 3 年,始经常太守督县磋商和平议结,一面详复上峰销案,不料各该庙董图翻不遂,辄敢纠众逞凶哄闹官署。复经学界叶焕章等具禀,学宪请予澈〈彻〉究等情,奉袁文宗批云:"此项木捐每岁酌提 300 元,拨充清溪小学经费,久经本衙门暨抚宪批准有案。该庙董詹×昌等不知维持公益,反藉商会名目希图翻案拨回,实属无理取闹,并敢纠众逞凶伤人闹署。如此蛮横不法,良由教育未施所致,仰青田县查明择尤惩处。一面晓谕该案教育效果,关系人民进化程度,不得违背宪批,玩视捐款所有拨定300 元自应照给,该校切实办理以谋进步并将查办情形速复。"

1910 年 3 月 26 日《申报》

丽水木筏上发现死尸

丽水上通龙、庆、松、遂,下达瓯江,船只木筏往来不绝,远近客商,罕有被害事情。讵今晨(废历二月三十日),忽于南明埠木筏之上,发现男尸一具,尸身年约四五十岁,蒙以刮新棉被,现尚无人认识。惟昨晚天雨如注,直至12时许始止,该尸所蒙之被,并无雨湿,想系雨后自他处移置者。闻该木筏,系松阳筏户鲍某所撑,兹已具状丽水分庭,请赐检验收殓,依法惩办矣。(T)

1924 年 4 月 11 日《国民日报》

丽水4转运行违法被禁营业

【丽水通讯】丽水近来转运业甚为发达，已达27家之多。平时收取运费颇多不合定章，且有浮收车费情事。公路局长魏思诚以安飞、大亚、三联、协兴4转运行违犯交通处商运办法，私自抬高运费，非分图利，经查明属实，即将该行等执照吊销，并请交通处从严惩处云。

1938年12月18日《东南日报》

丽阳街馒头发生有毒

【丽水县讯】丽阳街多益处对面馒头店内发售之馒头发现有毒，食后均肚痛如绞，闻已将上项馒头送往化验云。

1940年4月24日《民生日报》

庆元五都地方查获走私桐油
收价在省订标准以上 货款扣押呈厅请示中

【庆元通讯】油、茶、棉、丝为战时统制运销之特产，政府已一再申令，惜一般丧心病狂之无耻奸商，每多阳奉阴违走私之风，迄未销毁。前日，本县五都地方，有平阳油商，携带巨款，潜来县境，高价收买桐油。因其收价远在省订标准之上（每百斤自运给值75元以上），为县府驻该地合作助理员项德乐察觉。县府据报后，于昨日（2日）特派袁指导员率警前往扣留，计未起运桐油28担，定货现款600元，油商已闻风潜逃。兹悉县府以本县桐农，迄今存货观望，未能将桐油照省定标准出售，该平阳桐商不惜以如此高价，并未携带证件，潜境收买，其企图资敌情形至为明显。除将桐油28担暨定货款600元先予扣留外，已具文建设厅请指示处理办法云。

1940年5月9日《民生日报》

大港头售盐处私抬物价遭扣押

【丽水县讯】本县自实施计口授盐以来，规定盐价，全县一律。讵料大港头售盐处意图非分利得，私自抬价至每元四斤半。经该处住民向县府检举，余兼县长闻讯，大为震怒，当即派员密查。适该售盐处股东单×言到县领盐，经民政科金科长查询属实，面陈余兼县长手谕县警察局扣押，将严于处分云。

1940 年 5 月 26 日《民生日报》

青田海口区发生绑架案
乡长被绑索巨价勒赎

【青田通迅】本县海口区于本月 1 日深夜，由仙居方面，突来匪徒 20 余人，来势汹涌，竟将叶店乡乡长陈福绑去。又有萧道卫者亦被掳去，匪徒循原路逸去。闻匪于事后索巨价勒赎，现该 2 人尚未脱险，军警当局正严密侦缉中云。（经济社）

1940 年 6 月 4 日《民生日报》

司机与转运行串通私运商货
全部没收定期拍卖

【丽水县讯】本年春间，有赣省商人周荼生、龙西滨者，来浙赴温办货，计购得布疋货值 27000 余元。运来丽水，交由大水门汇通转运行运往永康，一切运费付清，取有提货单及运费收据，该商人旋即执据赴永。讵意中茶公司机司徐良相与该转运行串通私运，未经当局调派手续，嗣被破获。该机司被处罚金 20 元，公路局一面将商货拟具办法，呈建厅核示。建厅当批准全部货物应予以没收，并发文丽水县政府定期拍卖云。

1940 年 6 月 8 日《民生日报》

青查缉分处破获漏税巨案并有批售敌货嫌疑

【青田通讯】本县查缉办事处青田分处，日前据人密报，谓城区住户章×西者，以同和商号名称，作批发买卖，营业颇大，并未报纳营业税。该处据报，即派稽查员陈尚霖、章佩椿会同警察按址前往查察，果发现洋烛、煤油等百余箱。事主章×西避匿不见，经稽核账目，偷漏营业税有14305元之巨。又在信稿簿中有致徐某信底，叙明收到别直参50支，恐有批售敌货嫌疑。闻该办事处，已呈报主管机关核办云。（从）

1940年10月22日《民生日报》

丽水议长仍被扣押

【丽水讯】丽水地方法院检察处，处理该县办理平粜案，外界疑有偏颇之处。因案中人县参议会议长周×，仍未恢复自由，被禁已近2月，仅侦讯1次。该县社会人士至表义愤，纷纷电省代鸣不平，顷闻浙江高等法院已允将该案移转管辖，指定就近县社审讯云。（国民社）

1947年1月7日《天行报》